CEIBS | 中欧经管图书

自驱型组织

定义组织管理新范式

魏浩征 —— 著

东方出版中心

图书在版编目（CIP）数据

自驱型组织：定义组织管理新范式 / 魏浩征著. 一上海：东方出版中心，2022.9
ISBN 978-7-5473-2046-4

Ⅰ. ①自… Ⅱ. ①魏… Ⅲ. ①组织管理 Ⅳ. ①C936

中国版本图书馆CIP数据核字（2022）第161410号

自驱型组织：定义组织管理新范式

著　　者　魏浩征
策　　划　刘佩英
特约策划　胡峙峰
责任编辑　徐建梅
特约编辑　吕颜冰
装帧设计　钟　颖

出版发行　东方出版中心有限公司
地　　址　上海市仙霞路345号
邮政编码　200336
电　　话　021-62417400
印 刷 者　上海颛辉印刷厂有限公司

开　　本　890mm × 1240mm　1/32
印　　张　10.625
字　　数　208千字
版　　次　2022年9月第1版
印　　次　2022年9月第1次印刷
定　　价　78.00元

推荐语

霍华德·沃德

中欧国际工商学院原管理学教授

在过去3年，新冠肺炎疫情对全球组织结构和组织发展产生了巨大影响。其中影响最大的莫过于“远程工作革命”，当然组织系统中任何部分的变化都会引起其他方面的变化。作者在本书中主要讲述了领导力风格所发生的变化，他还提及了组织机构和系统中的其他有必要的改变的要素。

最关键的要素是关于领导力风格。如何理解本书中提出的“不管”比“管”更高绩效？很简单。员工自身需要自驱动，这意味着领导力是自下而上，而不是自上而下。书中还强调团队合作文化的重要性，员工自身需要学习如何平衡“我”与“我们”。总之，自驱型团队塑造自驱型组织。

高勇

科锐国际创始人、董事长

魏老师的新书理念相当新颖，其中关于“只有更快乐的员工，才能带动更快乐的客户”这个观点让我颇有共鸣，也为未来的组织管理方向指出了一个新范式。所有企业家和管理层都应该多接触和学习新的理念和案例，做组织中的行动派，让企业获得持续的提升与成长。

姜军

陈香贵创始人

疫情成为了组织能力的试金石，一个优秀的组织就是一部精密仪器，要能够高效运转，还要根据外部环境变化自我迭代升级。让公司更有创新性进而在日新月异的新环境中富有竞争力，本书为企业家们提供了很好的思路与落地框架。

谢坚

红星美凯龙集团总裁

魏老师幽默且有依有据的从如今的环境变化出发，洞悉在这个不确定的环境下，其实我们能够做的就是确定这个不确定性，强壮自己的生态和领域，从人出发，通过感知环境武装自己，运用敏捷的反应能力、团队持续性创新力和团队协作，让任何危机都能在组织的自驱动里化解成每一环要克服的困难、要探寻的机会，而不是一场 VUCA 时代的灭顶之灾。

谢克海

北京大学光华管理学院管理实践教授、北大方正集团总裁兼首席执行官

掌握组织发展的底层逻辑是每位管理者的必修课。魏老师创作本书时，融合了劳达 laboroot 创业 16 年来自身组织力发展的探索思考以及欧洲塞氏自组织方法论在中国本土化的大量实践。内容深入浅出，兼具专业性和易读性。我认为，这是各层级管理者拓展认知视野的必备读物。

叶庭君

DDI 智睿咨询亚洲区资深副总裁暨大中华区董事总经理

鉴于企业所处的环境变得更为多变且不可预测，我们的一大重要课题是如何预判并因应变化、敏捷调整及快速转型。以往瀑布式、职能化的细致分工，已经越来越不可行；取而代之的，需要更多自驱的团队、自驱的员工，让变革和创新，不但能够自上而下，并且能够自下而上地自然裂变。因此，如何通过组织调整、文化重塑、领导力再造、员工能力再造以及制度配合，打造自驱型组织，是所有企业需要关注的重中之重。

赵亚

奥托立夫（中国）副总裁

写管理理论的图书很多，但能落地应用于企业实践的却很少。魏老师用自身坚实的创业实践并融合塞氏自组织方法论，提出了在不确定性时代的组织进化之道，并形成了一个切实可操作的有机系统。以人的成长为驱动力的组织，在中国和西方都有成功的实践。我相信，读完本书后，你能找到实现高效组织管理的密码。

推荐序 |

确定“不确定性”，组织自驱动

谢 坚

红星美凯龙集团总裁

写这个序，我暗自琢磨有一段时间了，原因有两点：

第一点是这本书对于魏老师，是他结合劳达 laboroot 创业十六年的本土化落地管理精华合集，是他在产出了《组织重启》《裁员误区及风险控制》《对话 CHO》《入职 / 在职 / 离职管理日记》等诸多畅销书之后，又一次匠心定义写出了这本组织管理新范式的工具书。

第二点是对于我而言，非常荣幸能在出版之前收到魏老师送来的样书，看到魏老师把二十余年的丰富经验融入他的新书，用通俗易懂的文字把复杂的理论知识讲明白，教你在如今的经济形势下如何打造精彩的“自驱型组织”。

我抛砖引玉，讲几点我对浩征和他研究的认知。

魏老师是一个特别能“钻研”的人，就如他引用的：“你不革自己的命，就会被别人革命。”他通过结合自身情况全面推动劳达 laboroot 在启动自组织改革的同时，还发起了一个庞大的组织创新系列活动，由很多精英领袖组成，进行大量关于自组织的咨询、培训等服务。我非常赞同他所说的，环境在不断变化，对于一个组织、一个企业而言，自适应能力就显得尤为重要，我们都是组织里面的一个环节，自发启动，自行转动，从而带动企业的持续发展。不要对抗人性，通过高层次的人性需求满足，让我们的团队快乐起来、敏捷起来、自驱动起来，从而创造更高的价值，做到员工、团队、组织和客户共生、共促进。

魏老师幽默且有依有据地从如今的经济环境出发，洞悉在这个不确定性大大增加的世界中，其实我们能够做的就是确定这个“不确定性”，强壮自己的生态和领域，挖宽挖深护城河，打好地基，一砖一瓦地垒上去。从人出发，尤其是业务一线的人，通过感知环境武装自己，运用敏捷的反应能力、团队持续性创新力和团队协同力，让所有危机都能在组织的自驱动里化解成每一环要克服的困难、要探寻的机会，而不是一场乌卡时代的灭顶之灾。本书紧接着提出了“组织自驱动”的新型范式，用自己多年沉淀的经验和独特的视角，淬炼出“以人为本”的自驱型组织概念。

我们要的不是风口浪尖的“一时兴起”，我们要的是一个组织的“长治久安”。我一直秉持着：一个组织、一个企业，它不是一个机器，每天在损耗自己，重复大量枯燥乏味且消耗的体力 / 脑力劳动，恰恰相反，企业是一个生态，是一片森林，有枝繁叶茂的参天大树，也有刚刚萌发的嫩绿枝丫，它们都充满活力，以自己的角色给这片生态注入不懈的生机。

魏老师告诉我们传统组织和自驱型组织的区别，我也深有感悟：不仅仅是不同的企业有区别，就在一个企业内部也有不同的力量，一个企业内部有一个 80 岁的老人和一个 8 岁的小孩，80 岁的老人就像是传统组织，他目前强壮、追求秩序、追求执行力、强调流程、集中。而 8 岁的孩子，他拥有创新能力、能快速迭代、灵敏感知、创新力强，能快速调整自己。经济大环境在变，我们的组织范式也要同步变化。环境瞬息万变，我们更需要一个以目标驱动、放权、灵活 / 敏捷、扁平、创新、适应性、自主管理、协同为主要特征的自驱型组织来成就员工、成就组织、创造价值。

"并不是只有高管才是管理者，所有知识工作者，都应该像管理者一样工作和思考"——管理大师德鲁克如是说道。魏老师也提出了一个我非常赞同的概念：团队自管理。除了提倡领导人需要去引导员工、帮助员工自我管理、自我实现，这本书还提出了行之有效的方法和工具，手把手教企业如何去实现自管理：放权 + 承诺文化 + 同伴的力量。

魏老师把大环境的复杂一一拆解，放在一个框架里先讲清楚，再把自己的思考转化成凝实的语言告诉我们怎么做，让读者好好消化，为己所用，前瞻性地写出了《自驱型组织》一书，让我大为感动。前路不暗，我们能把此书作为管理的明灯。

"不要认为卓有成效高不可攀，卓有成效是可以学会的"——魏老师和德鲁克大师的想法不谋而合，此书能让每个想在组织里取得卓有成效的思考者和行动者有所感悟，学会管理和自管理、驱动和自驱动，大家不妨来读读！

自序 |

疫情下的“上海团长”：重新定义组织和领导力

本书已在2022年1月10日截稿，并交付给了出版社的编辑，原本没有“自序”，直接从“前言”导入，进入正题。没想到3月中旬延续至今的上海疫情，使得以“上海团长”为代表的各种“自组织”横空出世，他们用实际行动打造了一个自帮自救的全新生活圈，证明了自组织的强大力量！

遂以下面的文字为“自序”，记录这段生活和工作，希望能给你增加一个新的阅读视角。

魏浩征

2022年4月30日

“疫情”代表的是当今越来越充满不确定性的时代，“上海团长”代表的则是应对不确定性的全新组织和全新领导力——你同意吗？

在尤瓦尔·赫拉利《未来简史》一书的序言中，曾预言21世纪以后，饥荒、疫情、战争将不再是人类面临的主要议题。然而，仅仅过了两年，COVID-19疫情席卷全球，战争的危险依然存在；再到2022年的春天，俄罗斯与乌克兰的战争已经打了两个多月，笔者所在小区封闭了将近两个月——这些，正是“不确定性”的另一个例证。

上海疫情揭示了一个真相：“不确定性”才是这个世界的本质。

我们看到了太多传统组织管理手段在不确定性下的“拉胯”和“脆弱”，但是，“上海团长”在社区如“超级英雄”般的崛起，是不是预示着，我们需要重新定义“组织”和“领导力”了？

01

做“团长”最难的是什么？我在直播间提出这个问题时，观众们给出的答案很多，包括寻找货源；快速组建团队；居家工作、照顾家庭和组织社区团购之间的时间管理；建立信任；安抚邻居的情绪；供应链管理等。

我们知道，疫情期间的“上海团长”，并非来自上级任命，他们是在追求自己和邻居们吃得饱、吃得好的过程中自主生长出来的。因此，“团长”们没有传统组织中的那些头衔、职务和权力，他们靠的，仅剩自己的“领导力”。

因此，我认为最最难的是没有头衔、职务和权力，那么“上海团长”如何领导团队？

现在大多数小区可能邻居之间大多都不认识，即使有认识的，一年也难得说上几次话，信任与沟通本身也是一个问题。那我凭什么相信你这个自封的“团长”能够干这个事？我凭什么把钱交给你？我凭什么参与？我凭什么被你指挥去干这些事（分拣运送分发统计等）？我们为什么听你的？

“团长”的领导力是从哪里来的？我认为这可能是做团长最难的一个问题。这种跟职务、等级、权力没有关系的领导力，绝对是“真领导力”。

02

在上海此轮疫情中，当小区原来的“街道-居委会-业委会-物业公司”的治理体系，无法满足大量社区居民需求的时候，“团长”和志愿者们挺身而出，为基层管理分担了不少压力，其中不乏沪上职场的精英们。

团长与志愿者往往身兼数职：组织拼团（用户运营），寻找货源（商务渠道），物资分发（终端配送），账目核算（财务出纳），退单退货（客服售后）——常常一个人干了传统组织五个部门的活。

这套没有指挥与命令、没有强制与管控、几乎完全扁平化的自管理/自组织机制，迅速地运转起来了，并几乎成了一段时间以来社区居民们解决物资问题的主要途径。

社区居民们自发组建的“团长”带领的小组织，人手不多，很大一部分还都是“团购”的业余选手，但是，我们看到的是一份份人效比奇高的成绩单。

这些小组织是如何去解决、去实现传统的很多大组织所没有解决的问题的？有些传统大组织所搞不定的物资闭环（用相对合理的价格解决大家吃饱饭吃好饭的问题），这样一些小组织是怎么搞定的？比“大组织”更强大的力量来自哪里？“小组织”是怎么能做到“大组织”没有做到的事情的？

很多传统的大组织，是以自己的流程为中心，是以自己的职能为中心，你上面给我一个命令，我执行命令，按流程走，但他常常忘了他的初心是什么。

“团长”们的自组织，体现出的不是对刻板流程、僵硬规则的遵守，而是本着“以人民为中心”“吃饱吃好”等朴素价值观，在没有金钱动机和上级命令下，自驱、自发、自主、自愿作出的社会责任担当。

“自组织”是为自己干，而不是为完成命令干。“自组织”的主要驱动力不是金钱、物质，而是社群认可、意义感和成就感。在“上海团长”的自组织中，利他之心成了原动力，在帮助自己和小区邻居实现“蔬菜自由”的同时，团长与志愿者们收获了马斯洛需求的最高层次——自我实现。

“自组织”主张一线人员自主决策，没有那么多的审批流程和条条框框。本着“让小区居民们吃得饱与吃得好”的目标，分布式各司其职、百花齐放的“自组织”更能够快速响应变化。

03

“上海团长”代表了我们应对不确定性的一种正确方式。今天的“团长”之所以能够成为整个社区的超级英雄，我觉得最关键的一点就是这些“小组织”一直牢记自己的初心，即解决每一个人吃得饱吃得好的问题，解决每一个人用一个合理的价格购买生活物资的问题。

团长们的自组织，紧密地围绕“以人民群众为中心”的目标，没有那些僵化的审批决策流程和死板分工。不同的“目标”，决定了团队主观能动性和潜能的不同激发力度。

疫情结束后，“上海团长”的使命可能会终结，也许到那时，他们都将回归单位中的本职角色。但是，这段经历，已经让我们的工作方式、组织形态、管理模式、社区运转，发生了巨大变化。在这个过程中，“上海团长”所体现出来的自我驱动、敏捷灵活、重组资源的“自组织”力量，已经发挥出巨大价值。

我们认为，以意义感驱动、去中心化的协作、共享 / 共担 / 协同、灵活 / 敏捷、自主管理为主要特征的“自组织”，将会是应对不确定性事件的一种有益范式。

“疫情”代表的是当今越来越充满不确定性的时代，“上海团长”代表的则是应对不确定性的全新组织和全新领导力！

目　录　CONTENTS

PART 2
关于自驱型组织的七个基本认知

PART 3
打造自驱型组织的五大关键实践

前言

重启组织：范式革命

环境发生变化了，领导力必须改变！今天你的技能、直觉和特质可能是完美的，但是放在明天却是没用的。

——里卡多·塞姆勒

（Ricardo Semler，塞氏企业创二代、麻省理工大学斯隆管理学院教授、畅销书作者）

前言概览

以西方工业化革命为起点发展起来的，基于预测、规划、统筹、管理和控制，规模化、标准化、自上而下、层级管控式的组织管理范式，已统治现代企业百余年，直到互联网、数字化乃至提出“元宇宙元年”的当下时代。企业组织的内外部环境早已大大不同，在当今这个充满不确定性、不可预测、快速变化、复杂的乌卡时代，沿着旧地图，已然找不到新大陆。

重启组织，正是企业管理的一种范式转换。你不革自己的命，就会被别人革命。组织管理范式的转换，是细活，要下死功夫，必须把每一件事情扎扎实实做到位，走不得捷径。虽然底层逻辑是相通的，但处于不同发展阶段、面对不同挑战、有着不同文化基因和不同目标的企业，路径、方法、手段、节奏会有大不同。

企业的适应性正变得无比重要，而能够自管理、自决策、自协同、自变革、自进化的自驱型组织，它通过目标驱动，通过对员工的放权、赋能和支持，通过信任、信息透明、组织引领战略刷新，通过对人性最高层次需求的满足，保证了团队具有更强的责任感和快乐度，组织能更敏捷地响应变化、创造客户价值并持续创新。

2005 年创办的劳达 laboroot，已经走到了第 17 个年头，发展至今，形成了“劳达咨询公司 + 劳达律师事务所”、全国 16 个城市、150 人左右的团队规模，成为国内员工关系系统化解决方案细分市场的头部品牌。我们的使命是让员工关系更美好。

2019 年 11 月，我们将全球自组织知名咨询服务机构——荷兰的塞氏研究院（Semco Style Institute）[①] 独家引入中国，这是我的第二次创业。

从 2020 年 3 月开始塞氏自组织方法论的学习后，现学现用，我们首先在劳达 laboroot 践行，循序渐进导入了塞氏自组织的一些方法，比如财务信息全员公开透明、团队自主管理、自定薪酬（部分团队）、自定义工作时间、轮值 CEO 等。

而在此之前的 2019 年年初，我被《奈飞文化手册》和《塞氏企业》两本书所传达出来的文化精神所深深吸引，一拍脑袋（未与团队沟通和讨论），直接发了一个全员邮件，废止了劳达实施了十几年的《员工手册》，取消了公司统一的考勤与报销审批制度，发布了《劳达文化手册》，期待用“自由和责任”来把劳达改造成为类似美国 Netflix（奈飞，也有称网飞）的企业组织，但除了制造了一些混乱外，并没有实现预期的目标。

① 塞氏研究院（Semco Style Institute）由全球未来领袖 / 麻省理工大学领导力教授 / 哈佛大学访问学者 / 享誉全球的青色组织——塞氏企业（Semco SA）创二代里卡多·塞姆勒（Ricardo Semler），联合荷兰最古老领导力学院 de Baak 的 Arko van Brakel、毕马威的 Farouk el Kodady、德勤的 Luuk Willems 共同创立。塞氏变革的起源可追溯至 20 世纪 80 年代，其自管理的突破性实践获得了国际广泛认可，并被哈佛大学、麻省理工学院等 270 多家商学院列入教学案例库。

实践证明，只有理念而没有章法的“自由和责任”“无为而治”，实际上是“乱为”。要打造一个好的组织，我们需要付出更多的努力，在实现“无为而治”之前，我们需要更多专业、科学的“有为”。

在导入塞氏自组织改革之前，劳达 laboroot 是典型的传统组织模式，层级制，按部门 / 职能分工，重大决策均由创始人 /CEO 作出，标准的“一言堂”。但我的时间精力，已进入瓶颈期；我拍板作出的决定，错误率开始增加，决策效率开始降低；伴随劳达一起工作，成长超过五年、十年的老同事们，也陆续进入职业倦怠期，团队发展进入瓶颈期；企业营收、利润增长变缓，创新乏力，业务发展进入瓶颈期。

以财务信息公开为例，在导入塞氏自组织改革前，财报仅按年度对股东公开。之前的主要担心是：业绩不佳时，公布财务信息会影响团队士气和稳定性；而业绩良好时，则影响团队对于收入分配的感受。

在导入塞氏自组织改革后，从 2020 年上半年起，劳达咨询集团按季度正式向全国所有分公司、子公司全体员工，公开集团、各分子公司、各业务团队的财报，并公开讨论、分析各团队 / 各产品营收、利润、成本等的经营情况，实现了财务信息的完全公开透明。

结果证明，我之前的担心是多余的。财务等信息的透明、共享，大大促进了团队信任度的提升，同时，财务经营分析对于各团队的业务发展带来了帮助，各团队开始更积极主动地思考成本、产品和业务，从而更加高效地自主决策。财务信息的公开透明，也帮助各个团队更多地从经营者的角度思考业务发展、团队发展等问题。2020 年劳达咨询集团的年营业收入与 2019 年相比，增长近 50%，创下最近十年增长率的新高。

改革继续深入。2021 年 7 月 1 日起，劳达咨询集团实行轮值 CEO 制度，我不再担任 CEO，公司的重大决策事项均由“轮值 CEO+ 管理委员会”来决定（未来设立董事会后，董事长也将实行轮值制）。塞氏自组织的另一些实践，比如，直播管委会会议、季度战略复盘会、从金字塔到圆环、10 人小组、利润分享计划等更深层次的组织改革计划，也正在酝酿推进中。

只有躬身入局，才能深刻理解“企业组织的发展史就是一部波澜壮阔的组织变革史”这句话。我有幸能身在其中，知而行之。

无意中，翻见我在劳达成立十周年时出版的“经历 3+1 丛书”① 中所写的自序，感慨万千。摘录部分文字如下：

> 在我 27 岁时，大学毕业 5 年，硕士毕业 2 年，也就是 2005 年，决定创业，于是有了劳达 laboroot 的第一家公司“上海劳达企业管理咨询公司”。
>
> 2005 年 5 月刚成立劳达时，算上我共有两位合伙人与两位员工，口袋里总共不到一万元钱；借了套一室一厅一厨一卫

---

① 丛书共 4 部：《入职管理日记》《在职管理日记》《离职管理日记》《对话 CHO》，中国铁道出版社 2016 年版。

的商住两用房："室"作为合伙人办公室，"厅"作为员工办公室兼客户接待室，"厨"本想用作自己的卧室以省费用，后发现实在不方便而作罢。小伙伴们拿着我设计的培训课程大纲（《跳槽管理中的11个法律误区》）与电信黄页，一天几百个电话。卖出一天的课程，房租、办公费用有了；再卖出一天的课程，大家的工资有了；温馨、愉快的创业之路从此开始……

2005年时，我根本不知道劳达将发展成为什么样的一家公司，不过那倒也并不碍事；因为我坚信当机会从身边闪过时，我不会放过去的；而且，当时我也没什么可以失去的。离职创业前的月薪为人民币3 000多元（当时上海普通地段的房价每平方米已经超过一万元）。所以现如今，每每遇到年龄"奔四"或"奔五"、百万级年薪以上的高管欲抛弃高昂年薪及光鲜亮丽的职位离职创业，征求我的建议时，我总是油然而生、发自肺腑十二万分的敬意！

2005年年底，公司经营毫无进展，加之另有光明的发展机会，另一位合伙人退出；公司账上也没什么现金流。那倒同样也并不碍事，我依然觉得自己力量无边，而且没来由地自信满满；我的口袋空空如也，但脑中满是想法，心中充满斗志。我正值27岁，一副牛哄哄的样子，感觉还等得起我自己及公司的成长……

2006年3月，突然冒出来一部伟大的《中华人民共和国劳动合同法》草案。从一审稿到二审稿、三审稿，直至2007年最后的终稿，恰如追星一族从 iPhone 1 到 iPhone 6，我们一路“追杀”到2008年底——那是一段令人倍觉怀念、热血沸腾的岁月！印象最深的一次活动，在上海新梅华东大酒店，原先300人的场子，每人收费1 280元/天，临时增加报名100多人，加座，最后坐了近500人。我意气风发地在台上“解读”与出谋划策；老板与HR高管们全神贯注地听讲与提问，笔记记了满满一整本；小伙伴们在休息室里清点当天收的会务费现金到手抽筋；那天所有人都累趴下了，晚上集体足浴……

从2005到2015的十年间，劳达不断地步入了快速发展的征程……其间，也经历了外地公司合伙人的分崩离析，也看到了劳动法律师及人力资源服务业同行们的起起伏伏，也感受到了公司发展从瓶颈到突破、又回瓶颈、再酝酿突破的整个历程。

……

43岁时回看27岁以来的16年光景，正如站在月球看地球，漂亮！暗自庆幸的是，我仍然没有丢掉27岁时的激情与17岁时的梦想，中年人的妥协离我尚远，这仍然是一个意气风发、充满激情、美好的年龄。

我一直思考的一些问题包括：企业组织之于创始人、员工的意义是什么？我们为什么而存在？我们花这么多的时间在工作上是为了什么？我们要往哪里去？企业的归宿是什么？团队如何运转才能更加高效？我们如何才能做得更好、更快乐？……

美国著名科学哲学家托马斯·库恩（Thomas Kuhn）在《科学

革命的结构》(*The Structure of Scientific Revolutions*)[①]一书中提出并系统阐述了科学范式论。库恩认为范式是指“特定的科学共同体从事某一类科学活动所必须遵循的公认的‘模式’，它包括共有的世界观、基本理论、范例、方法、手段、标准等与科学研究有关的所有东西”。

在库恩看来，“科学革命”的实质，一言以蔽之，就是“范式转换”；是少部分人在广泛接受的科学范式里，发现现有理论解决不了的“例外”，尝试用竞争性的理论取而代之，进而排挤掉“不可通约”的原有范式。当然，一个新范式的确立并不是一蹴而就的，他相信科学发展的实际过程是一个进化与革命、积累与飞跃、连续和中断的不断交替的过程，而且科学发展的历史明显地体现了这个过程。

科学发展一般经历四个时期：① 前科学时期；② 常规科学时期；③ 反常和危机时期；④ 科学革命时期。在科学史上，科学革命的典型例子，如天文学中的哥白尼革命，化学中的拉瓦锡革命，物理学中先有牛顿革命而后有爱因斯坦革命。新范式最终战胜并取代了旧范式，这就标志着科学革命时期的结束，从而进入了新的常规科学时期。在新的常规科学时期中，新的范式成了该学科的科学共同体的共同信念。科学研究在新范式的指引下继续前进，但是到了后来，又出现了许多反常现象，陷入了新的科学危机，而引起新

---

① 《科学革命的结构》是美国科学哲学家托马斯·塞缪尔·库恩创作的科学哲学著作，首次出版于1962年，1970年再版，1996年第3版。

的科学革命，并实现从新的范式到更新的范式的转变，而进入更新的常规科学时期。科学发展就是通过这几个环节的不断循环往复而不断前进的。

企业成长过程中的一个重要阶段是范式转换，范式转换理论是库恩有关科学革命理论在管理学领域的应用[①]。企业范式指的是企业成员所共有的关于企业自身、企业环境、员工的观念和思维方式，是企业发展过程中形成的、为企业核心人物及多数人所拥有的正统的东西。范式转换理论认为，到了一定阶段，企业原来的范式就必须转换，但这种转换是很难的，特别是在原来范式上取得较大成功的企业就更难了。为此，该理论提出了范式转换的四个阶段：领导干部的发动；中层干部的突击；变革的连锁反应；新范式阵脚的加固。

的确，以西方工业化革命为起点发展起来的，基于预测、规划、统筹、管理和控制，规模化、标准化、自上而下、层级管控式的组织管理范式，已统治现代企业百余年，直到互联网、数字化乃至提出“元宇宙元年”的当下时代。企业组织的内外部环境早已大大不同，在当今这个充满不确定性、不可预测、快速变化、复杂的乌卡时代，沿着旧地图，还能找到新大陆吗?

重启组织，正是企业管理的一种范式转换。我想把劳达打造成为类似奈飞、塞氏、博组客这样的组织，同事们能很快乐地工作、

---

① ［美］托马斯·库恩著，张卜天译．科学革命的结构［M］．北京：北京大学出版社，2002 年．

很幸福地享受生活；公司能保持高绩效、持续增长和强大的自我进化能力，并获得客户和社会的尊敬、认可。这种改革，一方面是一种自我革命，另一方面，也是当下时代所必需。有句话说得好：你不革自己的命，就会被别人革命。

敏捷的团队、自我驱动的员工、快速的节奏、全员创新的能力和强大的适应性，对正处于激烈市场竞争压力下的传统公司极具吸引力。但是，说起来容易做起来难。我看到过一些公司自管理的边界都还没弄清楚，就贸然组建数百个自组织的团队，宣布要打造“青色组织”。最后发现这些团队因积重难返的官僚机制和缺乏方法论指导而陷入困境，最终以转型失败告终，团队陷入迷失、混乱、不信任和挫折。从来都没有完美的组织模式，只有适合的组织模式。

劳达 laboroot 在启动自组织改革的同时，除了结合自身实际情况由点及面、渐进式实践塞氏自组织改革外，我们还发起了一个“向全球一流实践学组织力”的系列活动，陆续组织了一些由企业家和组织发展专业人士组成的队伍，数度去华为、阿里巴巴、亚马逊中国、奥托立夫中国、博组客中国、韩都衣舍、莱绅通灵等全部或局部带有自组织色彩的杰出企业参访、学习、交流、共创，与发生在中国本土的各具特色的组织创新实践展开思想碰撞（或成功或失败的案例，都是我们进行头脑风暴复盘很好的素材），并通过与塞氏研究院合作设立的塞氏中国研究院的平台，与众多向往组织进化、向往青色组织的客户进行了大量的关于自组织的咨询、培训、工作坊和跟踪辅导服务。

我们深知，组织管理范式的转换是细活，要下死功夫，必须把每一件事情扎扎实实做到位，没有捷径可走。虽然底层逻辑是相通的，但处于不同发展阶段、面对不同挑战、有着不同文化基因和不同目标的企业，路径、方法、手段、节奏会有大不同。

基于环境的快速变化，企业组织的适应性正变得无比重要，而能够自管理、自决策、自协同、自变革、自进化的自驱型组织，它通过目标驱动，通过对员工的放权、赋能和支持，通过信任、信息透明、组织引领战略刷新，通过对人性最高层次需求的满足，保证了团队具有更强的责任感和快乐度，组织能更敏捷地响应变化、创造客户价值并持续创新。

本书希望能融合劳达 laboroot 创业 16 年自身组织力发展的探索思考、对头部企业的学习研究，以及塞氏自组织方法论在中国的大量实践，通过已在本土落地的“自驱型组织”打造机制，从概念、理念、原则、工具到实践方法，给出符合企业组织管理转型的系统化新范式。

本书着重从企业要获得持续成功的以下公式出发：战略“刷新”× 组织“重启”× 员工“激活”，提出了视员工为“人”而非“工具”、“不管”比“管”更高绩效、客户导向、最小化层级与信息流动等自驱型组织的四个理念，以及“信任”先行、“共识”驱动、团队“自管理”三大原则，并围绕以下五大关键实践：领导力进阶、建立共同目标、组织架构改革、团队自管理和边界设计、重新定义用工与薪酬，系统阐述了渐进式打造自驱型组织的方法。

你准备好了吗？让我们现在就开启自驱型组织的进化之旅吧！

PART 1

为什么我们需要自驱型组织

能够生存下来的物种，并不是那些最强壮的，也不是那些最聪明的，而是那些对变化作出快速反应的。

——查尔斯·达尔文

（Charles Darwin，英国生物学家、进化论的奠基人）

第一章 | 乌卡时代的“组织力”

本章概览

与员工胜任力相对应的组织力，是执行力。但是企业组织在今天遇到的最大的问题，是驾驭不确定性。我们认为，当组织要驾驭不确定性的时候，需要具备的四个核心“组织力”，即环境感知力、敏捷/灵活力、创新力和协同力。

环境感知力不仅仅在于企业领导人对环境变化的洞察、整理和判断，组织中的每个人，尤其是一线业务人员，也都应当具备环境感知力，更为重要的是，这样信息就能够在组织中快速流动起来，形成全员信息同步；敏捷力的核心在于企业文化与组织氛围，当规划和规则不再奏效时，敏捷力就成了最佳选择；创新力不是少数天才的创造力和想象力的灵光乍现，而是组织各个内外部系统复杂的高度协作，是一种自下而上的团队创新，而且是持续性创新；协同力的重点则是发展横向合作机制，着重解决需要跨部门、多专业进行协作才能解决的问题。

当你能做到从胜任力、执行力转向“环境感知力、敏捷/灵活力、创新力、协同力”这“四力”的时候，你在工作场景中的关键词就不再是控制、监督、命令、权力和复制成功经验，而是怎么让大家发挥自驱与创造力，怎么能够跟踪现在的技术和市场的变化，然后找到新的可能。

乌卡时代：适者生存

何为“乌卡”

乌卡（VUCA）是 Volatility（易变性 / 不稳定性），Uncertainty（不确定性），Complexity（复杂性），Ambiguity（模糊性）的缩写。

Volatility（易变性 / 不稳定性），是指环境变化非常快；
Uncertainty（不确定性），是说我们不知道下一步的方向在哪儿；
Complexity（复杂性），意味着每件事会影响到另外一些事情；
Ambiguity（模糊性），表示关系不明确、各种条件和因果关系的混杂。

“乌卡”是指我们生活在一个充满易变性、不确定性、复杂性、模糊性的世界里。

“乌卡时代”一开始是军方的术语。20 世纪 90 年代的美国军方，针对在冷战结束后出现的多边世界特征，尤其是面对恐怖组织的行动，比以往任何时候都更复杂以及不确定，提出了 VUCA 这个术语。

之后进入商界。宝洁公司的首席运营官罗伯特·麦克唐纳最先借用这个军事术语来描述商业世界的新格局：“这是一个乌卡（VUCA）的世界。”

《未来简史》作者尤瓦尔·赫拉利，曾预言 21 世纪以后，饥荒、疫情、战争将不再是人类面临的主要议题[①]。然而，仅仅过了两年，COVID-19疫情席卷全球，战争的危险依然存在。这正是“乌卡”的另一个例证。

毫无疑问，COVID-19疫情带来的最大问题是：全球性的不确定。而且这个不确定还伴随着死亡的威胁。这次疫情揭示了一个真相：不确定性才是这个世界的本质。

COVID-19疫情带来了我们对工作方式、产业发展乃至全球化的重新审视。同时，全球科技革命和产业变革，除了数字化进一步发展之外，在科技的很多领域都酝酿着颠覆性技术的爆发。

灰犀牛、黑天鹅、大象起舞、蝴蝶效应、独角兽……世界俨然变成了一座“疯狂动物城”，越来越多的大概率危机和红利，以更快的速度涌来，而后逝去。

元宇宙、碳中和、数字化、人造肉的浪潮已经清晰可见；航天的商业应用、卫星经济正在成为新兴的投资热点；对人脑的认知，从投资、学术到产业界，都在积极作为；伴随着全球政治经济环境、社会环境的变化……这些现象无疑预示着一个更“乌卡”的时代到来！今天的世界，正处于百年未有之大变局之中。

在不确定时代，无法理论推演，无法逻辑分析，无法数据证明，甚至无法经验总结，而是一切处于实时的未知中；窗口期越来越短，组织形态必须以更快的速度迭代、重塑。

不确定时代的新挑战，相较于以前，正如从手里扔出一块石

---

① ［以色列］尤瓦尔·赫拉利著，林俊宏译．未来简史［M］．北京：中信出版社，2017.

头，与从手里扔出一只飞鸟，分别去判断两者轨迹的差异。

“乌卡”时代与前“乌卡”时代

乌卡时代之前的世界当然也存在着“乌卡”，只不过没有今天如此强大的存在感。

20 世纪 80 年代初，未来学家巴克敏斯特·富勒在《关键路径》一书中建立了他称之为“知识倍增曲线”的概念[①]。他指出，1900 年前，知识倍增需要一个世纪；1945 年知识倍增需要 25 年；到 1982 年，知识倍增只需要 12 个月。而到 2020 年时一些项目领域内的知识，甚至会每 12 个小时就翻一倍。

过去的四千年间，地球上发生的大多数重大变革和创新都相对集中在最近的一百年。

前乌卡时代的世界，客户需求与市场变化相对缓慢，产品周期以年甚至十年计。我们可以从前提假设 / 量化开始，到原理提出、框架设定、结构分析、路径建构、可能性预测、结果输出，一切都能找到确定性范式，进行情境推演，有条不紊地自上而下展开，让众多“问题”迎刃而解。

因此，前乌卡时代场景下的企业组织管理，特别强调统筹、规划、管理和控制，稳定性和执行力，成为企业追求的核心指标。

现在呢？

---

① ［美］巴克敏斯特·富勒著，李林、张雪杉译 . 关键路径［M］. 桂林：广西师范大学出版社，2020.

笔者身边的一个真实例子：2021 年下半年，我在为一家全球 500 强汽车零部件制造业企业提供“敏捷组织与团队自管理”工作坊时，总经理告诉我，过往按“年度”作为周期制订生产计划的做法，如今已经变为按“日”为周期即时调整。

这样的变化，各行各业都在发生。

企业组织的适应性

综观整个 20 世纪，以西方工业化革命为起点，通过亚当·斯密的分工理论、弗雷德里克·泰勒的科学管理理论、马克思·韦伯的科层制、道格拉斯·麦格雷戈的 X 理论以及福特与泰勒的管理实践等，规模化、标准化、自上而下科层式的运作形态已统治企业百余年。企业组织形态与管理模式在这一百年间没有出现大的变化。

但是，进入乌卡时代后，呈几何级指数增长的信息流动与变化，让几乎所有的组织模式都不可避免地产生巨大变化。市场变化频率加速，商业环境与生存环境变得异常尖锐，技术变革和商业环境均以指数级的速度发展，产品周期以周计、月计甚至以日计，一着不慎，满盘皆输。

正如梅赛德斯-奔驰的广告语所言的“The best or nothing”，前所未有的不确定性，让我们处于随时被颠覆、淘汰的边缘。

2013 年 9 月，曾经的手机霸主诺基亚将其手机业务卖给微软时，诺基亚的 CEO 史蒂芬·埃洛普在新闻发布会上说了这样一句发人深省的话：“我们什么都没有做错，但不知怎么，我们输了”（We did nothing wrong, but somehow, we lost）。

如果说没有输给时代，我们看看谷歌（Google），这家 1998 年成立的公司，至今还是全球领先的科技企业，他们在不同的时代都战胜了时代。在互联网时代，他们是搜索引擎的霸主；在移动互联网时代，他们以安卓操作系统与苹果平分天下；而进入人工智能时代，他们又一次走在前列。究其原因，不仅仅是领导者的前瞻和战略眼光，而是经过 20 多年时间，谷歌已经进化成一个对外部敏捷反应、超前战略、勇于创新探索的适应能力超强、能够自我驱动、自我进化的组织。

今天 Z 世代[①] 步入职场，并成为职场和消费的主力人群。他们是数字时代的原住民，由于生活方式质的变化，他们更关注体验，越来越追求自主、自我、自由。他们对于职业的追求，从关注金钱过渡到关注工作的乐趣和意义，他们与传统组织的层级管理、监督管控风格，越来越格格不入。

乌卡时代的企业组织普遍遇到的问题场景包括：

看似相近的战略，基本雷同的产品，同样的政策环境和市场环境，为什么企业与企业之间会有那么大的差距？

董事长、CEO、高管事务缠身，时间精力如何解放？

企业发展进入瓶颈期，如何突破？

都说团队要狼性，如何打造狼性的团队？

都说组织要有活力、要敏捷，如何注入活力、敏捷的因子？

---

① 是指 1995—2009 年出生的人。

都说人效提升是核心方向，如何提升人效？

都说不创新就死亡，团队的创新力从哪里来？

都说团队要上下同心，那么又该如何步调一致呢？

自上而下的管理模式，面对不确定性时代，面对95后、00后，是否仍然有效？

员工主动性不够，团队氛围消沉，组织缺乏活力，员工关系紧张，如何破局？

过去的成功经验无法继续满足客户需求，团队能力及管理水平跟不上业务发展，招不到人，留不住人才，怎么办？

企业如何输给时代、如何做又不输给时代？企业的掌舵人可以做些什么？

……

我们认为，答案正在于组织本身的适应性。

组织管理形态的进化，没有什么固定模式，成功的关键是领导者要认识到，组织已经到达生命周期的新阶段，组织转变实际上是组织成长。对领导者来说，需要时刻问自己一个关键问题：我们需要做些什么，才能把组织成功地带到下一个发展阶段？

物竞天择，适者生存。我们知道得越多，意味着我们拥有更多的选择，不确定性大大增加，也意味着作出决定会变得越来越困难。最终生存下来的适者，不是最强的，也不是最聪明的，而是那些对变化最敏感的。

管理大师拉姆·查兰说：“没有一个时代像现在这样，变化如此之快，转型升级已不再是选择，而是必须。在这个飞快向前的时代，每个人、每个组织只有超越外部变化的速度，才有可能在这个时代制胜未来。”

今天的企业组织形态与管理模式，要更好地适应不确定性，就必须持续进化和迭代，升级自己的“组织力”！

不确定时代需要的四个核心“组织力”

大量的研究表明，当团队像整合的系统一样运作时，他们对提升业务表现就有着积极的推动作用。竞争优势的确立依靠的是打造有能力的组织而不是个体人才。组织的存在是为了让整体大于局部的总和，确保各个元素能够在技术、思想及战略层面一起工作。

本书理解的组织力，是一个动态的概念，是指通过团队的整体战斗力，为客户创造价值，实现企业发展战略和共同目标的能力，包括执行力、环境感知力、敏捷 / 灵活力、创新力、协同力等。

在不确定时代，企业要获得持续成功，除了战略方向大致正确外，需要依靠强大的组织力将其落实；此外，组织力本身，也是确保企业战略灵活性、能够持续刷新、保持正确方向的核心元素。

我们在过去的管理中一直要求的是员工胜任，这是对员工的一个基本要求；与员工胜任力相对应的组织力，是执行力。但是企业组织在今天遇到的最大的问题，是驾驭不确定性。

英国生物学家、进化论的奠基人查尔斯·达尔文（Charles Darwin，1809—1882）有句经典名言：“能够生存下来的物种，并不是那些最强壮的，也不是那些最聪明的，而是那些对变化作出快速反应的。”

当组织要驾驭不确定性的时候，我们认为，需要具备的四个核心“组织力”包括：环境感知力、敏捷 / 灵活力、创新力、协同力（见图 1-1）。

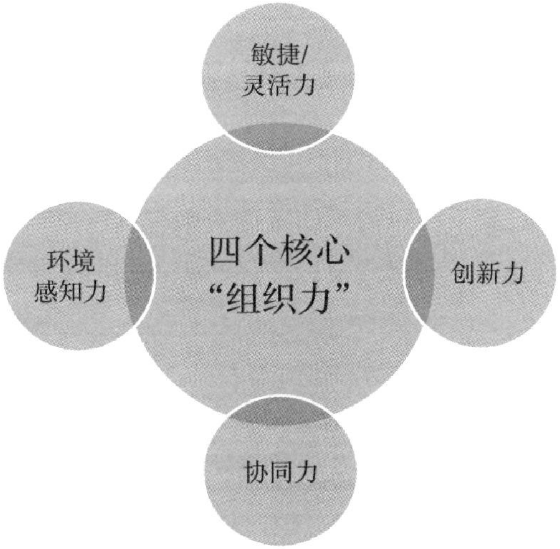

图 1-1 四个核心“组织力”

环境感知力

环境感知力，是指能够对可能影响到企业现在及未来的外部环境信息变化保持敏锐洞察、搜集整理与理解判断的能力。

这些环境变化包括产业技术领域先进性、技术人才集中或分散、技术前沿程度；行业竞争态势、市场占比、已开发或未开发；全球 / 区域 / 国家 / 省市 / 城乡经济影响状态与稳定性；人口数量，适龄劳动力比率；外汇管制、税务机制、法律法规政策及客户需求等变化。

我们认为，环境感知力不仅仅在于企业领导人对环境变化的洞察、整理和判断，组织中的每个人，尤其是一线业务人员，也都应当具备环境感知力，更为重要的是，这样信息还能够在组织中快速流动，形成全员信息同步。

敏捷 / 灵活力

敏捷 / 灵活力，是指针对环境的变化，能够迅速作出调整决策并落实的能力。基于客户需求的敏捷力则包括客户响应度和反应速度，不但要快速，还要能够正确地响应客户。一家公司的敏捷力取决于它对抗压力、恢复核心功能以及在多变的商业环境中稳健运行的能力。实际上，敏捷已成为提高成功率、产品 / 服务质量、生产率等关键要素的代名词。

《敏捷软件开发宣言》[①]中阐述了敏捷的四个核心价值观：个体和互动高于流程和工具、软件高于详尽的文档、客户合作高于合同谈判、响应变化高于遵循计划。这一宣言与传统观念相比，更加注重人的因素，注重开发者内部之间、开发者与客户，以及开发者与用户的沟通交流与互动协作，以灵活的方式适应变化而非依靠计划

---

① 2001 年 2 月 11 日至 13 日，在美国犹他州瓦萨奇山雪鸟滑雪胜地，17 个人聚到一起，包括来自极限编程、Scrum、DSDM、自适应软件开发、实效编程等的代表们，还包括希望找到文档驱动、重型软件开发过程的替代品的一些推动者。这群有时存在相互竞争的软件开发独立思考家们试图找到共识，最终的成果就是由全体参会者签署的《敏捷软件开发宣言》（Manifesto for Agile Software Development）。

或预设未来。

敏捷需要一个相互信任且平等的环境，管理层需要赋予团队独立决策的权力，团队在需要时能与管理层合作并获得支持。领导者不再是整个项目的第一责任人，而是将整个团队作为项目推进的中坚力量。与此同时，在实现目标的过程中，需要明确责任与义务的边界。有些敏捷变革主张向员工授权，取消等级审批制度，让管理人员为团队服务；有些敏捷理念强调速度、可见性或产出效率。尽管侧重点有所不同，但与传统组织不同，大家都认同敏捷力所带来的适应能力，具备敏捷力的组织在压力下表现得更好。

我们认为，敏捷力的核心在于企业文化与组织氛围，当规划和规则不再奏效时，敏捷力就成了最佳选择。

创新力

不论是老牌公司还是创业公司，通过创新获得市场都是其成长的主要路径。创新力，指的是贯穿于全团队的，能够快速找出新方法调整战略，以获得价值或保持竞争力的能力。从生产力、生产关系、生产方式等三个不同角度看，创新分别有技术创新、组织创新和商业模式创新；站在客户价值角度看，有产品创新、服务创新、客户体验创新。

创新力需要一种环境与组织氛围。大量管理学研究表明，企业文化中的等级观念越小，创新能力越强。大型企业往往等级森严，官僚主义盛行，但是创新力强的组织往往都会主动为思想交流提供空间与环境，鼓励创新。组织、团队和人员的成熟度越高越需要创新，以避免停滞不前，并不断在竞争中保持领先地位。通过促进创新并保证信任、耐心和透明，使团队能够创造性地解决问题。

创新力不是少数天才的创造力和想象力的灵光乍现，而是组织各个内外部系统复杂的高度协作。创新力更多指的是一种自下而上的团队创新，而且是持续性创新的能力。

协同力

协同力，是指保证组织中每个人的工作都往正确的方向进行，将团队的目标、行动与结果协同起来，打造利益相关方全面支持的集中优势的能力。今天的效率不再来源于分工，而是来源于协同。“团队目标”告诉我们要去到哪里以及为什么，“行动”是团队中每一位同事思考、做事、沟通、探索的方式，“结果”是验证整个过程是否顺利推进的最终要素。协同力不足，是很多中国民营企业长期在低管理水平、在价值链低端徘徊的死穴所在。

协同力包括如何促进团队内部人员的协同、如何与组织内其他团队或其他部门进行协同，以及如何与高层管理者进行协同等。除了人与人之间的协同、团队间的协同外，协同力还包括信息的协同、流程的协同、商业模式的协同、业务逻辑的协同等。企业要形成有独特竞争力和定价权的产品与服务组合，必须要有强大的横向合作机制。从这个意义上讲，协同力是团队精神的核心推动力和黏合剂，没有协同力的企业就是没有竞争力的企业。协同力的高低往往等同于企业效率的高低，协同力的有无往往也关系着企业的生死存亡。强大的协同力可以让组织焕发活力，像生命体那样生长。

协同力的重点是发展横向合作机制，着重解决需要跨部门、多专业进行协作才能解决的问题。

当能做到从胜任力、执行力转向“环境感知力、敏捷/灵活力、创新力、协同力”这“四力”的时候，工作场景中的关键词就不再是控制、监督、命令、权力和复制成功经验，而是怎样让大家发挥自驱与创造力，怎样能够跟踪现在的技术和市场的变化，然后找到新的可能。

组织变革的关注重点，不应再只是员工胜任与否的问题，更需要关注的是企业能否提供组织氛围环境，让团队发挥上述四个“组织力”。

过去十年，组织力是锦上添花的可选项。未来十年，组织力将是生存下去的必需品。组织力的强弱，会成为企业分化的重要变量。顺势而为，可以靠个人英雄主义；但逆势增长，必须靠组织力！

案例：组织力的背后是人性洞察
——海底捞、塞氏企业和北欧航空的倒金字塔

关于中国知名餐饮企业海底捞的“变态”服务故事，举不胜举，广为流传，常常带来诸如“人类已经无法阻止海底捞”之类的阵阵客户惊呼。

海底捞员工的行为体现出的显然不是对企业规章制度的遵守，而是在完全无监督情况下的自驱、自动、自发地为企业创造创新价值，这样的创新价值恐怕是每一个老板、CEO所渴求的，但谈到员工无监督、自管理、自驱动，摇摇头的人恐怕也不会在少数。

笔者曾经为一家家族式传统企业做过用工咨询服务，在初次接触的时候，那位打下江山的董事长兼CEO不容辩驳地说，如果没有他的管控，这家公司（年营收过10亿）撑不过三个月就得关门——公司的成功一定是依托领导者的管理（统治）！相信这也是很多中国成功企业家的典型想法，在工业时代的人口红利期间，通过敢闯敢拼吃苦闯下了一片天地，通过领导者的集权统治不断巩固和扩大生意规模，历史证明是对的做法，难道现在就不行了？

2020年开年的COVID-19重重打击的也正是这样一批自信于历史经验的“刚性”老板，远程办公所考验到的组织弹性、柔性、信息透明、员工自驱自管理，让很多原先成功的企业家不知所措，

也打破了原本固定的管控思维。为了活下去，企业需要变得更敏捷、透明、权力下放……

当我们把眼光放眼全球，一家巴西企业持续四十多年的自组织创新模式的成功经验，正好适合中国商业土壤当下的需求。这家企业让人觉得“奇葩”无比——没有规章制度，没有员工手册，但存在以下三条所有人都必须正视的法则：

第一条给员工：晚上7点前所有人必须离开办公室；

第二条给老板：给员工最大限度的自由和权利；

第三条给所有人：审视所有的规章制度，大把大把地扔掉它们——取消门卫例行检查、取消考勤制度、取消着装制度、不为高层保留车位，先来先停……

四十多年前的塞氏企业（Semco SA），在巴西经济危机的背景下，如同2020年被COVID-19狙击的众多企业一样面临生死存亡的困境，当时作为创二代的里卡多·塞姆勒，大刀阔斧地进行组织变革，采用了以上这些令人匪夷所思的管理办法，最终带领塞氏企业不仅绝地求生，而且日后享誉全球①。除此之外，塞氏变革案例更是获得了国内外顶尖管理大师、组织变革专家与知名企业家的高度赞誉！

---

① 塞氏企业的自组织变革案例是塞氏研究院的第一个成功案例，也是塞氏中国研究院“组织力发展专家”版权认证培训的核心研讨案例之一。

如“领导力之父”、组织发展理论创始人、曾担任过美国四任总统顾问的查尔斯·汉迪评价说：“塞姆勒经营公司的方法是不可思议的，这种方法成功了，对每个人都非常成功。它激发了我对人性的信任和我对世界各地企业的希望。”

管理哲学之父、欧洲最伟大的管理思想大师沃伦·本尼斯认为：“塞姆勒使参与式管理早期阶段的所有概念都具体化了，迄今为止，我还没有看到其他哪个人能像他那样将权力下放。”

海尔集团创始人张瑞敏认为：“塞氏企业给人以启迪，员工不应是传统管理下的机器人，而应成为自主自治的人。正如我在长期经营中的感悟，企业兴衰不取决于资产的优劣，只与两部分人有关——员工与用户。由此海尔于十年前创立了人单合一双赢模式，创建员工与用户融为一体的生态圈，以共创并共享增值。”

塞氏企业在过去20年间保持着平均47%的企业增长速度，是巴西成长速度最快的公司之一；塞氏企业经营的1 000多类产品中，大都占据着市场第一或第二的位置，其主营的船用设备业务更是占据整个巴西市场85%的份额；人均年产值92 000美元，是巴西平均水平的4倍；企业人员流失率多年来低于2%，是巴西年轻人最愿意加入的公司。

相较于传统管理模式，塞氏变革的创新形式也许在很多人看来带着些许神秘色彩。20世纪80年代，当时21岁的里卡多·塞姆勒从父亲手中接管了在巴西主营工业搅拌机和混合器制造业务的塞氏企业。他上任的第一天就裁掉了公司60%的高层管理人员并继续推进民主化改革，通过大规模下放决策权完全改变了公司原先的科层等级制度。

里卡多·塞姆勒认为，人生在世最为重要的是提升并且改善自己和他人的生活质量，而这一目标，并非是要通过不断扩大的企业规模，不断提升的利润指标来获得，而是要通过我们不断改善自我和他人的自主能力、责任感和决策力来达成。因此，他认为新组织运营的关键词是：公平、民主、透明、共创、共享。

去除官僚体制

虽然扁平化似乎已经成为当下所有公司对于自己简介中的一条，但往往身处其中的人没有一个人会说出“我的公司不官僚”这样的话。大公司12～14个层级是寻常配备，即使是中小型公司由于传统的管控思维，头衔=金钱也是约定俗成的现实。与之标配的嫉妒、困惑、不可避免的冲突三不五时地流传于茶余饭后，官僚体制阻碍公司发展是不争的事实，但难的是怎么改变。

塞氏大概是地球上最不官僚的企业（或之一），里卡多认为金字塔越往上就越狭窄，奖励的是少数不断晋升的人，打击的却是绝大多数人的士气，而这些被打击的人，要么停滞在一个稳定的位置上，要么中途撤退。在一次去加勒比群岛度假的时候，里卡多萌生了取代金字塔的同心圆组织结构，经过后续完善，形成了塞氏三层的组织结构，组织中所有员工只有四种头衔：顾问、合伙人、协调人和伙伴。

变革必然伴随阵痛和阻碍，塞氏也不例外，但变革后的果实却甘甜异常，经过了磨合期的塞氏企业，进入了全速发展阶段，虽然还是每每让新来的员工对于塞氏与众不同的组织管理模式瞠目结舌，但去除了官僚体制的塞氏不仅让公司受益，也让大多数员工感到工作的快乐。

让员工自主决策

即使是对于权力没有病态执着的普通人，当不能监督下属、需要将权力下放的时候，大部分人的第一反应也是大声说：不，这太不可思议了。

塞氏企业中“无需计算一切，无需约束大家，无需记录人们是否迟到”，在一个个业务小组中，作出改变不需要得到批准，对于新的思路也没有特别的奖励。在这样自然的氛围下，工人们自己设计了新的洗碟机装配线，其他公司里经常顽固对抗经营者的工厂委员会努力帮助塞氏削减开支，而塞氏的经营业绩也一飞冲天。

正如里卡多经常讲的：一只海龟可能由于受到龟壳的良好保护而活几百年，企业中的管理者可能为了保有自己的安全感而不敢放松管控，但同时别忘了海龟只有伸出头去才能前进，严管控无形中也必然会扼杀大部分员工的灵活性、创新力以及相应能创造的企业价值。

塞氏企业陆续推出的自定薪酬、卫星计划、董事会直播、轮值CEO、极简报告、边工作边退休、情境领导……围绕如何让工作精彩、让员工更快乐，勇敢的领导者带领塞氏企业，无论是在组织绩效抑或组织活力方面，都完成了看似不可能的蜕变！

正是“以人为本”的管理模式，让塞氏企业在1990年巴西政府冻结公民银行存款的危机里幸免于难。拥有主人翁意识的员工们在当时纷纷自愿离职为公司减少开销，让塞氏企业不止活下来，甚至在“最坏的时代”仍向上生长①！

过去搭乘中国经济发展红利，国内企业主要着眼于经营，通过提升执行力达成业绩增长。2018年以后，移动互联网崛起，AI、机器人迅猛发展，企业增长更多依赖科技及组织力提升，但是相比科技提升的高难度，组织力提升对于大多数企业而言更具有现实意义。但同时，组织力涉及公司架构、业务流程、考核激励、人才能力、文化价值等多个维度，对于掌舵人的胸怀、前瞻眼界也提出了更高要求。

海底捞和塞氏企业，虽然都非高科技或互联网企业（分属传统餐饮服务业和传统制造业），但其强大组织力系统背后的底层逻辑是相通的，他们都基于人性洞察，把人置于组织最中心、最重要的位置。

公司把一线员工放在了组织架构的最上面，把传统企业组织讲究层级、管控、命令与执行的金字塔式科层制组织结构倒过来，形成了以员工为中心的“倒金字塔”，中高层管理者全部围绕员工“转”。公司把权力、责任同时下放到员工身上，而“领导”则作为支持者、赋能者，帮助员工取得成功（见图1-2）。

---

① ［巴西］里卡多·塞姆勒著，师冬平、欧阳韬译. 塞氏企业：设计未来组织新模式［M］. 杭州：浙江人民出版社，2016.

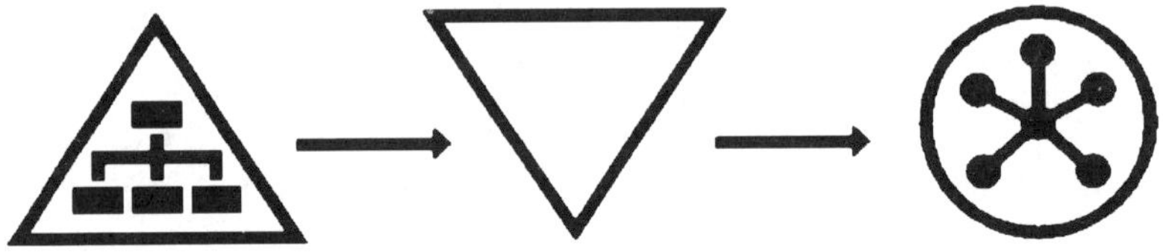

图 1-2　塞氏企业的组织进化路径①

倒金字塔管理法

倒金字塔管理法（Pyramid Upside Down）最早由瑞典的北欧航空公司（SAS）总裁杨·卡尔松提出。

20 世纪 70 年代末，石油危机造成世界范围内的航空业不景气，瑞典的北欧航空公司也不例外，每年亏损 2 000 万美元，公司濒于倒闭。在这个危机的时刻，杨·卡尔松受命于危难之际，担任了北欧航空公司的总裁。卡尔松接任后采用了新的管理方法，一年后，北欧航空公司盈利 5 400 万美元。这一奇迹在欧洲、美洲等广为传颂。卡尔松来到北欧航空公司时，公司一片萧条，人心惶惶，员工们不知道公司会走向何处。卡尔松利用三个月时间，在仔细研究了公司的状况后向所有员工宣布，他要实行一个全新的管理方法——“倒金字塔管理法”。

① 该图表来源于塞氏中国研究院“组织力发展专家”版权认证培训教材。巴西塞氏企业的组织形态变化，经历了这一过程。

在管理学上认为一个公司能不能做好，管理者是最重要的。而卡尔松认为，要把公司做好关键在于员工。“人人都想知道并感觉到他是别人需要的人。”“人人都希望被作为个体来对待。”“给予一些人以承担责任的自由，可以释放出隐藏在他们体内的能量。”“任何不了解情况的人是不能承担责任的；反之，任何了解情况的人是不能回避责任的。”卡尔松的“倒金字塔”管理模式就是在这样一种思维的指导下产生的。

从“金字塔”到“倒金字塔”的转变，释放出了潜藏在员工体内的能量。在数字化时代，不只是“倒金字塔”，想要使组织力实现全方位、多维度质的飞跃，一次系统化的组织变革，已成为广大企业家心照不宣的默契。

第二章 | 以“自驱动”应对“不确定性”

本章概览

为可预测性设计的传统组织管理形态无法打造能够适应不确定时代的四个核心“组织力”，它与其所处的不确定的环境之间的紧张关系已经达到了一个临界点。我们需要一种新的组织管理范式，能够自我学习、自我改革、敏捷响应和自我进化，确保战略与战术的灵活性，让团队能够自组织起来、始终充满活力。

自驱型组织以人为本，通过目标驱动，对员工的放权、赋能和支持，信任、信息透明、组织引领战略刷新，对人性核心需求的满足，保证了团队具有更大的责任感，能更敏捷地响应变化并持续创新；自驱型组织关注并营造全员式创新的组织氛围，通过“战略刷新 × 组织重启 × 员工激活”来提升企业盈利能力与适应性，帮助企业获得持续成功。

沿着旧地图，一定找不到新大陆

不确定性时代，不确定本身不可怕，可怕的是延续过去的逻辑。

过去的四千年间，地球上发生的大多数重大变革和创新都相对集中在最近的一百年。而今天的世界，更是百年未有之大变局。经济环境、政治法律环境、社会环境、技术环境、职场主力军等，都在迅速变化之中，并且变化的规模和速度在不断加快。

世界已经成为一个巨大的网络，在这个网络中，可立即访问和共享的信息正以最快的速度改写未来。在技术和信息的推动下，这种加速的连接创造了越来越快的变化速度，社会不再是线性、渐进式的发展，而是非线性、突变式的发展，未来变得越来越难以预测。

与此同时，大多数企业组织仍然依赖一百多年前为工业时代的挑战和机遇而设计的组织形态与管理模式，这些为可预测性设计的传统组织无法打造能够适应不确定时代的四个核心“组织力”，它与其所处的不可预测的商业环境之间的紧张关系已经达到了一个临界点。夹在越来越不满意的客户和不够鼓舞人心的领导之间的员工们正变得理想破灭和不敬业；夹在越来越不满的投资者和破坏性竞争对手之间的高管们则正在努力寻找前进的道路。

在传统组织中，我们所需要的“环境感知、敏捷/灵活力、创新、协同”四个核心“组织力”遥不可及。

纳西姆·尼古拉斯·塔勒布在《反脆弱》里，讨论如何应对不确定性，区分了两种不同的方式：“观光客”和“漫游者”。观光客用系统性的方式清除事物的不确定性和随机性，确保生活高度的可预测性，让一切变得按部就班，目的是为了舒适性、便利性和效率。而漫游者与观光客不同，漫游者会随时根据新的信息重新制定计划。他们拥抱生活中的随机性，并善于抓住随机事件带来的机遇。

塔勒布认为，我们要让自己成为漫游者，而不是观光客，漫游者比观光客更具有反脆弱性，更具有应对不确定性的能力[①]。

内部、外部环境的变化，要求今天的企业组织必须拥有更加投入的员工和更高绩效的团队，更加敏捷灵活、全员创新，持续进行组织变革。

阿里巴巴强调价值观胜于制度；腾讯在最强盛之时要重新拾起“梦想”，提出“科技向善”；美团用系统将骑手数字化，而不采取“人治”；华为把企业文化视为公司生存战中的终极武器——原子弹，认为资源是会枯竭的，唯有文化才能生生不息；小米则一直在思考如何简化管理，把找到不需要管理的人，作为管理的第一个切入点；而作为过去十年间最成功的科技新贵之一——字节跳动更被认为是一家根本没有“管理”的公司……

组织的进化轨迹似乎并非过往经验可以定义，更加创新、开放、多元的元素非但没有降低组织的运行效率，反倒是让很多组织如虎添翼，效能增倍，员工满足感提升。

---

① ［美］纳西姆·尼古拉斯·塔勒布著，雨珂译．反脆弱［M］．北京：中信出版集团，2014.

沿着旧地图，一定找不到新大陆。

我们需要一种新的组织管理方式。这种方式必须能够自我学习、自我改革、灵活应对和敏捷响应，它能够确保战略与战术的灵活性，确保团队能够自组织起来、始终充满活力，并能够在乌卡时代自驱完善、螺旋上升、有机生长、自我进化。

这种新的组织管理方式的核心，是找到让每个人、让每个组织能够自我驱动的机制。

自组织、自驱型组织与传统组织

自驱型组织的理论基础来源于“自组织”

自然科学领域的“自组织”思想最初被用以说明秩序与结构的生成，本书自驱型组织的概念正是源于自然科学领域的“自组织”。

自19世纪以后化学家陆续发现，有一些化学反应中的某些组分或中间产物的浓度能够随时间发生有序的周期性变化，即所谓化学振荡现象。化学振荡反应所表现的宏观有序现象，实质上是微观分子运动有序本质的反映，是亿万个分子从无序自发地“组织”起来协同一致动作的结果。超循环论（Super Circle）的创始人艾根（Eigen Manfred）因此认为，在生命起源和发展中的化学进化阶段和生物学进化阶段之间，有一个分子自组织过程或分子自组织进化阶段。

无序是如何自发地走向有序的？自20世纪60年代以来学术界

提出了自催化振荡、产物活化、环境温度起伏和反应序列存在反馈等理论模型试图解释，然而均未能全面和深入地揭示出自组织过程的本质，直到 1968 年比利时化学家普里戈金（Ilya Prigogine）“耗散结构理论（Dissipative Structure）”的提出，才得以圆满解决。他指出：一个开放体系在达到远离平衡态的非线性区域时，一旦体系的某一个参量达到一定阈值后，通过涨落就可以使体系发生突变，从无序走向有序，产生化学振荡一类的自组织现象。

耗散结构理论、协同学（Synergetics）和突变论（Catastrophe Theory）为自组织理论的发展奠定了基础。协同学的创始人、德国物理学家哈肯（H. Haken）给出了“自组织”的明确定义：“如果系统在获得空间的、时间的或功能的结构过程中，没有外界的特定干预，我们便说系统是自组织的①。”

哈肯认为，从组织的进化形式来看，可以把它分为两类：他组织和自组织。如果一个系统靠外部指令而形成组织，就是他组织；如果不存在外部指令，系统按照相互默契的某种规则，各尽其责而又协调地自动地形成有序结构，就是自组织。自组织现象无论在自然界还是在人类社会中都普遍存在。一个系统自组织功能愈强，其保持和产生新功能的能力也就愈强。

本书自驱型组织的概念，来自对哈肯“自组织”概念的学习和进一步思考。

---

① ［德］哈肯（H. Haken）著，徐锡申等译．协同学引论：物理学、化学和生物学中的非平衡相变和自组织［M］．北京：原子能出版社，1984.

从系统论的观点来说，“自组织”是指一个系统在内在机制的驱动下，自行从简单向复杂、从粗糙向细致方向发展，不断地提高自身的复杂度和精细度的过程；从热力学的观点来说，“自组织”是指一个系统通过与外界交换物质、能量和信息，而不断地降低自身的熵含量，提高其有序度的过程；从进化论的观点来说，“自组织”是指一个系统在“遗传”“变异”和“优胜劣汰”机制的作用下，其组织结构和运行模式不断地自我完善，从而不断提高其对于环境的适应能力的过程。

研究复杂的企业系统的行为，自组织的方法论要求我们在企业管理中，必须从整体出发，把管理看作是一个复杂的过程而且是自组织演化的过程。企业的发展有其自己的发展演变轨迹，企业管理者必须顺着企业发展的“脉络”实施恰当的管理。

自驱型组织的概念及与传统组织的关键区别

本书所称自驱型组织，是“自组织”的自然科学理论在企业组织管理中的应用，是指不依赖任何上级或外部的指令，按照内部的运行机制，能够自我管理、自我决策、自我协同、自我变革、自我进化的组织。

我们认为，不同企业甚至在同一企业的不同发展阶段，基因不同，它们所面临的问题、挑战、主要矛盾也会大不同。因此，没有任何一种固定的管理模式或组织模型，能够解决所有企业的问题，甚至是解决一家企业的问题。没有完美的组织管理模式，只有适合的组织管理模式。真正能解决问题的，只有适合的、不断变化的、能够自我迭代的模式。组织发展、组织改革是一个无止境的过程；不能够自我变革和进化，就死亡。具备自我管理、自我进化能力的自驱型组织，可以更好地与自然、社会、人类共生，持续发展。

传统组织强调上下层级，横向专业化分工，流程化协作，更像是一部井然有序、按部就班的社会机器，员工是机器上的一颗颗螺丝钉。传统组织最大优点是效率与成本，适合在一个稳定的环境中，将确定的事做正确。传统组织的管理模式中，所谓的计划、组织、指挥、协调、控制等职能，都是在努力纠正每一个与标准流程不相符合的偏差，以确保传统组织这部机器每天重复而单调地“正确运转”。然而，这样的组织范式最大的问题在于，对精益、成本、确定性的追求，极大地损害了创新能力与应变能力。

与传统组织相比，自驱型组织的关键特征与区别包括：

（1）传统组织的核心目标是“赚钱”，以利润驱动；而能够适应不确定时代的自驱型组织，一定是目标驱动，价值观高于业绩。传统组织往往认为类似于“机器的运作”，人是工作的一个部分；而自驱型组织认为工作的首要目的是让员工对生活感到满意，鼓励员工在尝试实现公司目标之前寻求个人挑战和满足感，因此，在自驱型组织中，工作是为了更好地生活，人的成长高于一切。

（2）传统组织中，少数人掌握权力，强调流程，通过集中的、自上而下的决策进行控制，通过管理者进行协调和维护秩序，管理者的角色往往是指挥、监督和控制，管理者通过“威权”来驱动员工；而自驱型组织认为，在不确定时代，拥有最佳洞察力和决策能力的人是最接近客户的一线工作人员，甚至是“超出”传统组织边界的人，因此，自驱型组织不是通过流程和等级进行控制、管理，而是通过激励、放权和支持一线员工按照他们认为最佳的方式来从事工作（包括作出决策），自驱型组织认可团队自我管理，管理者的角色转型为支持者/引导者/氛围营造者/推动者，管理者需要“退后一步”，只有在绝对必要的情况下才介入具体工作。管理者通过信任、尊重来驱动员工。

（3）传统组织通过长期规划来优化生产力和效率，通过可预测性来进行竞争，通过层级制来进行监督和管理，传统组织是由战略决定的；而自驱型组织，强调战略与战术的灵活性，通过客户价值满足和创新来进行竞争，通过扁平化来进行信息传递与快速响应。自驱型组织能够敏捷地感知市场和作出反应，找到创新的方向，指引战略的刷新和灵活调整。自驱型组织仍然需要一个愿景，但通过鼓励实验、促进快速学习和迅速迭代取得进展。传统组织强调执行力、胜任力，自驱型组织则强调环境感知力、敏捷/灵活力、创新力和协同力。

（4）传统组织小心翼翼地保护着信息，并利用信息不对称作为管理优势和竞争优势，上级的信息比下级的多，关键部门比非关键部门掌握的信息多，企业中大量信息自上而下层层传递，导致决策也是自上而下层层传递，效率不高；而自驱型组织则认为信息是一种极有价值的资源，在信息丰富、相互联系且迅速变化的时代，相信员工能够按照他们认为合适的方式对信息采取行动的潜在好处往往超过了开放信息的潜在风险。因此，必须要在团队中分享、公开信息，信息在组织中是流动的。同时，由于与客户零距离接触，能够准确了解客户的需求，自主决策，执行效率高。

（5）在组织形态方面，传统组织以职能和部门为核心，强调专业化分工，在企业内部建立起层级制的结构，多表现为直线型、部门型、事业部型；而自驱型组织形式上是多个群体，每一个自组织都能够直接面对客户，为满足客户的需求而独立运营，多为扁平化、网络型、跨部门型。

两种组织各要素的关键特征与区别，归纳如表 2-1 所示。

表 2-1 自驱型组织与传统组织的对比

要素	传统组织	自驱型组织
核心目标	赚钱，靠利润驱动	价值观高于业绩，以目标驱动
决策机制	少数人掌握权力，强调流程，集中、自上而下进行决策	激励、放权和支持一线员工按照他们认为最佳的方式来从事工作，包括作出决策
战略关系	由战略决定组织	组织引领战略的刷新和灵活调整
运行规则	通过长期规划来提高效率，通过流程和等级进行指挥、控制，强调执行力和胜任力	鼓励实验、促进快速学习和迭代，管理者转型为支持者 / 氛围营造者，团队自我管理，强调环境感知力、敏捷力、创新力和协同力
特征表现	信息传递迟缓、灵活性低、协同性差、创新力差	信息透明、公开，在组织中迅速流动，灵活，高度协同，创新力强
组织形态	科层制、部门型	扁平化、网络型、跨部门型
核心理念	人是工作的一个部分	工作是为了更好地生活，关注人的成长

组织呈现何种形态或具备什么样的特征，本质上是为了适应内外部环境、满足自身发展的需要。

我们认为，面向未来，互联网、大数据、人工智能技术以及新生代员工将成为推动组织进化的终极力量，而以目标驱动、放权、敏捷/灵活、扁平、创新、适应性、自主管理、协同为主要特征的自驱型组织，将成为未来组织管理的新范式。

自驱型组织是如何提升企业盈利能力与适应性的

企业持续盈利的三个关键：战略、组织和人

企业要可持续发展，必须要有盈利能力；企业竞争力的体现，最终也体现在盈利能力上。没有盈利能力的企业，正如缺了“水”的“鱼”——员工快乐幸福与否、企业社会影响力、社会责任等，均无从谈起。

在当下时代，企业的盈利能力主要取决于以下三个方面：

一是企业的战略方向和商业模式设计，以及相应的动态刷新能力。

市场与客户的变化，决定了今天的企业战略不应再是静态、一成不变的，而应是动态、灵活、与时俱进的。一个公司在自己的漫漫征途中，没有方向或者方向南辕北辙肯定是不行的，但时时要求方向绝对正确则不切实际。组织发展没有绝对正确的方向，只有大致正确的方向。在大致正确方向的指引下，哪个组织更能适应环境，

更有内在活力，就更可能占领行业的制高点，获得可持续发展。

二是组织活力的持续保持，以及组织能力的跟上。

在方向只能大致正确的情况下，在夺取战略胜利的过程中，组织始终充满活力就极为重要。任正非这么形容企业发展：“战略”就像龙头，要抬起来，这就是方向，大致正确，更重要的是龙身子要舞起来，要有力，整个龙才能活起来。对于公司来说，“组织活力”极为关键，组织活力的强弱，成为企业未来分化的重要变量。有活力才有效率，才具备动态敏捷适应性、规模化的灵活性，才能抵御危、抓住机，跨越周期，这就是组织红利。活力，为组织创造红利。

团队需要就目标达成高度共识，并能协同推动战略与商业模式落地。驾驭不确定性的四个核心“组织力”（环境感知力、敏捷/灵活力、创新力、协同力）必须并驾齐驱。

三是员工个体主观能动性的激发，即营造团队氛围，调动员工工作积极性，提升员工敬业度、高效率的能力。

企业管理的核心本质在于挖掘人性、经营人心，从而激发员工的主观能动性——这也是战略刷新与组织活力最终成败与否的关键。

行为学家保罗·赫塞博士（Paul Hersey）和肯尼斯·布兰查德（Kenneth Blanchard）提出的情境领导理论认为，领导者的领导方式，应同下属员工的成熟程度相适应，在下属员工渐趋成熟时，领导者依据下属的成熟水平选择正确的领导风格来取得成功。赫塞-布兰查德理论（简称赫-布理论）从管理者如何针对员工的不同特征以获得领导效果的角度展开研究，赫-布理论模型告诉我们，没有不好的员工，只有不好的管理者，因为如果管理者能够运用不同的领导风格，无论何种成熟度的员工，一样可以获得有效的结果[①]。

以上三个方面的能力，也正是当代企业的三大核心竞争力。

自驱型组织通过“战略刷新 × 组织重启 × 员工激活”帮助企业获得持续成功

传统组织中，战略通常由最高领导层来设计，一旦确定下来，不太会经常进行调整。基于已经确定的战略，再从上至下设计组织、流程、制度、团队等，并将战略分解为各种工作目标与考核指标，层层分解指派到各个团队。

传统组织通过检查、监督员工来了解工作进展，靠威权来指挥和驱动员工。同时，公司也为员工制定了高度结构化的职业道路，员工通过层级制度垂直晋升。为了确保执行和安全，传统组织中还堆积着大量的控制机制、流程、管理政策，员工将大部分精力花在官僚主义的繁琐手续上，而不是在创造客户价值、实现目标和结果上。

但是，不确定时代的问题具有不可预测性和不可控性，上述传统组织形态、管理手段在当今时代开始失效：复杂、冗余的管理系统降低了团队的创新力和敏捷性，传统组织正在遭受战略掉头缓慢、管理层精疲力尽和团队士气低落的困扰。

正如德鲁克所说：“我们所谓的管理，很大程度上在于使人们难以工作。”这是工业时代以来，传统组织中最大的后遗症之一。

---

① 朱永新 . 管理心理学（第 3 版）[M] . 北京：高等教育出版社，2014.

回顾那些伟大企业的战略，都是以提出宏大的愿景开始，以打造强大的组织力落地。再宏大的愿景，再伟大的战略，也需要落实到组织和管理的层面。真正的决胜往往是在组织的层面来实现。企业家能力的最后较量，其实是驾驭和变革组织力的较量。企业做大做久做强做好，组织持续创新力，是每个企业家的必修课！

在自驱型组织中，为了确保战略方向的大致正确，我们需要定期及不定期进行战略刷新，边执行边调整。战略设计不再是少数公司领导层的“特权”，而应变成全公司范围内的动态对话。

管理学大师亨利·明茨伯格（Henry Mintzberg）在1978年发表于《管理科学》（*Management Science*）的一篇有影响力的文章中，提出了有别于“预定战略”（deliberate strategy）的一个新概念：“应急战略”（emergent strategy）。在《战略规划的兴衰》（*The Rise and Fall of Strategic Planning*）一书中，明茨伯格向学术圈外的商界读者普及了“应急战略”这一概念。应急战略思想认为，绝大多数战略来自团队一线，来自与客户、供应商、其他利益相关者打交道的那些员工。与预定战略不同，应急战略并非精心筹划的产物，而是体现企业对市场环境变化的即时反应[①]。

阿里巴巴集团原参谋长曾鸣指出：“战略是企业家的眼光和格局，是企业发展的蓝图。战略不是空对空，更不是只代表董事长个人的前瞻性理念，真正接触客户的核心团队成员才是参与企业战略讨论的核心，而战略共识更是战略有效执行的关键。”

---

① ［加拿大］亨利·明茨伯格著，钟含春译. 战略规划的兴衰［M］. 北京：中国市场出版社，2010.

战略刷新，正是针对充满不确定性的未来，通过应急战略来确保方向大致正确的一种重要做法。在一个计划总是赶不上变化的世界里，公司里的每一个人都可以成为战略家，而公司领导层必须鼓励、支持、扩大和培育各项应急战略之间的协同。

随着公司规模扩大，大公司病就会出现，机构冗余、决策缓慢、响应不及时等，按物理学上的熵增定律，组织活力必然会随着企业的增长而递减。一般来讲，企业规模超过 200 人之后，熵增定律就开始显现，组织出现混乱，常见的有：滥竽充数；相互扯皮、责任推诿；眼睛盯着领导、屁股对着客户；部门墙变厚、各自为战；分工不明、分配不公……

组织活力，是指整个组织从领导层到一线员工的全员充满活力，而不只是员工充满活力。组织活力递减是普遍规律，组织重启、组织变革则是对抗熵增的有效解决方案，是组织始终充满活力的保障。我们如果要建立一套与业务发展相匹配的组织系统，并伴随环境和业务变化进行动态调整，就需要组织具备足够强的适应力；但即使有一套与业务发展相匹配的组织系统，随着时间的推移，熵增问题仍会让企业活力递减。此时，组织必须要持续进行变革创新和组织重启，从人治到法治，到规则治，到无为而治，在时间长河中，实现自组织、自进化。

好的顶层设计是组织增长的基础。成功不可复制，成功背后的底层逻辑才具有生命力，才具可复制性。底层逻辑在面临千万变化、陡然邃变时，能够应用到新的变化中，产生新的方法论，参透抓住不变的本质规律，以不变应万变。管理的初衷是清除阻碍人们有效工作的障碍，公司的内部领导力和企业家精神需要更加有机地发展。

自驱型组织以人为本，通过目标（使命和愿景）驱动，通过对员工的放权、赋能和支持，信任、信息透明、组织引领战略刷新，对人性核心需求的满足，保证了团队具有更大的责任感，能更敏捷地响应变化并持续创新。

自驱型组织有目的地减少与工作过程相关的控制机制，取消不必要的审批、淘汰冗余流程、整合系统以简化复杂的管理体系，鼓励更多的来自一线团队的思想、判断和通过常识来行事。

自驱型组织赋予员工在决策中创新的勇气，并帮助他们从失败中学习，企业领导不再是工业时代的全能问题解决者。

自驱型组织中的人更快乐，从而带动了更快乐的客户，能更好地落地“客户第一”的经营原则，实现更大的影响力和更好的绩效。《2020 年德勤全球人力资本趋势报告》中这样写道：员工幸福感被视为组织的头等大事，主要基于人们普遍认为它能提升组织绩效。2019 年，为提升员工幸福感，微软日本（Microsoft Japan）尝试将每周工作时间从 5 天减少到 4 天。令人意外的是，在减少工作时间后，企业在数个领域的表现都变得更加积极和高效：企业生产效率不降反升，且上升近 40%；电力消耗下降了 23%；打印的纸张减少了 60%。

自驱型组织赋予团队更大的自主权，团队更有动力、更有创造力和参与性地开展工作。自驱型组织能够更好地围绕各个团队的职责进行自主管理，从而提高整体工作效率，让员工持续成长。自驱型组织还可以帮助员工建立重要的决策能力，并为新的领导层和人才创造空间，促进所有利益相关者之间更好地协同。

自驱型组织中，公司则不再将员工限制在垂直晋升道路上，而是鼓励他们探索自己的内在兴趣和潜力、跨部门创造机会，支持横向发展。当员工被鼓励去尝试时，这让他们有机会挖掘自己的其他才能和技能；增强了他们突破界限和探索新领域的信心；帮助员工作为问题解决者更具创造力，使他们拥有更广泛的知识和经验。当员工不再专注于攀登公司职位层级和获得更高的头衔时，这有助于他们考虑在职责中创造多样性、更好地理解他们的真正使命，并提高敬业度和工作效率。因此，自驱型组织带来了更好的创造力和多样性，团队更具创新性、更容易提供顶级绩效，整个组织的适应性大大提升。

我们可以将自驱型组织的成功公式归纳为：

企业持续成功（盈利能力）= 战略“刷新” × 组织“重启” × 员工“激活”。

自驱型组织关注并营造全员式持续创新的团队氛围

组织要驾驭不确定性的核心是组织成员有持续的创新力。当你能做到从胜任力转向创新力的时候，你在工作场景中的关键词就不再是命令和权力，而是怎样让大家发挥创造力，怎样能够跟踪现在的技术和市场的变化，然后找到新的可能。

自驱型组织的关注点，不再只是关注员工胜不胜任，而是企业能否提供组织环境，让全体员工发挥他们的创新能力。不管是现有公司还是创业公司，通过创新获得市场都是其成长的主要路径。创新是必要的，但也很艰难：大部分传统组织更倾向于管控、监督和重复过往的成功经验。自驱型组织主动创造有利于创新的环境，关注员工持续的进步，鼓励企业家精神，能促使创新不断涌现。

大量管理学研究表明，企业文化中的等级观念越小，创新能力就越强。传统的大型企业往往等级森严，官僚主义盛行，但是创新型组织往往都会主动为思想交流提供空间与环境，鼓励创新。例如谷歌和苹果等高科技企业都在办公楼里面设置很多休闲区域，供不同部门、不同层级的员工在一起聊天、喝咖啡，很多天才的点子就在不经意中碰撞产生了。经典案例还包括谷歌的“15% 自由创新时间”（员工可以不经公司同意自行使用 15% 的工作时间做个人感兴趣的事）、苹果的“蓝天计划”（让员工可以最多花费两周的时间投入感兴趣的项目）、3M 的“员工私酿酒”（鼓励员工隐瞒上司秘密进行研究）、壳牌的“规则改变者小组”、富士施乐专门设立的“创新失败奖”等，都是从更底层的创新文化出发，鼓励试错，包容失败，让员工持续拥抱创新的具体做法。在耐克研发总部的费用中，甚至有 5%～10% 可以用于不需要按期填报进度的项目，以鼓励研发团队尝试更多高风险或高耗时的项目。

层级制度和部门孤岛，是人与人之间思想自由流动的第一个障碍。当努力消除或最小化此类障碍时，人们对分享想法会变得更加自在和自信。了解组织氛围和员工经验，建立一种创新的空间，将创新和提升作为员工每天工作的优先事项，定期举行开放式会议，鼓励面对面交流而非发邮件，讨论公司经营中抽象的、围绕员工展开的话题，让员工可以自由表达激进的创新想法，这些做法可以有效推动创新的组织氛围。

在很多传统公司中，创新的障碍是僵化的管理机制和无法与时俱进的价值观，因此，他们需要作出改变，努力让更多的员工成为具有创新精神的企业家。但对于创业公司而言，创新的障碍恰恰是缺少了一套可以固化下来的组织运行机制，其中包括组织的健全度、健康的财务体系、清晰的价值观等。

创新文化的建立，必须要容许员工犯错。当初阿里巴巴砸下重金做社交产品，最终被马云给予厚望的“来往”败给了微信。但是，这个过程锻炼了队伍。多年后，做“来往”的同一批人，实现了王者归来，成功推出了“钉钉”。今天的钉钉上面已经拥有了上千万家企业用户。如果没有一种鼓励试错的文化，后来的钉钉是不可能诞生的。组织安全感，是员工持续创新的土壤；具备试错文化，才能真正推动组织的持续创新。正如《环球科学》[①]中提及：“企业创新不是少数人的灵光一闪，而是各个内外部系统复杂的高度协作。”

真正创新的涌现，不是点的突破，而是系统性的升级。自驱型组织鼓励、支持、营造与发展的正是这样一种全员式持续创新的团队氛围。

组织变革与组织进化红利

“每一代人都需要新的革命。”托马斯·杰斐逊留下这样的遗

① 来源于互联网：http://news.sina.com.cn/0/2018-06/27/doc-ihencxtu8489560.shtml.

嘱，它激励着一代又一代不同国籍与文化背景的人。

世界经济论坛创始人兼执行主席克劳斯·施瓦布在所著的《第四次工业革命:转型的力量》一书中提到①，蒸汽机发明驱动第一次工业革命；流水线作业和电力使用引发第二次工业革命；半导体、计算机互联网发明及应用催生第三次工业革命；在社会和技术指数级进步推动下，第四次工业革命在数字革命基础上发展起来，其核心是智能化和信息化。

人类从采集时代—农耕时代—机械时代—互联网时代—数智时代，经历着一次又一次的变革。通过历史发展规律，我们可以看出，人类的肌肉力量被机械力量取代，机械力量被信息技术支配，信息技术、生物技术、人工智能等多元技术之间融合、整合，形成新的力量，发挥新的价值。

每次工业革命都有一个共同点：推动和促进生产力的发展，使得生产关系得到调整，颠覆了生产方式。每次革命，都有新的边界，打开了新的视野。积极应对变革，往往就能享受到变革红利。

第四次工业革命会带来哪些影响？我们现在很难预计，即使最大胆的预言家都会过于保守，因为所有的东西都来得太快。那么我们应该怎么办？施瓦布教授正式提出：就像计算机清零一样，把所有的知识都抛开，重启我们的大脑，全盘接受新东西。

组织重启，积极主动变革，才不会被淘汰在第四次工业革命的

---

① ［德］克劳斯·施瓦布著，李菁译．第四次工业革命：转型的力量［M］．北京：中信出版集团，2016.

路上。随着工业化、互联网、数字化的演变，组织的本质逻辑也变了：“信任”成了组织的基本盘，“共识”和“敏捷”成了组织的硬核竞争力，“创新”成了组织的发动机。今天的企业正是因为信任、共识、敏捷、创新，才能做到比传统组织更稳定。

万物互联、万人共生的新生态下，组织价值从更高质量更低成本满足市场需求，到匹配需求创造价值，再到持续创造新价值的复杂挑战。企业只有重塑业务模式、组织形态和文化土壤，才能变得更敏捷、更自驱，真正实现以为客户创造价值为目标，拥有自管理、自驱动、自进化的强大力量。

战略刷新靠的是“组织”指引，员工激活靠的是“组织”氛围——“自驱动”正是帮助传统组织面向未来的新增长引擎。

企业想要不断“向前走”，就不能忽略“向里走”——我们需要开始从组织内部去寻找红利。通过内生增长，打造组织“新基建”，才能让个人、团队、组织共享更多红利，并逐渐形成自驱型组织的良性生态，始终基于客户和市场的变化，保持灵活反应与高效协同，持续进化。

企业组织在历史长河中也被赋予了新的使命：从管理员工到管理机器，再到管理质量、管理客户价值，以及自管理、自驱动，传统雇佣到多元、多向、合作共生；从“以人为本”到“以心为本”，组织与人互为主体，组织的边界改变了管理的边界。

自驱型组织将改变我们的工作与生活方式，并改变我们的商业生态和竞争格局。

案例：混中有序的自驱进化
——奥托立夫 SWAT 组织创新实践

奥托立夫（Autoliv）中国在 2018 年成立了 SWAT（Special Weapon and Tactics）团队，行使多职能、跨边界、有目标无指标等的创新组织范式。经历了两年多的发展，奥托立夫中国 SWAT 团队的各项人均业绩指标，与其他团队相比，最低的是其 7.7 倍，最高的是其 43 倍——成绩令人惊叹。

传统科层制组织内部分工精细、任务标准、流程清晰、秩序井然，就像一部运行精密的机器，容不得半点差错。然而，秩序文化在产生高效率与低成本的同时，也会厌恶冗余与失败，从而压抑组织创新，导致大型组织创新者的窘境。

如何破解这个组织难题？在一个以“序”为主的组织中，导入“混”的文化，通过运用自驱型团队的组织改革来驱动组织快速创新，从而实现混序结合，既保持了组织原有业务的稳定高效，又实现了组织对环境的敏捷适应与进化——奥托立夫中国的 SWAT 组织创新实践，带给了我们极大的启发。2021 年 8 月 27 日，作为“向全球一流实践学组织力”的第五站，我们走进了奥托立夫中国。

以下内容节选、采编自：

（1）《奥托立夫：打造创新“特种部队”》，作者陈赋明，刊登于《商业评论》2021 年 5/6 月号；

（2）2021 年 8 月 27 日奥托立夫中国的参访交流资料。

1. 组织变革背景

奥托立夫是全球最大的汽车安全系统制造商，为全球超过100个汽车品牌提供安全带、气囊、方向盘等安全产品。在全球27个国家建有生产和运营机构，6万多名员工。2019年总销售额达到85亿美元。奥托立夫在中国的业务始于1989年，至今已在中国建有1家区域总部，1家技术中心，以及14家生产基地，9 000多名员工。

2018年起，中国汽车市场进入转型关键期，结束了近10年的高速增长，开始进入平稳微增长阶段。与此同时，在新能源、新技术的推波助澜下，汽车行业面临巨大变革。

作为一家汽车安全系统供应商，奥托立夫是一家典型的以“序”为主的企业，其严谨的标准和流程，既是一种保护，也是一种束缚。大企业的标准化也会渐渐固化部分员工的创新思维，使他们专注于产品创新和流程细节，没有能够看到其他领域的创新机会，缺少对外部变化快速响应的敏捷性。

奥托立夫中国区总裁程翠香形容道：“有些员工习惯了每天重复同样的轨迹，将工作变成了一种习惯，如同机器上的一颗螺丝钉，让创新变成了一种奢侈品。”

对奥托立夫来说，既要紧跟中国汽车市场这个未来，又要快速响应客户的创新迭代，提供它们需要的产品和服务。再者，中国本土零部件供应商在迅速崛起，生产的产品品质越来越好，不断缩小跟奥托立夫的差距。无论是内部的创新局面，还是外部的市场变局，都在向奥托立夫中国提出一个紧迫的命题：如何让自己敏捷起来，创新速度更快，创新活力更强。

事实上，奥托立夫所面临的问题是所有传统组织所面临的普遍困境。

创新往往发生在混沌与有序的边缘。组织如果能够创造特定范围的“混”的文化，强调拥抱失败、鼓励创新的文化，就能够带动组织实现创新突破。然而，仅仅文化导入是不够的，还需要组织上的创新。奥托立夫的变革就是从赋能自驱团队 SWAT 的建设开始。

2. SWAT 团队建设：典型的自驱型组织

2018 年 8 月，在奥托立夫中国区总裁程翠香和人力资源副总裁赵亚的联合发起下，Innovation SWAT 正式诞生了。

要想让奥托立夫中国的员工改变创新思维、激发创新活力，就需要从组织变革入手。但是，让拥有近万名员工的奥托立夫中国，在组织架构上来个翻天覆地的大变样，是不现实的。因此，唯一可行的方案，就是在保持奥托立夫中国现有体系的基础上，“辟出一块试验田，在上面长出一个新物种，让它像一个火把一样，照亮和点燃整个组织的创新活力”，奥托立夫中国人力资源副总裁赵亚解释道。

奥托立夫中国新成立的这个叫 Innovation SWAT 的敏捷团队，框架包括：

——SWAT 团队的总体目标是提升产品竞争力，争取更多业务增长。

——这是一个跨职能团队，涵盖产品、工艺、采购这三个职能。

——SWAT 团队由团队领导者全权组建。

——初期团队规模在 12 人，后期视情况增减。

——SWAT 团队不设立 KPI 考核指标。

可以看出，公司高层对 SWAT 团队几乎没有设立任何的条条框框，也没有提出任何的量化指标，并且给团队领导者充分放权。“SWAT 团队是个敏捷组织，如果给出太多的限制和框架，它等于又回到原来的体系，还谈何敏捷、灵活性、创新？”赵亚说。

至今，成立四年时间，SWAT 项目朝着“提升产品竞争力，争取业务增长”这个总目标，已经实施了近 270 个项目，其中 40 个左右取得了成效，为公司实现了可观的收益。不过，它带来的远不止这些（见图 2-1）。

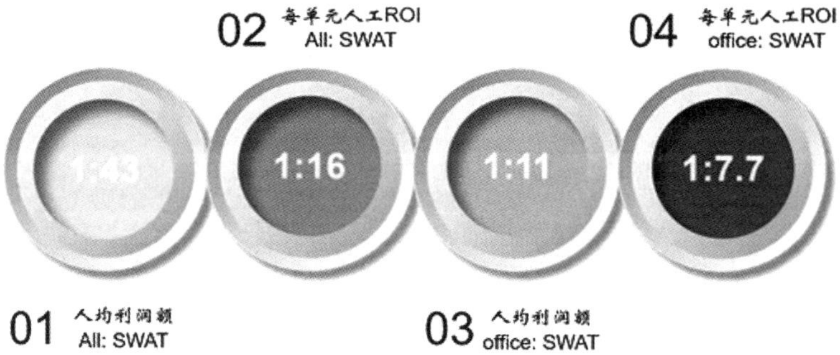

图 2-1 奥托立夫 SWAT 团队与奥托立夫传统团队的人效对比

首先，作为团队领导者，安晓超的成长最为显著。赵亚经常跟安晓超开玩笑说：“哪天你不做 SWAT 了，自己找一家公司或开一家公司，就分分钟干起来了。”言下之意，两年半的锻炼，让安晓超已经从一名技术研发人员、小团队负责人，蜕变为一个创业者、一个企业家。

其次，团队成员的潜能和内驱力得到激发。在团队成员的培养上，安晓超倾向于通过项目锻炼人，也就是干中学、学中干。他会基于具体项目的需求，让团队成员有针对性地去学习相关知识和技能。这种任务导向的学习效能，要远远好于先学后做。

最后，也是最为重要的一点是，SWAT 项目的星星之火开始燎原。2020 年年底，不止一个传统部门或团队找到赵亚，提出也要成立 SWAT 团队。

“通过 SWAT 项目，我们点了一把火，我们希望能点燃更多的火把。但是，敏捷创新的组织形式不只有现在的 SWAT 团队，我们希望大家吸收 SWAT 团队的创新文化，然后找出最适合自己部门的敏捷组织形式。只有这样，整个组织的创新活力才能真正燃烧起来。”赵亚说。

3. SWAT 组织创新的成功原因

在安晓超看来，SWAT 团队之所以能够成功，头等重要的就是中国区高层大胆放权。

从一开始，公司高层就只是给出了一个基本的框架，没有用更多的制度和规则进行约束，也没有主动地干预团队任何事情。怎么招人，怎么用人，做什么项目，不做什么项目，都由 SWAT 团队自己说了算，按照他们自己的节奏来。

团队成立之初，安晓超需要向中国区高层组成的管理委员会一个星期汇报一次工作，以免在一些关键决策上因为一个人的盲区而造成较大损失。不过，差不多半年后，汇报的频率就大大降低，变成了每两个月汇报一次。

当然，公司高层对SWAT团队充分放权，并不表示他们因此减少了对团队的支持。恰恰相反，在SWAT团队四年来的发展过程中，中国区高层，甚至全球高层，都对团队给予了充分的赋能和支持。

在最开始的SWAT团队领导者竞聘中，中国区总裁、几位职能副总裁，还有多位总经理，全都亲自出马，为这个团队领导者人选把关。从SWAT团队12人的初定规模来看，为这样一个小团队找一个领导者，公司高层几乎全部出动，足以可见对这个项目的重视和支持。

而在SWAT团队的日常运营中，公司高层也在持续关注他们，不仅定期听取团队的工作汇报，团队遇到任何挑战、困难，都可以直接找高层沟通。

SWAT团队成员相信，在这个团队，通过不断发现和解决问题，他们的能力会得到很大的锻炼，也因此保持了旺盛的求知欲和挑战欲。也有一些成员，原本就是团队管理者，他们加入SWAT团队，是希望尝试一些不同的东西，从而实现自我突破，获得新的成长。

而公司高层的关注也给团队成员带来了很大的动力。如果四年多来SWAT团队一直默默无闻地做事，做出的成绩也没有多少人知道，他们的工作激情早就被消耗没了。

正是公司高层给予了全力支持，并抓住各种机会宣传他们的工作、认可他们的成绩，使这些团队成员充满了荣誉感和成就感，进而保持了高涨的工作热情。

有人可能会问：SWAT 团队不跟传统的跨职能项目团队一样吗？“看起来两个团队做的事情差不多，但本质上，它们的管理逻辑、对成员心理的影响等都是不一样的。”安晓超说。

首先，SWAT 团队就是一个部门，领导者和成员之间是实线的汇报关系，团队的目标就是所有成员的统一目标，所有人都是为这个团队服务的。而传统项目团队往往是围绕一个项目临时组建的，成员都是临时从不同职能部门抽调来的，他们与团队领导者之间是虚线的汇报关系，真正听命的还是职能部门的领导者，真正服务的也是职能部门。所以，从成员专注度和项目执行效率来看，两个团队会有很大的不同。

其次，SWAT 团队成员对自己的团队有强烈的归属感和集体感，他们一起办公，一起开会，一起执行项目，几乎所有工作时间都一起度过。而传统项目团队是临时性组织，成员对团队没有归属感，成员之间往往缺乏熟悉度和交流欲望，开会讨论可能更多的是就事论事。在这种情况下，SWAT 团队的互信程度和合作效率会更高一些。

最后，传统职能部门往往存在“信息竖井”现象。在传统部门，信息都是自下而上层层传递的，通过分析和判断，最后形成一份份报告。在这个过程中，信息传递会出现失真，最终导致报告存在偏差。在传统项目团队中，来自不同部门的成员带来的可能就是这样的分析报告，这对团队要做的项目来说肯定不是好事。而在 SWAT 团队，所有信息和数据都是成员自己第一手收集的，这对于发现问题、分析问题、解决问题无疑是最有利的。

SWAT 项目执行负责人安晓超在 2021 年 8 月 27 日的交流现场，分享谈到的 SWAT 团队采取的“共创运营”的模式令我印象深刻：

> 与脸书（Facebook）的增长团队和创新小公司有所不同，SWAT 团队麻雀虽小五脏俱全，不同之处在于它既非最小验证团队，也非完全独立运营，而是团队成员“共创式运营”，同时整合协同了大公司的共享资源和规范体系，从而不会导致标准不统一、资源浪费、职能重叠等规模不经济问题。
>
> 不再基于职能分解目标。突破传统职能壁垒，交叉性评估优先级，大大提升了降本增效的空间。
>
> 关键成果由团队自主定义。团队不再是打工者心态去完成公司制定的指标，而是自己去实现自定义的目标。团队获得了心理安全感并激发了内驱力，从而主动设定更具挑战性的目标，一同付诸行动，协力实现。
>
> 不定义量化业务指标。营造出了宽松的创新氛围。
>
> 不因 saving 小而忽视。大家共担共享，使命驱动下，持续优化迭代。

奥托立夫中国通过 SWAT 小组完成了“混”中有“序”的自驱进化，笔者将其组织创新的成功归纳为以下八个关键点：

（1）信任、放权和领导层的全力支持。有目标，无指标，充分授权，充分激发了团队的自我驱动能量。信任是创新的基石，互信透明是协同共享的基础，当创新与风险相互 PK 甚至共存时，企业领导层的支持则至关重要。

（2）自管理和自驱动。没有用太多的制度条条框框进行约束，简化规则，以成年人的方式对待成年人，不干预团队的工作，靠团队自驱力来管理。

（3）跨职能团队。传统的组织以职能分工形成部门，部门有各自的专业和职责，但不可避免地在部门合作与协同中形成嫌隙。而 SWAT 团队涵盖产品、工艺、采购这三个职能，可以独立完成业务闭环，有效地规避了部门墙的问题。

（4）信息在团队内部公开透明、共享、迅速传递。

（5）扁平化。团队可以直接找最高层沟通，团队内部没有上下层级之分。

（6）小团队。团队规模控制在 12 人左右，沟通效率、互动效果、团队归属感非常高。

（7）试点和迭代。星星之火可以燎原，由点及面，驱动组织进化。

（8）创新源泉定位于组织和人。相较于技术创新的低成功率，组织创新的成功率则相对高很多，通过组织创新激发人的主观性和潜能，又大大增加了技术创新的可能。

这八个成功的关键原因，均非常符合自驱型组织的理念和原则，在本书相关章节中均有详细阐述，此处仅作简单归纳。

PART 2

关于自驱型组织的七个基本认知

在未来新社会中，“经济人”正在成为“自由平等人”，他们为积极的价值而奋斗。

如果说存在一种叫作“未来的管理”的话，它也一定是基于“自由、平等、民主”的框架之下而产生。这个框架的底层逻辑就是人的自治，只有自治才会有清晰的责任与权力的概念。

——彼得·德鲁克

（Peter F. Drucker，现代管理学之父）

第三章 | 自驱型组织的四个理念

本章概览

当我们从关注胜任力转向关注创新力的时候，我们在工作场景中的关键词就不再是命令和执行，而是怎样让员工发挥自驱力和创造力。对下属发号施令、掌控全局、指挥方向，以及依赖信息不透明，或者依赖领导者过人的知识水平和人格魅力等传统的管理模式，已不再奏效。在追求自管理，强调绝对信任的自组织中，效仿与来自同伴的鞭策远比等级管控制度更有约束力。

组织设计、组织变革的起点应当是基于客户需求与客户价值创造。只有更快乐的员工，才能带动更快乐的客户，创造更高绩效更有影响力的企业。“视员工为人”意味着组织发展以人的成长、以人力资本提升为驱动力。“不管”比“管”需要更大的智慧。

自驱型组织的四个核心理念包括：视员工为“人”而非“工具”；“不管”比“管”更高绩效；客户导向；最小化层级与信息流动。

视员工为“人”而非“工具”

人是组织发展的起点，也是保证企业持续成功的决定性因素。把员工摆在什么样的位置，人是“目的”还是“手段”，是“视员工为人”，还是“视员工为工具”，不同的认知，决定了不同的组织管理形态。

“视员工为工具”，意味着企业组织发展以利润为驱动力，看效率，看结果，看执行力，看是否有利用的价值，看投资回报率（Return on Investment，ROI）是否高，看是否有机会继续降低人力成本。机器设备、人工智能、科技发展等最终是用来替代人的。

“视员工为人”，则意味着企业组织发展以人的成长、以人力资本提升为驱动力，尊重个体，关注人的想法，关注人的情绪、成长、诉求、关系，关注创新，允许你我之间是不同的，认同每个人的巨大价值，认同人与人之间需要平等的对话。机器设备、人工智能、科技发展等是用来帮助而非替代人的。

企业的成功是对过去环境的适应，当环境发生巨变的时代，原先成功的进化经验就可能变成不合时宜的累赘。我们今天遇到的最大的问题，是驾驭不确定性。从移动互联再进入到数字化时代，面对竞争红海、瞬息万变的市场需求与日新月异的技术发展，我们的敏捷灵活、协同与创新等组织力则成为制胜的核心竞争力。

成为敏捷组织、让敏捷来对抗不确定性，是一个时髦的话题。实际上，敏捷的核心原则之一便是“让人优先于过程”。但讽刺的是，敏捷本身又被一些企业定义为一个过程，并被强加于人。推行敏捷，从来不应该是组织的终极目标，而是成就组织更高绩效、更幸福员工、更广泛社会影响力过程中的助推力、加速器和催化剂。

当我们从关注胜任力转向关注创新力的时候，我们在工作场景中的关键词就不再是命令和执行，而是怎么让员工发挥自驱力和创造力，最大限度满足客户需求。企业对员工好，员工就会对客户好，客户就会对企业好。只有更快乐的员工，才能带动更快乐的客户，创造更高绩效更有影响力的企业。

工业化时代最深刻的观察者之一德鲁克，把过去二百年的组织创新总结为三次革命：第一次是工业革命（industrial revolution），核心是机器取代了体力，技术（technology）超越了技能（skills）。第二次是生产力革命（productivity revolution），大致从1880年到第二次世界大战，核心是以泰勒制为代表的科学管理的普及，工作被知识化，强调的是标准化、可度量等概念。公司这种新组织正是随着科学管理思想的发展而兴起。第三次是管理革命（management revolution），知识成为超越资本和劳动力的最重要的生产要素。与体力劳动相比，知识工作者是否努力工作很难被直接观察和测量，相应地，管理的重心转向激励，特别是动机的匹配（incentive alignment）。

第一次革命，让组织抓住了员工的时间；第二次革命，让组织抓住了员工的大脑；第三次革命，让组织抓住了员工的心智。

生产力的飞跃发展，决定了生产关系的调整。随着管理革命的继续深入，通过信息共享、智能协同、人机结合，传统雇佣的边界将被彻底打破，组织与员工将共享时间、大脑、心智，包括共享信息、价值、决策权。团队自主主动地进行协作和进化，自组织、自管理，实现更敏智地降本提质增效。管理革命，将让共享、共治、共生，取代原来的分责、分权、分利；自我驱动，将成为组织进化的新方向。

实际上，讲究层级、讲究命令与执行、把“人”视为“工具”（工作流程）一部分的传统层级制组织形态，在20世纪就受到了挑战。20世纪70年代末，石油危机造成世界范围内的航空业不景气，瑞典的北欧航空公司也不例外，每年亏损2 000万美元，濒于倒闭。杨·卡尔松受命于危难之际，担任了北欧航空公司的总裁。卡尔松接任后采用了“倒金字塔模式”的新管理方法，一年后，北欧航空公司盈利5 400万美元。这一奇迹在世界各地广为传颂。

卡尔松的“倒金字塔”构架是：最上层为一线工作人员（卡尔松将其称为现场决策者），中间层是中层管理者，最下层为总经理、总裁（卡尔松将自己称为政策的监督者）。北欧航空公司采用这种方法三个月之后，公司的风气就开始转变，这种方法开始让员工感觉到，我是现场决策者，我可以对我分内负责的事情作出决定，有些决定可以不必报告上司。把权力、责任同时下放到员工身上，而卡尔松作为政策的监督者，他负责对整体进行观察、监督、推进。

从“金字塔”到“倒金字塔”的转变，释放出了潜藏在员工体内的能量。但在数字化时代，“倒金字塔”还不够。在市场信息、客户需求、技术迭代瞬息万变的充满各种不确定性的时代，我们需要有强大市场洞察、敏捷响应、自主协同、创新能力的又“轻”又“快”又“智能”，能够自我管理、自我进化、自我驱动的企业组织。领导者作为“政策监督者”的定位，仍然没有摆脱把员工当“工具”的影子。

最好的人才，只需要引导、教导、领导，而不需要被管理、被发号施令。把员工当“人”而非“工具”，领导者继续往后“退”，从“政策监督者”的角色继续转型为“支持者”的角色，彻底改变层级制管理形态的“自驱型组织”，将会是一场质变飞跃。

在中国近三十年的企业发展史中，生机勃勃、持续保持强大竞争力的公司，无不是视员工为“人”的公司。“视员工为人”，不只是一句口号，还深刻地扎进了这些企业的使命、价值观和文化基因中。如华为的“不让雷锋吃亏”；阿里巴巴的“让天下没有难做的生意”；海底捞的“双手改变命运”；顺丰的“让一批人过上有尊严的生活”；德胜洋楼的“让农民工成为绅士”……

在价值创造问题上，存在着一个有意思的现象：越是从利己的动机出发，越是达不到利己的目的；相反，越是从利他的动机出发，反而越使自己活得更好。

设立更高的企业组织的使命，从关注利润到关注组织中人的成长和发展，绩效与影响力会不请自来！

组织创新、组织进化是一个永无止境的任务。虽然说条条大路通罗马，没有完美的组织管理模式，只有对的组织管理模式，但是，成功的组织，底层逻辑是相通的。视员工为“人”而非“工具”，是新时代组织发展最底层的逻辑，它唤醒了高度自主、自驱动的个体，赋予他们更大的自由，它将营造自带进化基因的自驱型组织，让你乘风破浪，持续面向未来。

“不管”比“管”更高绩效

本节所称“管理”，特指传统企业组织的管理，其特点包括：自上而下式层层管理，高层制定战略，管理层发号施令，员工执行落实，并由此而形成一系列固化的流程、制度，并不断优化以供新团队复制。传统组织致力于在这类“管理”上下功夫，研究如何继续“强化管理”，来实现公司的高绩效目标。

传统组织的管理，基本上靠人管人、人盯人。随着组织的发展和团队规模的扩大，基于管理幅度的现实，老板如果盯不过来了，那就请人来盯，开始不断形成中间的管理层，一个盯一个，一级管一级。当组织扩大规模时，规章制度、流程和各种管理规则开始大量出现，它们旨在分解复杂的任务，形成规模化复制，并确保公司对员工的控制和管理效率。人管人、人盯人，目的是为了安全和高绩效。正如中国的明朝时代，为了监督百官，设立了锦衣卫；为了监督锦衣卫，又依次设立了东厂、西厂、内厂……“管理”正变得越来越复杂，可是，效果呢？

在当下这样一个乌卡时代，我们的反思是：这种不断强化、复杂化的“管理”，是让现在的企业组织越来越高效，还是相反？减少“管理”甚至“不管理”，是不是会让现在的企业组织更加高效？

字节跳动和小米，这两家中国高速成长的科技新贵公司，就是典型的奉行“不管”比“管”更高绩效的公司。

过去十年最炙手可热的科技公司之一——字节跳动，其创始人张一鸣在分享《做 CEO 要避免理性的自负》时提出：怎么建立一个有效的组织，怎么在公司从小变大的过程中，应对管理上面临的挑战……我们倾向于“Context，not Control”的解决方案。正因如此，字节跳动在创办伊始就采用了最大限度解放员工创造力的 OKR 工具（Objectives and Key Results，目标与关键成果法），这个工具所打造的工作方式旨在减少沟通成本，强化协同能力、调动个人积极性，从而向集体目标快速突进（见图 3-1）。

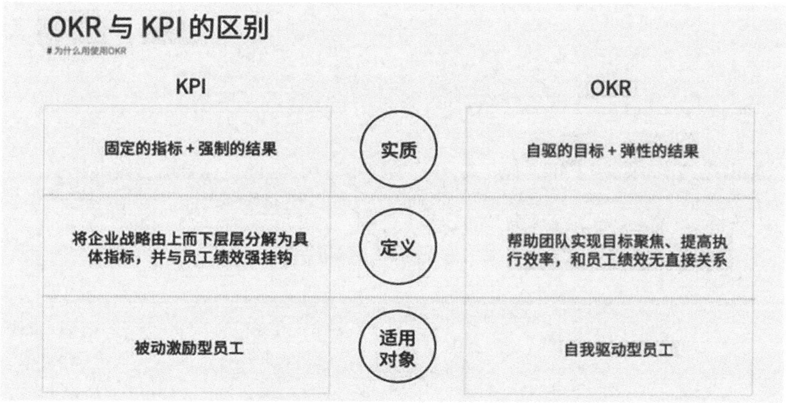

图 3-1 OKR 与 KPI 的区别（图片来源：字节跳动）

创业九年成为史上最年轻世界五百强企业的小米，其创始人雷军在荣获 2019 年复旦企业管理杰出贡献奖时，分享了其最核心的管理思想，是“简化管理”“不要过度管理”。“在创办公司的初期，我们提出了去管理、去 KPI、去 title。为什么会这么想呢？因为在一个极高速的时代，一定要想清楚什么东西是最重要的。”小米从诞生之日起，就被雷军赋予了“简单”这一特质。怎样才能让管理也能变得简单？雷军认为“找人”是第一个切入点。当人才具备三个特点——有能力、有责任心、有强大的自驱力，他们将能够理解组织的利益和目标，为自己所做的事负责，从而有效地团结在一起，与组织“同生共死”。

创造着每年 1 000% 增长速度、拥有 300 万 + 订阅用户的“樊登读书”，也是一家典型的奉行“不管”比“管”更高绩效的公司。发起人樊登分享这段创业经历时指出：“过去企业管理员工，靠的是严格约束；现在企业管理员工，靠的是相互吸引。一个有野心的管理者，需要将每名员工变成团队的战略合作者。”①

被达沃斯世界经济论坛评为“全球未来领袖”的塞氏企业 CEO 里卡多·塞姆勒认为，规章制度（包括岗位说明书）人为限制了员工的潜力，束缚了他们扩大工作范围的可能性，阻碍了他们的工作积极性。那些告诉人们“应该怎么做”的规章制度正是阻碍创造力的桎梏。

海尔集团的创始人张瑞敏提出，互联网时代企业文化非常关键的一点就是：要使企业的每一个人成为自己的主人，即自主管理。

华为的创始人任正非多次谈及“无为而治”，他说：“只有组织起数十人、数百人、数千人一同奋斗，你站在这上面，才摸得到时代的脚。”“如果不能民主地善待团体，充分发挥各路英雄的作用，

---

① 樊登 . 可复制的领导力［M］. 北京：中信出版集团，2018.

我将一事无成。”人感知自己渺小的时候，他的行为便开始变得伟大。任正非似乎从来没有将自己放在组织的顶部，他做得更多的是如何托起这个组织。

乌卡时代，环境变化的规模和速度让员工变得更有自主意识，互联网的发展让员工更加容易掌握信息，员工对于公司也比以前有更高的期望。传统的管理模式，如对下属发号施令、掌控全局、指挥方向，以及依赖信息不透明，或者依赖领导者过人的知识水平和人格魅力等，已不再奏效。知识层次和信息水平越来越高的下属们经常比领导者更快地知道发生了什么，也常常比领导者更清楚需要什么。职场上，对上级的恐惧和尊重已在渐渐地消失，权力变得更为动态。

企业是一个由许多不同的人组成的社会生态系统和文化生态系统。人是企业的核心要素，员工是所有企业表现的基础。而管理的本质，就是激发和释放每一个人的善意，最终通过有效组织起团队来达成结果。要想有好的客户满意度，就得先有好的员工满意度。于整体而言，在乌卡时代，企业的高绩效来自环境感知、敏捷 / 灵活、创新和协同四个核心组织力的建设；于个体而言，企业的高绩效则来自每位员工的强主观能动性、高效率工作和高敬业度。

在当今信息全透明的数字化时代，员工已经成为“强个体”，经济发展阶段转变的一个体现就是人们从基本的物质文化需要转变为对美好生活的需要，“强个体”的需求已经从生理需求、安全需求、社交需求升级到了马斯洛需求原理所提到的“尊重和自我实现”的需求。因此，最好的组织管理氛围，是让员工觉得他们可以在工作中展现最好的自己的氛围。

早在 1988 年，彼得 · 德鲁克在《新型企业组织的诞生》一文中就提出了一些员工自管理的精彩论述：

——未来的企业以知识为基础，由各种各样的专家组成。这些专家根据来自同事、客户和上级的大量信息，自主决策、自我管理。

——未来的组织肯定要超越矩阵形式，它需要更高程度的自律，并更多地强调个人在人际关系和沟通交流中的责任。

——组织的管理原则是提高专业人员的报酬，认可他们，提供个人发展机会。树立共同的组织信念，把专家们团结在一起。设计便于工作小组生存发展的组织结构。保证高层管理人员的梯队、培养和测评。

当然，上述“知识工作者”并不单纯指“知识分子”，而是包含一切依靠信息进行决策和协同的工作者。

前麦肯锡资深顾问、比利时独立研究者弗雷德里克 · 拉卢在其著作《重塑组织：进化型组织的创建之道》[①] 中，描绘了一种始终能够高效运行的“青色进化型组织”，其驱动高效运行的关键是基于同僚关系的自主管理系统，追求身心完整以及真实的组织使命，并能够不断进化。

在自驱型组织中，管理者的首要任务不再是制度化控制，而是信任与激发；不再是维持现状，而是领导变革。在追求自管理，强调绝对信任的自组织中，效仿与来自同伴的鞭策远比等级管控制度

① ［比利时］弗雷德里克 · 拉卢 . 重塑组织：进化型组织的创建之道［M］. 北京：东方出版社，2017.

更有约束力。无法适应自管理过程中与自由对等责任的人，往往会选择离开，回到层级分明的传统组织。这样一来，企业便能够不费“一兵一卒”，自动筛选出最匹配当前发展阶段所需要的优质人才。与此同时，青色组织的员工不需要被刻意激励，因为在这样的组织中，每个员工都是合格的“成年人”，他们天生便拥有成就自己、成就组织的渴望。

员工在参与并感觉与管理层紧密联系时，工作绩效最高。当这种联系牢固时，组织就会受益，因为它在员工之间以及员工与管理层之间建立了更深层次的一致性。然而，许多公司未能利用创造这种联系和一致性的机会。许多公司在关注管理的过程中，忘记了员工敬业度的重要性，以及找到有效办法来推动它。

问题的发现和创造性的解决方案是任何成功组织的基础。在传统的管理中，往往是员工发现并提出问题，由管理层“解决”了这些问题。然而，如果管理者和领导者退后一步，让他们的员工为他们提出的问题提出解决方案，情况就完全不同了。管理者需要首先将自己视为促进者和支持者——他们需要向员工表明，他们愿意信任他们，并等待，直到他们能够自己解决问题。

领导者需要控制自己的“伸手”欲望，通过促进创新和信任、耐心和透明，让团队创造性地解决自己的问题。自己提出解决方案并实施可能更容易，甚至可能更省时。但是，这不是真正解决问题的根本办法，问题会在以后以其他方式重新出现。

员工成长是个体自己的事情，如果一家企业必须要“管理”着员工去做事，那么绩效肯定不是最好的。提升企业组织效能的第一步，先问问自己有没有做成一家员工自我驱动型、自管理型公司？管理的最高境界是“无为而治”，无为而治的理念核心正是自组织、自管理，也即“不管”比“管”更高绩效。

中国古代哲学家、道家学派创始人老子在《道德经》第17章中有这样一句关键论述：“太上，下知有之；其次，亲而誉之；其次，畏之；其次，侮之。信不足焉，有不信焉。悠兮，其贵言。功成事遂，百姓皆谓：我自然。”

意思是，圣人治民，人民感受不到他的存在；其次的统治者，人民亲近他、赞誉他；再次的统治者，人民畏惧他；更次的统治者，人民轻视他。统治者的威信不足，人民才不相信他。圣人施道，悠闲自在，少发号施令。事情办成功了，老百姓会认为：“我们本来就是这样的。”

当然，“不管”并不是不关心或什么都不做，而是不乱为。“不管”是不作为的艺术、不费力的行动（比如顺势而为），或者不与自然规律背道而驰的作为；是静观其变，在必要时立即采取行动。这是一种有意识的等待。

环境越是易变、越是不确定、越是不可预测、越是复杂，领导者所采取的行动就应越少。“不管”有一个很重要的前提条件：企业组织建立了必要的组织环境氛围。此外，让“不管”比“管”更高绩效，还需要建立边界框架，在边界内，鼓励员工自主管理、自主决策。领导层应该相信“不管比管更高绩效”，并勇于作出明智的决定。我们应该像对待负责任的成年人那样对待每位员工，不需要以任何毫无意义的方式监督他们。

当团队的心理安全感被整体提高时，当每个人都可以互相交谈和倾听、进行充满活力的对话时，当员工可以到自己的团队之外探索，从外部寻求想法、带回信息时，它将为团队和组织带来高绩效表现；当办公室变成开放透明的讨论、意见、反馈和创新空间时，企业组织才能真正摆脱传统；当员工觉得自己被信任和安全时，他才能更经常地共享新想法，并且可以协同解决问题，公司开始向上成长。

企业不需要人为地控制，而是通过激发员工思想热情转化为工作热情，让团队更积极主动地工作。自驱型组织通过调动员工内在的自驱性来提高责任感，使他们从内心发出“我要干”“我要干好”的愿望并以此指导自己的行为。如果每位员工的自我定位都是一位管理者和经营者，能够像每一节高铁车厢一样自我驱动，那么效能自然比只有一个火车头作为动力的老式绿皮火车要快很多。

人法地，地法天，天法道，道法自然。老子在《道德经》里说的“自然”，是自然而然的意思，是说宇宙万物都要遵循事物的发展规律。在管理中，我们只要遵循人性，遵循事物的发展规律，很多事情、很多目标自然会有美好的结果。

“不管”比“管”需要更大的智慧。

客户导向

2021 年 9 月 29 日我参访亚马逊中国时，印象最深的一点，与参访华为、阿里巴巴时完全相同，就是无处不在的“以客户为中心”。与华为、阿里巴巴把“以客户为中心”或“客户第一”放在企业价值观中不同的是，亚马逊中国旗帜鲜明地提出把“成为地球上最以客户为中心的公司”作为自己的使命。亚马逊创始人兼 CEO 贝佐斯说，“我们的战略建立在客户需求之上，而不是建立在竞争对手之上。我们的使命是成为世界上最以客户为中心的公司。”贝佐斯总结了亚马逊坚持了超过二十年、也是亚马逊成功的三个原因：客户第一、发明、有耐心。

针对“以客户为中心”的方法，贝佐斯认为其最大优势是：即便客户表示出愉悦并且认可我们的业务很出色，但他们始终还是会存在某种不满足感。甚至有时候他们自己并没有意识到，客户总想要更好的体验和服务，而你取悦客户的愿望将驱使你代表他们进行创造。

企业是为谁而存在的？西方微观经济学有两种相互对立的观点。

一种观点认为企业是为股东价值最大化而存在的。理由很简单，企业是股东投资建立的，投资人追求的是投资回报最大化，如果企业不能为股东带来更高的投资回报率，股东就会要么撤换经理人，要么撤资转投其他企业。

另一种观点认为企业是为利益相关者价值最大化而存在的，利益相关者包括客户、员工、股东、供应商、合作伙伴、社区等社会群体。这种观点的理由也很简单，没有客户、员工、社区等利益攸关群体利益的满足，谁来回报股东？哪来的股东利益？

而从企业“活下去”的根基来看，企业要有收入和利润，但利润只能从客户那里来。客户满意是一家企业生存的基础，企业不是因为有了满意的股东才得以长期存在，而是因为客户对企业提供的产品和服务感到满意而付钱才得以继续生存。因此，客户导向，让企业的一切业务和管理都紧紧围绕以客户为中心运转，其重要意义再怎么强调也不过分。

客户导向，是不确定性时代下的唯一可确定项。客户连接了员工个体和企业整体组织，组织设计、组织变革与组织发展，必须要始终围绕以客户为中心进行。

工业化时代的组织设计，更加注重功能、职责分工、流程管控，注重人岗匹配、成本和效益，基本以职能、以企业自身为中心；数字化时代的组织设计，更加关注对瞬息万变的外部环境，注重小团队的服务与独立决策能力，注重信息与能力的协同，强调结果导向、客户导向，更加贴近市场和客户，以客户为中心。

海尔集团创始人张瑞敏说："过去，员工做一件事情，他们是听老板的，而现在却要聆听客户的声音；过去，组织上级授予下属权力，而现在，上级应归还权力，让员工拥有更多的自主权。"

传统组织中，劳动关系、雇佣关系最典型的特征即"管理过程"，譬如企业组织不断增加新的规章制度、流程，规定员工的工时、假期，从考勤、休假、报销、行为规范等开始，来维持庞大机器的运转；但我们需要想明白，企业要的到底是什么？对员工的考核评价，是看客户价值创造、客户满意度、业绩贡献，还是看其加班加点的时间长短、遵守规章制度的情况？

在强调执行力的工业化时期，通过各种条条框框与层级制度、部门分工与合作制度去“管过程”没有问题；但在强调创新力、强调敏捷力的数字经济时代，再用条条框框与层级制度去“管过程”，除了扼杀员工的潜能与主观能动性、降低企业面对市场及客户需求变化的反馈速度，没什么好处。简单地要求员工遵循规则和流程，这会经常使员工忽视了制定这些规则和流程的初衷：更好地创造客户价值。

良好的关系都始于信任。人们朝九晚五待在办公室，并不一定意味着他们在那段时间里很有效率。是时候意识到掌控工作时间、工作地点这些过程没有太大意义，真正转向建立在信任和自主基础上的文化的时机已经成熟。只有当我们不再关心没有意义的事情，去掉限制性的规则和官僚主义，我们才能聚焦解决核心问题：如何通过让每个人都处于专注的模式，来创造协同效应？如何激发大家启动下一个新想法、发现客户需求、改进产品、解决客户问题、创造客户价值、产出工作结果？

企业的收入来自客户，不能持续创造客户价值的企业，注定无法保持持续竞争力。我们需要重新去审核公司里没有必要的规则，废除没有必要的流程，将规则数量降到最低，运用常识取消用来控制而非提高活力的规则，提质升效，从而让员工集中精力以客户为导向，完成真正重要的工作。

OKR 开始被越来越多的组织所关注，正反映了绩效管理的变革趋势：管理者不再妄图对成员进行控制，转而弱化管理甚至不要管理，强调“要满足客户需求”“客户价值创造”。管理者利用结果思维，给予员工“边界内的自由”（这个边界不再是过去意义上的绩效指标，而是目标），鼓励员工利用资源、自由创新，达成各种可能的目标和成果。

只要能到“罗马”，就没有必要再去“管”死非走哪条“路”。如果我们认可更注重客户价值创造，我们关注的重点转为如何为员工建立激励机制、赋能机制、结果的评估机制，大家一起朝着共同目标而努力，那么基于这样的一种关系，企业和员工之间就从“管理关系”变为了“伙伴关系”。同时，当下的年轻人也越来越注重对时间的支配权，越来越向往工作与生活的平衡，甚至生活重要于工作，通过自上而下的严苛的管理，已不是提高工作产出的最优路径。面对新经济、新技术、新生代劳动者，企业要提高效能，员工关系雇佣向合作的转型也是必然。

组织设计、组织变革的起点应当是基于客户需求与客户价值创造。找到真正客户，找到客户的痛点与需求，找到能创造的独特客户价值，找到目前组织管理形态对于“客户导向”的负面作用，从解决这些问题入手，来重启组织。以客户为导向的组织形态，业务团队要围绕客户转、支持团队（包括所有管理层）要围绕业务团队转。放权给一线业务团队，去除中间层级，破除“部门墙”，缩短市场反馈链和执行链，总部从“管控功能”向“支持功能”转型等，都是打造自驱型组织需要探索的改革路径。

最小化层级与信息流动

对于小企业而言，一般都奉行扁平化管理模式。一个老板带着几个或者十几个员工，不存在复杂的层级结构。但随着公司规模的不断扩大，包括产品线的增加、销售与服务区域（甚至新开辟国际业务）的扩大、客户与员工数量的迅速增长，就需要提拔中低层管理者，增加更多的管理层次，由此便形成了大企业中普遍采用的“高层-中层-基层”金字塔结构的层级制管理。

层级制这种组织形式源于经典管理理论中的“管理幅度”理论。该理论认为，一个管理者由于精力、知识、能力、经验的限制，所能管理的下属人数是有限的。随着下属人数的增加，可能存在的相互人际关系数将呈指数增加，信息量和管理难度也是如此。当一个组织的人数确定后，由于有效管理幅度的限制，就必须增加管理层次。

德鲁克曾一针见血地指出：“组织不良最常见的病症，也是最严重的病症，便是管理层次太多，组织结构上一项基本原则是，尽量减少管理层次，尽量形成一条最短的指挥链。”层级制管理的弊端显而易见，在信息传达的及时性，在业务创新、市场竞争的灵活性与适应性等方面，均会受到影响。

为了解决集权与分权、效率与创新等上述问题，提高层级制的效率，层级制经历了直线职能制、事业部制、矩阵制等形式的演化，直至扁平化的管理模式产生。它通过减少管理层次、精简职能部门、增加管理幅度等做法，减少中间层，以使企业快速地将决策权延伸至研发、生产、营销、服务的最前线。

最早将“扁平化组织”思想付诸实践的大企业是美国通用电气。1981 年，杰克·韦尔奇就任通用电气 CEO 时，公司从董事长到基层员工之间的管理层级多达24～26层。韦尔奇上任后，顶住压力，通过采取“无边界行动”“零管理层”等管理措施，使公司管理层级数锐减至5～6层，彻底瓦解了自20世纪60年代就深植于组织内部的官僚系统，不但节省了大笔开支，更极大地提高了管理效率，使企业的经济效益大幅提高。

COVID-19疫情后的这两年，远程工作逐渐流行，越来越多的企业开始关注自我管理，每家公司都希望加入这个潮流，称自己为“完全自我管理的公司”或“没有老板的扁平组织”。虽然这并非吹牛，但也不是全部真相。全球范围内，一个完全自我管理或者完全没有层级的组织，并不存在。自管理，不等于没有管理；扁平化，也不等于完全没有层级。在特定背景下，有些公司已经能够作为自管理组织在运作，但即使在这样的组织中，隐性层级制度仍然存在。这样的组织既不是完全扁平的，也不是传统的层级制度。他们拥有两全其美的优势，平等文化和对结果的责任共存。虽然它们具有最小化的层级结构，但组织足够灵活，可以对流动的市场环境作出快速反应、战略创新，并坚持与自己的目标团结在一起。

与完全意义的扁平化相比，更加现实的选择是，相对的扁平化，即最小化管理层级。

层级制、官僚体系是企业效率与创新力的最大敌人。破除层级制的前提，是要打造平等沟通的企业文化，建立信任，扩大放权，同时要减少管理层次、压缩职能机构。但是，单纯精简层次的做法，还不足以激发员工的主观能动性和增强组织力。在组织内部，每一位员工的观点、能力和资源可以自由流动，流向最需要之处，这才是最小化层级的精髓所在。如果公司与员工之间、员工相互之间不能共享信息，就不可能让参与和合作精神发扬光大。

中国本土企业中，从传统金字塔式结构的层级制管理模式转向最小化层级管理模式，并获得持续发展的不在少数。华为、阿里、海尔、万科、字节跳动等头部企业，所做的组织变革，具体模式方面有差异，但在“去中间层、去领导化、最小化层级”等方面，却出奇地一致。如阿里的“大后台、小前端”，华为的“让听得到炮火声的人来作决策”，海尔的“公司平台化、员工创客化”，字节跳动的“取消工号、取消职级和等级概念”等。

不同于通用电气、海尔等是从传统的科层制转向最小化层级，小米则从创立之初就采取了最小化层级的组织模式。

雷军在2013年的一场演讲中，分享了小米最小化层级的组织管理模式，小米最基本的组织结构只有三级：核心创始人–部门领导–员工。除了核心创始人有具体职位，其他所有人都是工程师，没有职位。在核心创始人组成的顶层，雷军自己的第一定位是首席产品经理，他有八成时间是参加各种产品会，雷军在这些产品会议中和一线产品经理、工程师共同决定了小米产品的各种细节。而由部门负责人组成的这一层，除了带领团队、负责自身团队日常事务之外，也负责与其他团队或部门的协调沟通。针对员工层，小米在成立之初就推行全员持股、投资的计划，员工薪酬的组成除了工资，还有期权，并且每年小米还有一些内部回购。

扁平化管理是小米引以为豪的公司制度，同工程师文化一起，成为雷军经常称道的两件事。雷军曾经表示，小米除必要高管外，大家都是工程师，没有中层。正是这种最小化层级的管理模式造就了一家颇具市场竞争力和行业影响力的公司。

而海尔集团是从传统的“金字塔”等级制管理模式转向最小化层级管理的。在张瑞敏进行组织变革前，海尔是M型组织，即事业部制组织结构，公司下面设立事业本部，事业本部下面再设立事业部，不同的事业部之间主要都是以产品线为标准进行划分。比如电冰箱产品本部下面有冰箱事业部、空调产品本部有空调事业部等。2005年，张瑞敏提出“人单合一”模式。不过，其探索性的转型模式受到广泛关注是在2014年，那年张瑞敏作了一个十分大胆的决定——“砍掉”10 000多名中间层。人单合一，即员工为用户创造价值的过程中同时可以完成自我价值的实现，且完全客户导向化，由用户来决定员工和企业的价值创造。

此后，张瑞敏持续不断加速推进海尔的组织变革进程。变革后的海尔“消灭”了层级，变成了“平台主-小微主-创客”三类主体的平台，且这三类主体都围绕用户转。另外，这三者之间也不存在管理与被管理的关系，而是各自“创业范围不同的关系”，改变了组织架构、管理模式与协作机制，形成了网络化组织结构，更逐步实现“三自循环体系”，即自创业、自组织和自驱动，力图最终能将海尔打造成一个可以颠覆传统模式的“共创共赢平台”。

与海尔一样，红领集团也是从传统的等级制组织管理转向最小化层级组织管理模式，且早在2003年就开始了探索。按红领创始人张代理的看法，消费者需求就是源点，企业所有的动作都应该围绕消费者的需求进行。而为了做到这点，企业的组织架构与管理模式需要与之匹配。红领的组织变革是以节点管理为核心的组织再造，其核心是“四去两组”，即去领导化、去部门、去科层、去审批，成为强组织和自组织“全员-流程-客户需求”的平台化组织，最终形成“全员对应目标，目标对应全员，高效协同”的管理模式。

万科在 2018 年 9 月进行组织重建，撤销原有 12 个部门设置，另成立事业发展中心、管理中心和支持中心等三个中心，把总部由“专业分工的部门科层制”向“中心合伙制”的改革，也是去中间层、去领导化、去科层制的思路。

扁平化意味着更少的管理层级、更大的管理幅度，意味着对一线业务团队更大的放权。这直接减少了人力成本和管理成本，改变了上下级沟通与决策的方式（信息可以跃层级传递），方便了组织结构调整。

同时，我们也意识到，扁平化并不意味着完全摆脱组织中的层级结构。一个完全扁平的组织有时更难平衡。在为员工提供自主权的同时，保持组织结构层级的最低限度，来将团队凝聚在一起。只有当利益相关者相互协调和对彼此的期望保持一致时，扁平化组织才能发挥作用。

自驱型组织为创新提供了组织保障，激发潜能后的组织才能切实降本提效，增强组织适应力。数字化时代，所有的公司都应把“最小化层级与信息流动”作为重要任务，并付诸实施。最小化层级的组织，将获得强大的环境感知力、敏捷力 / 灵活力、创新力和协同力。

关联阅读：公司制度，要更简化，还是更详细？

文章出处：本文首发于2021年2月《经济观察报》及公众号“复盘笔记簿”，作者：魏浩征。

每逢春节过后一开工，都是企业进行规章制度与员工手册修订、完善的高峰期，也是《劳达劳动法2.0》中“人事文件审阅”业务的高峰期。

在劳动法与员工关系领域服务的第16个年头，开工在即，劳达要不断拷问的一个问题是：企业规章制度、员工手册，要设计得更详细，还是更简化？到底是详细好，还是简单好？

如果是在劳达刚创业的2005年问我这个问题，我会说：不必太详细，一套简单的员工手册搭配个短期的劳动合同即可。

如果是在《劳动合同法》开始实施的2008年问我这个问题，我一定会说：越详细越好，尤其针对行为规范、违纪定义等，必须要事无巨细详尽列举；而且我会继续建议：除了一套详细复杂的员工手册外，还必须搭配一套足够专业、详尽、标准化、流程化的人力资源管理操作手册，以及配套需要用到的集体合同、劳动合同、保密协议、岗位协议等各种合同。

“员工手册＋管理手册＋人事协议”，这套制度体系，我们称为员工关系管理的“三件套”，缺一不可。劳达为此还研发了“规章制度的七步与九控法”，非常出色！

但是在今天问我这个问题，我会说：能简单些，就简单些。极简的规章制度，要优于繁杂的规章制度！

不过，在通往“极简”之路前，我们必须要用工匠精神精细打磨现有的组织与文化，不断“简化”，让“化繁为简”成为风尚，直至“极简”。

我在微信作了一个投票调研，“66%（需要简化）：34%（需要详细）”，结果与我们当下的思考大体相同。

一、当规章制度遇到企业文化

我想从 11 年前经手的一个咨询案说起。

该客户在上海张江，属于高科技企业，人力资源总监邀请我去帮助他们处理公司高管离职争议。事情缘起很简单，因管理理念的差异，公司想与某高管提前解除劳动合同，工龄补偿、保密协议等，都谈得很顺利，问题卡在加班费上。

该高管认为公司应另付她一笔加班工资，理由是她入职一年多来，工作时间“996+”，公司除了工资、奖金外，未支付过加班工资；公司则认为，公司支付的工资、奖金中，已经包含了加班薪酬。

经了解，公司的工资标准高于市场行情，奖金也极为丰厚；但在公司的规章制度及双方的合同中，没有约定过加班工资，在公司的财务支付记录、工资单等文件中，也没有加班工资的条目。公司 CEO 认为，加班工资是基于工作时间而支付薪酬，但在高科技行业中，支付薪酬的依据是工作成果、绩效贡献，行业里没有哪家公司会根据工作时间长短来计算薪酬。

几番沟通后，该案最终以高管接受了公司的意见并达成离职协议。

圆满完成此离职谈判任务后，针对项目中发现的工时与加班风控的问题，我给公司提出了如下建议：部分岗位向政府申请不定时工时制；部分岗位实行加班审批制；部分岗位拆分工资结构，实行加班工资包干+考核工资并行制……

我的上述建议并没有被公司采纳。

CEO 的观点，让我在 11 年后的今天，仍记忆犹新。“预防劳动争议、控制用工风险很重要，但与之相比，更重要的是，我们需要用相互信任、员工自驱的文化来推动公司发展。我们不能因为担心小概率的劳动纠纷而去设计一套复杂的规章制度，因此而伤害了我们的企业文化。”

11 年前我的从业经验与认知，基本桎梏于劳动法、人力资源合规、用工风险控制、争议预防与解决，而当时的时代背景对大多数企业管理能力比拼的要求仍然是团队的执行力。

所以在当时，我能理解那位 CEO 的看法，但并不是很能接受简化规章制度的做法。到了今天，随着劳达自身 16 年发展历程的经验积累与业务迭代，企业外部、内部经营环境发生了翻天覆地的变化，我们深刻地认识到，我们对于管理的认知也必须与时俱进。

二、当成年人遇到成年人

回到一开始的问题："规章制度、员工手册，需要设计得更加详细，还是需要更加简化？究竟是详细好，还是简单好？"这个问题的答案，首先取决于该企业所处的环境。行业所处的大环境，决定了企业组织的战略与战术。

我们需要同步思考的相关问题包括：

——设计规章制度的初衷与目的是什么？

——希望收获服从、执行、老板满意度，还是要收获效率、创新、客户满意度？

——面对市场快速变化，如何确保决策的正确性与及时性？

——要做到"客户第一"，我们还需要作出哪些改变？

——今天的企业要赢得竞争，靠的是什么？

……

泰勒的《科学管理理论》认为，如果员工的工作变化很少，并且根据他们的人体进行科学设计，那么他们将变得高效；为了达到提高劳动生产率的目的，要用科学知识代替个人经验，实行工具标准化、操作标准化、劳动动作标准化、劳动环境标准化等标准化管理。

泰勒理论背后传达的一种思想是，人仅仅是一种"经济人"，这在工业化时代是可行、有效的。但是，在互联网、工业化 4.0 及数字化时代，我们面对的"人"及客户需求已经发生了巨大的变化。要论标准化与高效执行力，恐怕即使能挑选到"第一流的员工”，也都无法媲美人工智能。

企业制定规章制度的目标是，让企业不再需要规章制度！

在当今时代，冗长的规章制度、繁复的工作流程、庞杂的规则约束，无时无刻不在消磨着我们的精力，限制了员工的潜能，阻碍了员工的工作积极性，事倍功半，严重降低了企业组织的敏捷性与创新力。

商业世界正在面临前所未有的不确定性，能生存下来的企业，正如达尔文所言：“能够生存下来的物种，并不是那些最强大的，也不是那些最聪明的，而是那些对变化作出快速反应的。”

越详细的规章制度，背后往往代表着一种“成年人 vs 孩子”的管理文化，代表着约束与不信任。如果你要超强的团队执行力，那么就要有尽可能详细的规章制度；如果你要创新与组织活力，那么详细的制度，就未必是好事了。一切存在，并非全都合理。

因为，如果你建造“金字塔”，则会得到“木乃伊”；如果你信任与放权，则会收获自驱和信任的团队。自驱型的团队之所以成功，是因为他们具有更大的责任感，能更快地响应变化并加速创新。这类组织中的人更幸福，从而带动了更满意的客户，进而提升企业绩效。

大多数人都喜欢简单。复杂始终无法做到简单时退而求其次的选择。少数需要“复杂”而摒弃“简单”的人，往往是通过这套晦涩难懂的系统来彰显其优越感与存在价值。

我们今天需要的是一种“成年人 vs 成年人”的管理文化，需要越来越多的信任与放权；需要的是员工的主观能动性与潜能的激发与释放，而不是被动的、单向的发号施令。

精力日益碎片化的今天，繁杂意味着分散精力，简单则意味着集中精力。一旦游戏规则一目了然，团队就会擅长玩这个游戏。简单，让工作变得更轻松。不断简化的规章制度，将会不断给你带来惊喜！

三、当规章制度遇到组织边界

企业的发展环境总是越来越复杂，比如法律的变化、用工政策的变化、技术的变化、工作方式的变化、市场环境的变化等，为了应对复杂性，管理者们总是习惯在原有的制度体系基础上添加更多新的规定，不断作出大量新的解释和修订。长而久之，形成了现行复杂的制度体系。

在很多情况下，建立这些规章制度时，理由是充分的，但持续到现在并且继续进行下去，则会让你陷入瓶颈。存在未必是合理的，拿着旧地图，永远找不到新大陆。

稻盛和夫说，不要以你现在的能力束缚你对未来的想象。

那么，是不是所有规章制度都需要简化？简化到什么程度是适宜的？

我们需要了解设计每项规章制度背后的目的是什么，现存的制度是否实现了目的；我们需要不断提出对现有制度的质疑：这么做是否有必要，是否有助于实现客户价值，是否可以继续简化？

比如，由于太复杂导致多数员工都不愿意去使用的制度；

没被实施而失去存在意义的制度；

让人难以理解、望而却步的制度；

能被更简单做法所迅速取代的规章制度……

上面这些制度，是不是简化甚至取消掉，会更好？

同时，“简化”“简单”不等于“过度简单”。关于公司的使命、愿景，关于价值观，关于行为红线，关于安全边界，关于风控，这些则属于必不可少的规章制度。

我与华为管理培训部的陈泽龙老师交流华为是如何解决流程管控与组织活力之间的矛盾时，他提出了一个比喻：

“我们烧川菜，基础的流程要有，放油、放花椒辣椒、放盐，以确保我们烧出来的是川菜；但放多少油盐、用哪种花椒辣椒等，则不妨放手让大家根据顾客需求去创新，来满足不同地区人士对川菜不同的口味需求。”这个比喻很恰当，我们不妨细细品。

企业真正需要的不是规章制度完美范本，而是人人心中都遵守的清晰的边界，后者才真正指导员工在组织中的行为。

“过度简单”的规章制度，会让公司失控，会令员工无所适从，制度与流程的基本边界，一定要有。要准确区分“简化”“简单”与“过度简单”，需要你对公司的业务现状、对公司的运营问题有着深度了解。

因此，关于“如何进行简化”的问题，首先需要我们将“简化”设置为一项关键企业价值，我们必须让制度、流程变得更加简单；其次，我们需要让那些最懂公司业务的人，尤其是从事一线工作的员工全部参与到制度的简化工作中来，甚至让他们来做决定。

将规章制度化繁为简不仅是一个过程，更是一种价值观、一种习惯和一种思维态度。制度简化的同时，我们也在潜移默化地迭代刷新着企业的核心价值观、文化，在重启企业的组织形态。

新年开工，回到公司，今年第一件大事，是不是就该简化制度、简化流程?

第四章 | 自驱型组织的三大原则

本章概览

打造自驱型组织必须“信任先行”，以信任为中心构建组织和管理；组织中的所有人必须就发展方向、目标、游戏规则、共同利益等达成高度共识，“共识驱动”是自驱型组织的发动机；在信任与共识的组织氛围中，“团队自管理”将成为组织的主要运行方法，而自管理又能反哺、增进信任，促成更多共识的达成。

本章分别就自驱型组织的三大原则：“信任先行”“共识驱动”和“团队自管理”，及其各自的三支柱、六个关键工具等作了详细阐述。

信任先行

信任之道

打造自驱型组织必须坚持并落地的第一个原则，是“信任”。基于信任的前提，并以信任为中心，才能真正推进组织发展与深层次的组织变革。

建立并强化信任，是打造自驱型组织首先必须要做的第一件事情。

沃伦·本尼斯说：“信任是让组织得以运行的润滑剂。”高信任及相互承诺、团队成员的相互关心与支持，这些团队关系和氛围，能促进成员表现得更好。信任使得成员之间能够友善平和地表达不同意见，将分歧看作启动转变的宝贵契机，避免不同意见所造成的紧张局面。通过信任，组织之间的交易成本才得以降低。

信任作为一种有价值的、稀有的、难于模仿的和无法替代的能力，可以帮助企业创造持续性竞争优势。

组织对个人的信任与否，在于组织是否能把员工当作成年人。我们认为，当员工拥有正确的信息时，他们就能为自己和公司作出最佳决策；员工之间水平层级和垂直层级的权力差距越小，则越容易建立信任。

在全公司建立信任文化，不是一件简单的事情。有的公司针对客户招待费用的报销流程，就规定除了就餐发票外，还需要提供菜品的小票。问管理团队为什么会制订这样的制度，负责人说是为了防止虚假报销。殊不知，这样的制度正在毁坏信任。没有最基本的信任基础，又哪里有自管理、自驱动的空间?

不应该围绕少数不值得信任的人去建立规则，而应该围绕大多数值得信任的人建立公司规则。要以信任为中心构建组织和管理。

尽管在很多组织中，员工已经有了非常充分的空间自主承担责任，但管理层或董事会进行家长式管理的风险仍然会存在。无论有意识或无意识地，资深管理层会在诸如信息透明或决策等方面对员工有所保留，对这些状况要时刻保持警惕并保有开放和坦诚的态度。

哈佛商学院教授弗朗西斯·弗雷（Frances Frei），在担任优步（Uber）高级副总裁期间曾帮助深陷舆论危机的优步重建企业文化，她在Ted演讲上，分享了建立信任的三个关键要素，以及帮助优步重建信任的经历。

弗雷认为，信任有三个关键要素，即真实性、逻辑严谨性和同理心。如果你感觉到对方很真实，对方的逻辑很严谨，或者对方在用同理心和你沟通，你就更有可能会相信对方。如果这三项中有一项动摇了，你和对方之间的信任就会受到威胁。

常识是解决任何问题的好方法，尤其是对于公司而言。这些年来，有些公司在令人难以置信的业绩增长竞赛中，经常忘记管理实践的基本常识——人际交往的简单事实和不可否认的信任力量。

建立信任，让人们对自己的工作更有掌控感，其重点在于:

（1）改变观念，将成年人当作成年人，充分相信他们可以对自己的任何态度、行为负全责。

（2）保证信息的透明，以促进高度的开放性和公平性，培训每个员工使其能够看懂财务报表/数据，并在整个组织中共享有助于他们作判断的关键信息，是让信息流通起来的不二之选。

（3）通过打破部门墙，提升团队成员之间的互动效能，并增强团队与高层管理者之间的联动与交流，从而持续推进缩短权力差距（包括垂直权力和水平权力）。

落地信任的三支柱

基于信任之道，我们归纳了信任落地的成功公式（信任三支柱），如图 4-1 所示。

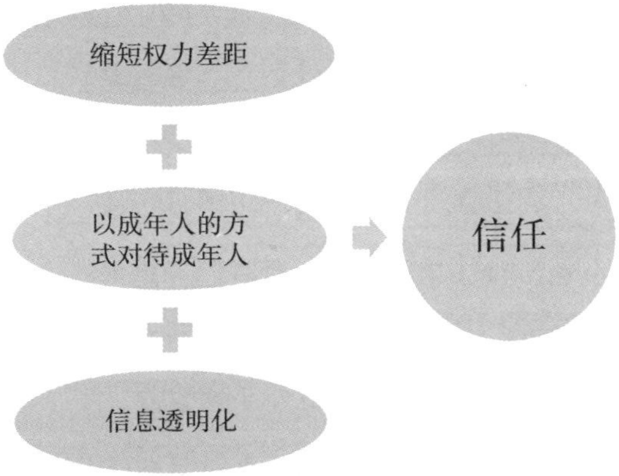

图 4-1　信任三支柱

信任 = 缩短权力差距 + 以成年人的方式对待成年人 + 信息透明化[①]

① “信任三支柱”理论框架来源于塞氏中国研究院“组织力发展专家”的版权认证培训课件。

1. 缩短权力差距

“权力差距”的概念是荷兰格罗宁根大学社会心理学教授吉尔特·霍夫斯塔德博士提出的。在国家层面上，权力差距代表的是国家和民族的文化基因，即权力的分布是否平等，不同权力的阶层是否有平等交流的机会和平台。在企业层面上同样如此，而企业的权力差距对于企业的信任建立至关重要。

多数组织中的员工从未有机会亲自与董事会等高管成员见面或互动，而且他们通常认为影响高管们的决策是由那些不认识他们或不关心他们意见的人作出的。实际上，只有极少的员工真正理解了高层领导作出的战略决策背后的理由。

战略制定者与战略执行人员之间的常规层级距离并不能提升员工敬业度。当员工不理解或不了解高层提出的战略时，就会导致执行效率差，尤其是在业务一线，甚至导致我们所制定的最佳策略的失败。当员工了解高层决策背后的理由时，他们将会更善于在一线执行这些决策。

想象一下，如果员工参与了战略制定，他们的敬业度会发生什么样的变化？当员工被鼓励参与公司的下一步计划制定时（无论他们职位等级或工作经验如何），这让他们觉得自己是行动的一部分。

员工间的水平层级和垂直层级的权力差距越小，就越容易建立信任。去除所有管理层的权力标志，比如不设立公司领导的专用办公室或者领导办公室大家可以开会使用；取消不同级别领导的不同配车；不设前台接待岗位、自己接待自己客户等，去除员工之间形式和实质上的壁垒，鼓励大家彼此交流……这些做法，都有助于信任的建立。

员工间的信任度会受到水平和垂直方向上权力差距的影响。对水平层面的权力差距进行思考是很重要的，这种差距往往存在于团队和团队之间，尽管这些团队在名义上是平等的层级。垂直方向上的权力差距一般体现在正式的人际交往和汇报机制中。权力差距越小，员工就越容易接触到管理者，社交互动的形式也就更加随意和平等，信任就越容易建立。

当发生许多内部和外部变化时，公司高层必须尽可能地与员工互动，以确保开放、畅通的沟通渠道和透明度。在传统的科层制公司中，中层管理人员充当领导者和员工之间的桥梁，这通常无法确保信息传递的及时性和准确性。

2. 以成年人的方式对待成年人

大多数组织对待员工就像父母对待孩子一样。他们坚持告诉员工什么时候上班，坐在哪里，做什么，怎么穿衣服，如何举止等。这绝不是一种成年人对待成年人的方式。生活中，成年人是可以负责任的；工作中也一样能负责，必须相信这一点。把员工当成年人来对待，有助于信任的建立。

多数企业文化已经使职场流水线化，充斥着各种规则和流程。员工几乎没有创新冒险的空间，也没有自由作出可能有时以失败告终的自主决定。在工业化时代，这种对公司工作的“流水线化”是有意义的，因为这个时代对人为失误的容忍度过低。当所有的工作细节已经流程化时，员工就无需思考、实验或创新。生产像机械钟表一样进行，每个人都很开心。

但是，此类规则手册、流程手册和最佳实践会阻止员工从错误中吸取教训、在学习中成长并适应快速变化。他们使公司对规则的信任远胜于对员工的信任，这是创造力和创新精神的丧失。

为了让人们真正地与工作联系在一起并对自己如何实现目标负责，职场必须像实验室一样：一个不可预测但又安全的空间，员工会觉得自己在有意义地寻求知识和发现。

控制员工的一举一动所带来的安全感只是虚幻的。实际上，过于控制员工的公司往往具有极强的等级制，缺乏创新能力，在面对变化时往往不够敏捷。另一方面，那些意识到员工是具有成熟思维的成年人、具有特定能力和独特潜力的公司，往往适应变化更快、富有成效、高绩效并且总体上是更成功的。这些公司知道，人的潜力需要空间和刺激才能蓬勃发展。

但是，在自上而下的环境中，管理层告诉员工他们能做什么和不能做什么，这就永远无法实现组织活力。相反，人才和潜能在那些允许员工作出自主决定、做自己、犯错误并从中吸取教训的地方蓬勃发展。

领导与员工之间的交流应当是平等的，避免发号施令，要让员工一起参与进来。让员工运用常识和信任来作决策，让员工自主决定工作方式，给予员工责任和自由，让他们自己选择如何履行工作职责。当员工以成年人的身份履行职责时，他们所感受到的受信任程度和可决策空间是完全不同的。成年人能负责任地偿还房贷、养育子女和遵守交通秩序，那么为什么不相信同样的成年人在工作中也能一样地负责呢？

招聘流程是将工作文化转变为像对待成年人一样对待员工的工作链中的重要环节。这是展示文化承诺的好方法，并随着时间的推移对员工的士气、敬业度和工作效率产生积极影响。因此，在面试候选人时，不仅要评估他们的技术技能和适合性，还要评估他们的整体行为。尝试衡量某人在某些情况下的行为举止，而不仅仅是衡量他们是否会成为团队的良好资源。在面试过程中一窥他们的个性，调整面试过程，使更多的人参与，并使之成为更具参与性的活动，双方都可以自由提问和澄清。就候选人是否合适作出共同决策：他们是否有责任和能像成年人一样成熟地行事；作出独立的决定；尝试并积极寻求知识；将错误转化为学习机会。

当你将员工视为成年人时，职场的关系动态将完全改变。它不再是具有严格规则的分层设置，而是具有较大灵活性的非正式的方法。当员工受到信任对待时，他们往往更负责任，并竭尽全力确保自己所做的一切符合公司的最大利益。这反过来又增加了公司的竞争力。

像对待负责任的成年人一样对待员工。信任员工的工作交付，而不是监督他们。

3. 信息透明化

除了商业秘密等特殊信息以外，公司的信息是属于所有人的。向所有员工公开公司的信息，这是提高效率和打破官僚作风的最佳措施之一。信息的开放访问就像一种工具，可以帮助团队在当今快节奏的市场中灵活应变，帮助他们在工作中更快作出明智决策，建立并加强团队的信任感。

公司越来越意识到信任带来的长期利益，但是他们又常常因为担心信息透明会造成严重破坏而退缩，他们担心自己的员工会“泄露”敏感信息，担心竞争对手会获得这些信息。但是，我们必须意识到，这种“破坏”是假设的。如果公司的下一步行动是基于竞争对手泄露的信息，那么后者将在挖掘自己的坟墓，他们将永远落后一步。

允许不受限制地访问信息的最大好处是向员工发出了“信任”的信息。它表明，公司信任员工有责任心、值得信赖和敬业。信息透明还可以增强员工的主人翁精神，使员工产生了一种责任感，即正确地使用该信息并造福于公司。在危机时期，信息可以为即将到来的风暴做好准备，并且可以帮助员工更好地理解管理层的艰难决策；信息透明也可以让官僚主义变得毫无用处。它消除了在部门之间使用繁琐的电子邮件来请求信息的需求；它提高了生产率和效率；并消除任何阻碍人们开展工作的障碍。

选择信息透明并不是一件容易的事，它可能会遇到一些阻力，尤其是来自管理层的阻力。因此，要花一些时间讨论大家对公开公司信息的担忧。不要作出自上而下的决定，而要增加透明度。要为大家创造一个安全的空间来表达他们的担忧，帮助他们认识到大多数担忧是多余的。与建立信任相比，信息透明的真正风险很小。

在信息透明的公司，信任文化会与日俱增。让每个员工都能理解公司正在发生什么，全员信息对称、信息透明化、鼓励所有人说出自己的想法，会令“信任”蓬勃发展，会让员工可以最大化地为自己的行为负责。

信息接收者是负责的成年人，透明的信息会让他们感觉受到信任，从而作出更佳的决策并更有效地执行。这也能防止秘密和权术成为主流，避免公司里的官僚主义。个人利益和公司利益的透明化将有助于全公司的信息透明。

在所有信息的透明化中，公司财务信息的透明化是最重要的。

要确保每个员工都能读懂公司的信息，培训员工看懂关键财务指标和数字，让每一名员工都了解公司的业绩情况。使用每个员工都能理解的方法和资料来进行培训，让不同教育背景和工作职责的员工都能学会。经常性地组织会议，鼓励大家公开讨论问题，追踪进展，克服公司变革期间面临的挑战。

当你改变团队的思维方式并给予他们自由访问所有信息的权利时，你可能会惊讶于公司中的问题轻松得到解决。

信任的六个关键工具

我们梳理了信任落地的以下六个关键工具①：取消特权；轮值CEO；反向指导；自定义工作时间；培训员工读懂财报；极简可视化报告。

1. 取消特权

如果我们画图来描述一位公司高管，可能会画些什么？豪华的角落办公室？专用停车位？或者，一位全能的助理？这些是与任何组织的高层管理人员最密切的符号。这些特权已经成为企业领导者形象根深蒂固的符号，以至于很难想象没有这些特权。

---

① 节选于塞氏中国研究院“组织力发展专家”的版权认证培训课件。

然而，这些权力象征除了增加管理层与员工之间的距离外无济于事。而且，更重要的是，它们使管理层与现实失去了联系。享受特权的领导者和经理没看到这是特权，因为他们认为特权是理所当然的。

管理特权是工业时代最棘手的后遗症，它们有可能加剧职场的不平等。它们是无形的孤岛，将人们区分为决策者和执行者。如果企业决定建立并强化信任，那么必须摆脱这些愚蠢的权力象征。

转型应该从领导层内部开始，高层管理人员和经理应围绕告别特权展开讨论。理论上看，这像是一个简单的实践。但是在现实中，这是最艰难的转变之一。

当公司取消所有愚蠢的特权时，它向整个组织发出了一个强有力的信息：从现在起，领导与员工之间将不再有距离。当一个组织取消经理和领导者享有的特权时，它表明每个人都是平等的，并且他们都享有相同的权利。这是迈向团队信任的第一步。如果管理层在谈论信任的同时继续享有某些特权，会损害员工的士气并降低信任。一个对“信任”持严肃态度的组织应该在其领导层内部开始变革。

取消所有管理层权力象征的参考建议包括：

做你自己的助手。撤换那些一直在为经理和领导者做所有幕后工作的秘书和私人助理。取而代之的是，要求领导人预定自己的航班，自己叫出租车，自己完成一些小任务。

推倒墙壁。经理人办公室的大小与他们在组织中的职位相关联是很常见的。通过为职场选择开放式空间，可以将此类特权符号抛在脑后。推倒墙壁，用盆栽植物取而代之，来作为团队之间的间隔，办公室的氛围瞬间不同了。

使用弹性的办公桌与工位。即使在开放式办公室，也有某些地方出现特权，比如更大的窗户或更好的景观视野。因此，不应为任何人分配特定的办公桌与工位。相反，人们应该使用弹性的办公桌与工位。换句话说，人们上班时可以在任何可用的办公桌上开始工作。也许这意味着实习生经常会发现CEO在他们旁边工作。

开放预留的专用停车位。每六个月举行一次抽签，以决定哪些员工可以将其汽车停放在公司预留的专用停车位，这些停车位曾经只供高管使用。

自己煮咖啡或倒茶。撤换掉只为经理、领导人和客人做咖啡或倒茶的职位。鼓励所有人在工作中自己为客人煮咖啡或泡茶。

欢迎、接待和送走你的客人。请你的管理人员自行欢迎、接待和送走各自的客人。

2. 轮值CEO

许多成功的公司已经存续了数十年，有的甚至是几个世纪。在很长一段时间内，他们不可避免地面临多重挑战，需要持续创新并在瞬息万变的市场中保持敏捷。但是，领导这些大公司的通常只有少数几个人。

这么多权力集中在一个人的手中，长达数年之久，并不是一个好主意。这些有权势的人经常与最新实践脱节，因为他们与从事一线工作的人距离太远。而且，他们的自负变得超级膨胀，不容他人提出异议。简而言之，他们成了超级英雄，除了自己，他们不关心任何人的意见。

实际上，敏捷的公司应该在考虑不同背景的人们提出的不同观点后再作出决策。在瞬息万变的商业世界中，一个人决策已经行不通了。

“轮值 CEO”的做法，是一种由不同背景的领导人提供不同观点的高层决策信息的好方法。当长期了解公司业务和组织模式的领导者将他们的专业知识添加到等式中时，所作出的决策总是比一个人作出的决策更好。由于担任最高职务的时间很短，这使得领导者们必须相互合作。

除了加强高层管理人员之间的联系外，这种做法还打破了对担任公司首席执行官所需的资格、经验的陈规定型观念。

每六个月轮换一次首席执行官的参考建议包括：

每六个月轮换一次 CEO。如果你拥有一支具有丰富经验和专业知识的高层管理团队，则可以让他们轮流担任组织中的最高职务。这使现任 CEO 能够利用前任 CEO 的专业知识，同时允许前任 CEO 提供具有更广阔视野的解决方案，以满足整个公司决策所需。

合作伙伴，而不是下属。由于每位高管只有六个月的时间作为 CEO 作出决策，因此，至关重要的是，他们应将执行团队中的其他成员视为合作伙伴而非下属。现任 CEO 应该知道，他正在与刚才站在他的立场上的人打交道，或者，与那些很快就会站在他的立场上的人打交道。这可以帮助公司增强高层领导之间的纽带，并有助于团队作出更正确的决策。

保持市场循环。当公司决定每六个月轮换一次 CEO 时，你的利益相关方和整个市场可能会非常困惑。因此，请务必告知他们你的公司为什么选择实施此做法。在最初引入此做法时，市场上可能会出现一些混乱，但随着公司的发展，每个人都将明白这是强化公司独特文化的一项举措，那么混乱就会减少。

打破陈规定型观念。用这种做法向所有人证明，具有任何资格或经验的人都可以胜任最高职位——只要他们有一个支持团队能够提供帮助和指导。

灵活回归旧模式。尽管这种做法可能会改变高层领导之间的合作方式，但作为永久性的组织模式可能并不理想。因此，一旦你的高管们感到彼此之间没有更多可学习之处，那么公司可以灵活地回归到旧的模式。

3. 反向指导

公司将老员工与年轻员工配对，由老员工进行“传帮带”，是司空见惯的事。许多老员工也将这种指导视为一次机会，可以凭借他们的专业知识回馈公司，并帮助年轻员工站稳脚跟。但是，由于新技术的迅猛发展，现在发生了微妙的变化。年轻员工实际上比老员工更了解某些领域，例如短视频、程序代码、利用社交媒体和直播等大量新技术。

那么，企业能否投资这项“反向指导”计划，而不是让老员工接受外部昂贵的培训，以跟上新趋势呢？老员工需要掌握与他们行业相关的技术知识，他们可以向精通新技术的年轻员工学习。

让年轻员工将技术知识传递给年长的、高级的员工 / 领导者，通过这种反向指导建立的关系也可以发展成为典型的相互指导关系，其中年轻员工也可以从老员工的智慧中受益。

通过创建持续有限期限的结构化导师计划，公司可以节约资源并更有效地调整资源方向。老员工和领导者可以与其他可能没有接触过的年轻新员工或实习生一起学习新技能。同时，年轻员工可以在安全的环境中与老员工和领导者接触，从而使他们对公司有一种新感觉，并感到被赋予权力，从而从中受益。

这样的计划还为公司和领导者提供了一个绝佳的机会，可以建立信任，缩短权力距离并在完全不同的环境中发展同理心。

反向指导的参考建议包括：

定义结果。明确主要目标，明确反向指导应该实现哪些转变或结果。这个做法并非永久性的，而应该是在特定的时间段。

设计“培训培训师”计划。并非所有年轻员工在与老员工互动时都具备培训的能力。因此，组织一个“培训培训师”活动课程，以培养年轻员工的基本能力，使其达到培训最高领导层的最低要求。

制定高层规则。当年轻员工扮演反向导师的角色时，他们与高层领导的关系将有所不同，这不应干扰他们在公司中的常规角色。为双方创造一个心理上安全的空间，为双方树立行为期望，可以消除潜在的负面影响。

调整节奏、频率、范围和期望。指导的节奏应在指导者和受训者之间确定，建议 5 至 10 次，可以每 15 天或每月 1 次。反向指导计划的时间周期不应太长，应在达到预期结果后终止。

反向指导前的介绍性会议。进行一次介绍性会议，了解被辅导者的需求是什么，以便导师可以做有针对性的准备。这些信息将有助于定制对受训者有意义的会议、主题、经验或案例。例如，如果受训者是人力资源副总裁，重点可能放在处理在线招聘的工具和平台上。如果受训者是销售总监，重点可能放在在线渠道和移动商务上。对于供应链管理负责人而言，则可以通过数字化技术的学习为制造和分销过程带来创新。

HR 需要成为反向指导的守护者。一些高层领导可能很难打交道，或者他们可能不会认真对待这些年轻的导师。如果人力资源部不注意协调指导者和受训者之间的关系，要确保好的效果可能会非常具有挑战性。因此，人力资源部门应通过向高层领导非常清楚地解释项目规则来监督这一过程。人力资源部应寻求领导者的认可与支持，如果需要，HR 可以充当促进者的角色，并在必要时向导师提供反馈。

实施跨职能匹配。导师和受训者的跨部门或跨职能匹配，可以避免团队中的某人受到部门高级管理人员的评估。例如，如果指导不够好或效果不佳，那么高管就不应该对年轻的指导者进行惩罚。跨部门匹配将最大限度地减少这种情况的发生。

建立社群。年轻的导师需要一个社群来交流他们用来培训老员工的做法、材料、案例和经验。在指导计划结束后组织复盘会议也是一个好主意，以便可以不断改进。这些复盘会议可以由人力资源部门协助或作为调查、问卷进行管理。通过这个社群，导师和受训者可以保持他们的联系和交流，并在需要时重新连接。

4. 自定义工作时间

自定义工作时间，是指让员工自己计算并安排自己的工作时间，而不将工作时间限制在公司规定的刚性工作时间内。传统公司大多坚持设定刚性工作时间的做法。设定刚性工作时间确实有效，并且已经使用了很多年，但是给员工一些工作时间选择的灵活性，这样一种简单行为可以大大提高他们的敬业度和归属感。

自定义工作时间，违背了控制和跟踪员工所有工作时间的传统管理要求。监控工作时间似乎更容易，但管理层事实上是无法控制员工在规定工作时间内的工作质量的。

自定义工作时间不仅能让员工满意，还能让公司满意。员工可以自由决定何时工作、何地工作以及工作多长时间，这是极大的自由。这需要公司的信任，管理层自然会感到焦虑，因为员工可能会滥用这种信任。但是，一些例子已经证明，信任会赢得更多的信任回报，当员工在获得更多自由时，他们就会变得更负责任。

当员工能够以自己的方式管理自己的职业责任时，他们会变得更加投入工作，并对公司产生更大的主人翁意识。

如果员工拥有良好的工作与生活平衡，从长远来看，他们会对自己的工作感到满意。提供灵活的工作时间是确保他们维持生活质量的好方法。当人们能够花更多的时间与家人在一起，并承担其他职责而又不必担心刻板的上班时间时，他们往往会更加致力于工作。改善的工作与生活平衡将使他们更快乐，变得更有生产力。所有这些会对公司产生积极影响。

自定义工作时间的参考建议包括：

不要想象你能控制一切。公司可以控制员工的上下班时间，但不能控制他们实际工作的小时。请尝试将员工视为有思想的成年人，他们有能力自律，并且有足够的责任按时完成工作。尽管会有少数人滥用自由，但大多数人都能有对待自由的责任感。

员工自己制定有效解决方案。如果出现问题，请让员工自己制定最佳解决方案。例如，在工厂这样的环境中，灵活工作时间的含义完全不同，因为每个人的工作往往是相互依赖的。不同的人在不同的时间上下班是不可行的。在这种情况下，工厂工人最适合通过公开讨论来找到有效的解决方案。

想办法让员工感到舒适。弹性工作时间不仅是让人们随时随地工作，还在于让他们知道他们的时间和精力很重要。当员工出差时，他们承受着很大的压力，这可能会影响他们的工作效率。相反，给他们一个替代的时间表，他们可以晚些或早些时候工作，或者必要时在家中工作。当员工在公司中感到受到尊重时，他们会确保自己尽力而为。为了刻板的考勤而强迫人们放弃生活质量，是造成紧张关系的原因。

按照每个人的日程安排工作。当你为员工提供灵活的工作时间时，请确保这是一种自由，但并非没有任何限制。虽然员工可以自由选择工作时间：清晨、下午或深夜——但他们必须牢记自己的选择如何影响周围的人。当多个人依赖某人来完成工作时，这一点尤其重要。在这种情况下，员工需要相互调整时间，并就最适合所有利益相关者的问题达成一致。

有效引导经理的正能量。传统公司的员工通常会因为经理跟踪他们的工作时间和绩效而与经理的关系非常紧张。除了制造大量的消极情绪外，还会给这些经理带来一种伪优越感。现在想象一下这样一种情况，经理的精力被引导到比控制人们上下班时间更有意义的事情上。例如，培训和改善团队的能力，并专注于提高质量和生产效率。当不再需要监控员工的工作时间时，经理可以对他们的团队产生更深远而积极的影响。

5. 培训员工读懂财报

大多数人要么被财务报表吓倒，要么觉得这不是他们的事，因为它们不属于销售部门。或者，他们可能会觉得自己没有接受过适当的专业培训以理解财报。当组织齐心协力地降低财务报表的复杂性，向所有员工提供需要的财务知识，并鼓励员工挑战呈现的报表时，会大大增强员工的主人翁意识。如果员工了解财务关键指标，如损益表、资产负债表或各种收入流，会有助于帮助他们提升工作业绩，也会有助于员工更好地理解公司领导层作出的决策，因为现在他们知道作出这些决策的原因了。

有很多确凿的证据表明，一旦员工开始接触其组织的财务数据，他们就会像企业主一样解决问题；他们的行为就像企业家一样，在寻找可获利的机会；他们会通过更深入地参与公司经营来取得更好的表现。

员工不关注财务报表，有时是由于其中塞满了大量复杂信息。有些人可能会对数字产生恐惧感，而另一些人可能只是被 Excel 工作表中的干燥数据所拖延。简言之，数字超载的演示文稿往往会让人眼花缭乱。

我们需要简化财务报表，剔除行话和复杂的计算，并对员工进行财务知识培训，教会他们如何看懂财务报表，让每位员工（无论是清洁工还是高层管理人员）了解数字背后的故事。

通过对员工进行关键财务数字和指标的培训，让每个员工了解组织绩效，无论其受教育水平或工作角色如何。

培训员工读懂财报的参考建议包括：

以简单、有创意和有趣的方式进行培训。为所有员工组织正式的财务培训非常重要，无论他们是普通员工还是拥有 MBA 学位的高管。与你的 HR、工会和财务专家合作举办这些课程，以简单易懂的格式制作培训材料，供所有级别的员工使用。不要试图培训员工掌握财务的所有专业细节，应将重点放在核心概念上。这样做的目的是使员工能够衡量公司是否朝着正确的方向前进；是否有可能实现财务目标；以及正确决策等。简而言之，这些培训和材料应该用员工能听懂、感兴趣的语言和方式。

通过指导建立财务知识。除了教授所有员工如何阅读和理解公司财务报表的正式培训课程外，建立财务指导文化也很重要。导师可以是团队负责人，也可以是掌握财务信息的另一位同事。这些导师被指派教授和帮助新员工了解公司财务数字背后的关键信息。财务指导可以按一对一的形式进行，也可以按小组形式进行。

在全员会议和部门会议上分享财务数据。与所有员工共享公司财务信息，可以通过两次会议来做到这一点——每季度举行一次全员大会，每月举行一次部门会议。通过会议让员工更深入地了解财务信息和公司经营情况，并为员工提出问题和挑战创造一个安全的空间，否则员工不会在关键财务指标等问题上分享自己的观点。创造安全空间的第一步是建立信任，对共享的信息完全透明。除了在这些会议上专注于财务数据共享外，你还必须将它们视为向员工通报公司经营状况和团队绩效的机会。

鼓励员工对财报提出质疑。鼓励所有员工对财务数据提出质疑。当然，这并不是一件容易的事：员工需要深入了解财务数据的细节。例如，如果特定月份的报表中的一行显示出亏损，并且员工对其提出疑问，则提供该数字的负责人应邀请他调查这些数字，并在下一次会议上陈述他们的发现。调查通常涉及与其他部门人员的互动，并揭示造成亏损的原因。然后，员工可以将各个点连接起来，并对整个组织进行全面了解；现在，他们知道数据链中每个环节为公司带来了什么价值。但最重要的是，他们意识到，公司的财务绩效不仅是销售部门的责任，而且是积极影响公司业绩的每一位员工的责任，这将大大提高敬业度和主人翁感。

简化财报并使其更通俗易懂。由于很多人往往容易被数字吓倒或对财务报表产生恐惧，因此保持财务数据的简单易懂是至关重要的。员工需要了解公司财务状况，必须能够一目了然。当然，如果员工有兴趣更详细地了解数字的报表依据，则应给他们提供放大数据的选项。对于多数人来说，财务报告应将自己限制在最多六个定量指标上，这些指标可显示公司是否朝着正确的方向发展。还可以提出补充定量数据的定性分析，并向员工进一步解释情况。财务公开的最终目标应该是提供可行的见解，让员工能够找出可以在何处增加价值，以及他们如何对组织的整体绩效产生积极影响。

6. 极简可视化报告

关键绩效指标（KPI）帮助公司了解现状并跟踪进度，是衡量业务运行情况的有价值的工具，但它们有时已经偏离了初衷。在许多组织中，KPI 已经成为一个很长且复杂的列表，人们往往将它们存储起来，并计划以后需要时再看，但是这种“以后”几乎永远不会出现。

研究表明，当过量的数据发送出去，而没有根据每个团队的情况量身定制时，对于大多数人来说，很快就会变得不堪重负，人们通常无法处理如此大量的数据。

相反，通过将所有这些数据简化为简短的可视化报告，可以将大多数信息轻松地分发给所有员工。通过定义一些基本指标，员工可以浏览核心信息并获得相关的见解。对于那些有兴趣深入了解细节的人，可以提供进一步的信息。

每个团队都需要了解公司的绩效，但他们可能无法完全了解与其日常工作相关的内容。创建简单明了的报告（可以快速读取和内化）的背后思想是，使员工能够获得适当的信息。

与充满数字和枯燥细节的长篇报告相比，简化的报告（其中有几个 KPI 概述了公司的表现）可以提供更高的清晰度和更好的决策支持能力。创建长篇报告消耗了公司大量资源，切换到更短、更精确的报告是更好地利用这些报告的方式。

因此，我们需要放弃传统的长篇报告，而将重点放在有关 KPI 的简单可视化报告上。

极简可视化报告的参考建议包括：

平衡 KPI 需求。确定与每个人都相关的 3 到 6 个 KPI 或数据点，并准确呈现公司的发展状况。为人们提供决策所需的最低信息，同时仍要提供足够的信息以避免任何误解。3 ～ 6 个指标是理想的，避免将更多 KPI 填充到报告中。

与利益相关者保持一致。就最重要的指标是什么达成共识，并将其他所有内容视为次要的。可能会有核心数量的 KPI，例如与每个人都相关的净利润或整体销售额，而其他一些 KPI 仅与某个团队相关。与利益相关者共同确定最重要的 KPI 是重点，以避免信息不堪重负或不够。使用不同的格式报告最重要的 KPI。可以在办公室安装电子屏幕，实时更新最重要的 KPI。具有明确的进度指标可以激励员工并鼓励他们分享他们可能面临的任何困难。需要明确的是，这并不是要跟踪员工的工作，而是快速提醒员工需要更多关注的地方。

可以增加一个深入的会议。简化报告并非为了隐藏信息，任何想深入研究报告的人都可以进一步了解及使用信息细节。对于诸如损益之类的指标，可以考虑在可充分解释细节的会议上进行讨论。

共识驱动

共识之道

共识是关于个人目标、组织发展目标、客户 / 员工 / 上下游合作伙伴之间的协作关系，以及在这些不同团队间的高度一致性。

共识的核心是承认和考虑每个人的利益，建立包含共同理想、使命和愿景在内的共同目标。一致性是指所有团队成员都在追求的共同目标，以及他们是如何表现的。比如，通过建立团队在尝试完成工作时的运作方式来启动团队价值观的共创，定义团队认为对他们如何合作至关重要的价值观（如尊重、信任、合作、同理心、发展、透明度或诚实等）。这并不复杂，但非常重要。它本质上是弄清楚哪些合作领域需要改进。

打造自驱型组织，必须就发展方向、目标、游戏规则、共同利益等达成高度共识。高度共识是自驱型组织的发动机。

愿景是战略的前提，战略是企业之道，在于人与事的动态匹配。组织能否发挥巨大能力，取决于组织本身能否带动组织成员一致性的行为。

持续保持领先的企业有一个共同的特点，即能够形成一个利益共同体和命运共同体，也就是“战略共识”。当组织上下愿意并能够形成利益共同体和命运共同体的时候，才可以面对不同的变化、不同的挑战，才能够持续领先走到今天。

关于“建立共同目标”的落地实践，详见本书第六章。

《孙子·谋攻》有云：“故知胜有五：知可以战与不可以战者胜；识众寡之用者胜；上下同欲者胜；以虞待不虞者胜；将能而君不御者胜。”同欲，是语言和行为方向的一致，是目标方向的一致，也是思想的一致。团队达成高度共识，才能同欲协作，真正有效推动组织变革。

利益相关者的高度共识让传统组织的战略规划变得陈旧且无用，其关键在于：

——由外而内的视角产生影响，揭示了客户与我们之间隐藏的协同效应。

——寻找共同点后进行利益共享，自然能够建立起利益相关者之间的一致性。

——在行动上确保一致性，促使负责不同领域的员工能够协同优化并保证组织纪律的相对严明。

共识落地的三支柱

基于共识之道，我们归纳了共识落地的成功公式（共识三支柱），如图 4-2 所示。

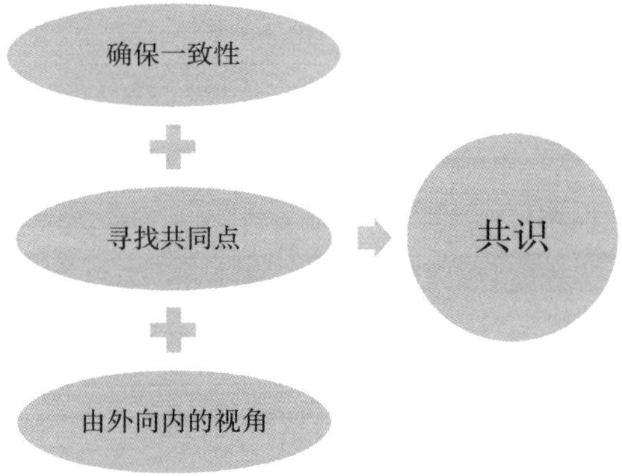

图 4-2 共识三支柱

共识 = 确保一致性 + 寻找共同点 + 由外向内的视角[①]

① “共识三支柱”理论框架来源于塞氏中国研究院“组织力发展专家”的版权认证培训课件。

1. 确保一致性

我们经常需要反思自己为什么存在，我们计划如何用自己的想法影响世界，我们的主要举措是什么，我们如何在日常生活中优先考虑和处理这些问题。

确保一致性，要明确所有部门和团队的现行工作内容、工作方式、工作岗位和工作职责，对项目和工作方法进行定期回顾和分析，看看各个部门是否言行一致，他们的工作内容是否透明公开，目前的工作成果与公司短期和长期目标是否保持一致。利益相关方高度共识主要依靠各部门间的一致配合。

阿里巴巴集团有一句管理土话，叫作“高层不谈文化，基层不谈战略”。这里的“不谈”，指的是高层在文化上要做三件事情：两个“不说”和一个“说”。

第一个“不说”，指的是要以身作则，作为高层，文化不是高谈阔论，而是要言行一致，行胜于言，体现在自律上。

第二个“不说”是体现在制度的设计上，要做到三个“一致”：① 上级和下属的绩效考核维度方向一致；② 组织管理和组织架构上保持一致性；③ 公司重要的战略控制点和绩效考核的占比权重要保持一致。

一个“说”，是指表达，文化在很多时候需要通过表达来创造。在表达时，同样要做到三个维度的一致性：数据语言的一致性、管理语言的一致性和文化语言的一致性。

帮助员工制定与公司一致性目标的第一步是与团队建立共同理想。人人都想要一份有意义的工作，在工作中找到自身的价值，获得成就感，并成为更好的自己。当员工理解组织的战略目标时，他们的意义感就更有可能滋长。组织可以通过展现各人的工作与组织的大目标相符，或者服务于更广泛的社会福祉，来鼓励员工认识自身工作的价值。当员工能够亲眼看见、亲耳听闻自己的工作如何改变他人的生活时，职场一致性的复合效益就开始产生了。

帮助员工制定与公司一致性目标的第二步是与他们共享财务信息并建立共同利益。当员工了解如何阅读最重要的增长指标时，它可以帮助他们调整个人贡献以提高公司的整体绩效。当每个人都积极履行自己的职责时，实现公司目标的机会就会大大增加。因此，提高对业务绩效的认识对于在员工之间建立主人翁感至关重要。

当公司选择帮助员工使其自身利益与公司利益保持一致时，当经理定期跟进团队成员并帮助他们实现为自己设定的目标时，当领导层为实现这些目标而认可和奖励员工时，会使员工感到自己与公司的成功息息相关。

公司应与所有员工进行特定的一对一会议，以帮助他们设定目标并使之与公司目标保持一致。尽管公司可以提出一些建议，但是个人目标和指标需要由员工自己确定，并进行团队的公开讨论。

2. 寻找共同点

很多研究指出[①]，人类往往自视过高。我们中的大多数人认为我们是谁和我们真正是谁之间存在巨大差距。这是因为人们天生容易

---

① ［美］塔莎·欧里希（Tasha Eurich）著，钱基莲译．深度洞察力［M］．台北：时报文化，2018.

把自己看得太高。虽然大多数人相信我们完全了解自己，但实际上只有10%～15%的人拥有准确的自我认知。尤其是在职场，我们的自我认识水平直线下降。

工作环境鼓励我们对彼此礼貌和尊重——有时这些道德准则使得提供和接受诚实的反馈变得非常困难。打破这些行为规则有时可以帮助人们提出他们通常会隐藏或压制的意见和想法。我们往往很难听取那些与自己的看法不一致的反馈。由于固有的偏见，我们倾向于远离那些反对自己观点的人。这些人成为需要立即消除的威胁。但是，只要有了一点信任和开放的心态，人们就可以克服对诚实反馈的反应。

同事之间、与包括客户在内的所有利益相关方之间，发生冲突，如何处理？为了达成高度共识，协同与合作至关重要，我们需要找到共同利益。因此，答案是：简单明了地问对方，进行坦诚透明的互动，找到双方的共同点。

我们可以相互提出如下问题：我为这个团队带来了什么优势/技能？我需要什么，才能表现得很好？我不喜欢别人的哪些行为？我可以在哪些方面发展自己？你如何帮助我改进这些方面？人们对我的主要误解是什么？当有冲突/紧张/压力时，别人应该如何与我沟通？

这些问题帮助每个人了解彼此合作的关键要素，让每个人都有机会谈论对他们来说什么是重要的，是什么让他们产生了负面情绪，从他们的角度来看，他们对团队的贡献以及他们可以提升自己的地方。这些问题能帮助团队成员简洁地表达与他们协作的最佳方式，找到共同点。

各团队和利益相关方需要从共同的梦想和目标着手，通过开展组织氛围评估，发现问题并让利益相关方来解决。根据工作专注度的需求，决定每周、每月和每年的工作节奏，安排工作优先级。

3. 由外向内的视角

在当下时代的创新方法中，需要始终让客户参与进来：客户参与到开发和生产的每一个环节。积极征求客户意见对于保持利益相关者高度一致很重要。

让客户参与产品开发，收集客户的行为洞察，并对产品进行完善。

持续关注客户和其他外部利益相关方，让他们在个人层面和工作层面都尽可能多地融入公司中。也就是说，在工作中要培养由外向内的视角。这样能确保公司内外部对合作现状的理解保持一致。防止因过分拘泥于公司内部，而未能真正给客户带来价值。

把你的组织架构设计得与客户接触越近越佳。检查你是否能够将每个客户触点的角色尽可能地整合。采取这种方式，每个触点的员工都将对客户的需求有清晰的认识并避免不必要或不相关的讨论。

如果积极地围绕客户设置你的组织架构确实有困难，那就确保每位员工每年能有机会与终端客户进行几次积极互动：譬如可以考虑设置“响应日”，在这样的日子里，每个员工都在服务客户的一线开展工作。

共识的六个关键工具

我们梳理了共识落地的以下六个关键工具[①]：共创团队契约；重新定义角色；对外部利益相关者开放财务信息；开放式参访交流；让客户参与产品开发；按下会议暂停键。

1. 共创团队契约

团队契约不是商业谈判，也不是法律文件，它指的是一个群体成员之间的默契，他们对于以某种方式行事并享有某些权利和义务达成了共识。

共创团队契约是自驱型组织的组成部分——无论是一个国家还是一家公司，本质上都是理想主义的。当组织中的人们在一起工作时，这是他们每个人都愿为之奋斗的理想。

如果团队中的每个人都想尽其所能，那么团队就需要遵循某些共同的行为准则。因此，明确讨论团队契约的条款，并将它们浓缩为每个人都赞同的、易于理解的形式，非常重要。不能有任何隐藏的想法或疑虑，确保团队契约有效的唯一方法是与整个团队共同创建规则。

此外，团队契约不能是一成不变的合同。相反，它应当是可以动态调整的，团队成员可以在缺乏一致性时返回，甚至挑战它。

团队契约是一个很好的工具，它使团队能够深入了解他们作为个人和团体背后的行为动机。只有当他们觉得透明且有足够的安全

---

① 节选于塞氏中国研究院“组织力发展专家”的版权认证培训课件。

感时，才能够做到这样。

当公司拥有对所有员工开放的强大团队契约时，它就会成为在其内部蓬勃发展的企业文化。它时刻会派上用场，尤其是当企业正在扩张并正在招募新的人才时。除了帮助公司吸引和招聘顶尖人才外，稳固的团队契约也有助于让员工顺利磨合并融入。建立良好的团队契约还可以提高员工绩效的水平。

与整个团队共创契约的参考建议包括：

充分分享与互动。团队契约将个人目标与团队或组织的目标保持一致，要做到这一点，你需要真正看见你的同事。为员工创造一个安全的环境，以公开透明地回答有关他们个人抱负、想法和未来愿景的问题。让他们谈论他们的梦想、财务期望以及他们的贡献如何帮助公司进一步发展。通过召开非正式会议，让每个参与者与团队的其他成员分享和互动。

鼓励自我意识。提出尖锐的问题，让人们思考对自己的愿景以及想要的生活是第一步。鼓励他们写下各自的答案，是建立自我意识的关键。当人们写下关于他们为什么做现在所做的事情，以及在看到自己几年后的发展方向，这会让他们非常清楚自己当前的角色，以及他们成为某个团队中一员的真实原因。当人们与其他人公开分享如此深刻的个人反思时，就更容易理解团队的真正互补性（或非互补性）。

共同创建共享文档。记下团队成员之间的所有讨论，并将其总结在一个文档中。团队契约的初稿应该从团队互动中集体表达的各种关键要素中，得到答案。这个想法是创建清晰的表述，反映人们应该以何种方式相互合作。团队契约必须是一个共同创建的文件，整个团队都可以永久使用和访问。如果有人发现团队没有按照约定的原则工作，那么他们可以随时回顾团队契约文件并重新调整。

2. 重新定义角色

团队及其运作方式，一直是企业致力于打造成功组织的兴趣所在。团队怎样才能变得更好？团队成员在项目目标的实现方式上是否一致？让团队成员明确他们的角色和职责这件事是否更重要？

在许多组织中，尤其是初创公司，员工身兼数职，从事技术上不属于其职责范围的任务。虽然这可能会导致工作看起来非常繁忙，但这背后通常意味着一种混乱。当人们被告知如何达到一个目标，但没有被赋予具体或明确的角色时，就会导致相互指责、相互推诿。

领导者的工作是确保团队成员对他们在某个项目中的角色和责任非常明确。当人们了解他们的权限，并能够独立完成他们的大部分职责时，协作就会变得更加有效。

在彻底改变现有的角色和职责之前，先进行分析，找出在执行上述角色时存在的差距、困难和分歧。要做到这一点，团队需要将核心目标澄清，看看当前的角色和工作，是否有助于实现这些目标。

重新定义角色和职责的参考建议包括：

集思广益。为团队找个时间和地点，集思广益，共同讨论他们在特定工作领域中扮演的所有角色。列出需要发展以实现目标的其他角色和职责列表。在进行此练习时，请务必牢记组织的“目标”。

共同映射角色和职责。一个志愿者应该承担组织这些角色的工作，消除双重角色，并调整用于定义角色的语言。角色需要按照对团队有意义的部分进行分类，并明确所涉及的关键活动。

只选取三个关键任务。一旦映射了所有角色，就应该定义每个角色背后的目标，以便团队成员能够真正掌握特定角色所涉及的内容。通过为每个角色提出三个关键任务来做到这一点。否则，它会变成一个庞大而无法读懂的文件。因此，重要的是坚持什么才是必要的，并尽可能简要地解释每项任务。

让每个人都参与进来。一旦人们有机会单独表明他们要承担的角色并从他们的角度来描述，团队应该花点时间确定每个角色，对齐所有要素，每个人都需要就谁应该负责某个角色以及谁应该提供支持达成一致。

确保转换角色的安全。为人们创造一个安全的空间，以此为契机重新分配角色。这不仅可以寻求额外的角色和支持性责任，而且还可以说出他们对担任某个角色感到不自在和他们想切换到别的角色的原因。

建立可以动态调整的文档。每当角色发生变化或有人改变其角色时，都应重新回顾此文档，以便为每个人保持动态更新。

何时（不）使用它。我们建议在角色出现紧缺时重新审视角色和责任文件。也就是要及时重新审视这一变化的角色。总体来说，我们建议每 3 ～ 6 个月进行一次审视，以验证和重新定义整个团队已达成的共识。

3. 向外部利益相关者开放财务信息

世界各地的公司都希望降低成本，提高产品质量，并在竞争对手之前提出下一个改进流程和产品的最佳创意。但这不是企业可以独自完成的旅程。相反，这使企业越来越依赖外部利益相关者，尤其是他们的供应商。

为了在当今快节奏的市场中生存，企业需要与其供应商、客户和整个社会建立长期密切的合作伙伴关系。只有这样，他们才能与合作伙伴一起不断学习、改进和繁荣。但传统组织，由于缺乏信任，公司总是与外部利益相关者保持一定距离。

商业世界充满了兼并、外包、新的商业模式、COVID-19 和全球化等不确定的局面，这使得人们有必要升级思维。当公司专注于与外部利益相关者建立信任氛围时，可以带来一些非凡的结果，为所有相关方创造双赢的局面。

但是，如何建立信任，尤其是在经常不信任的关系中？

答案非常简单：长期关系、一定程度的透明度、一些谈判和足够的同理心。我们可以向值得信赖的外部利益相关者公开账簿和财务数据，以透明和健康的方式进行谈判，帮助企业达成共识并取得更大的胜利。

信任总是会带来更多的信任，这是超越公司透明度计划的基础。但是，在实现这种透明度之前，需要采取考虑长远的深思熟虑的行动。与其关注短期财务业绩，公司更需要专注于与外部利益相关者建立长期关系，以确保客户价值、供应商可行性以及他们工作的资源和社区的可持续性。当这样做时，他们创建了一个共享价值系统，帮助与合作伙伴一起繁荣发展——无论是在危机时期，还是繁荣时期。

向外部利益相关者开放财务信息的参考建议包括：

确保拥有一个值得信赖的成熟内部环境。在公司开始与外部利益相关者建立信任和透明度之前，需要确保内部有足够的信任。只有当组织内有绝对的信任和透明度，并不断努力维持它时，公司才能达到向外部利益相关者开放财务信息所需的成熟度。

专注于建立长期关系。很多时候，公司会采取一种非常狭隘的短期方法来建立业务关系，从而破坏自己的未来。一家公司的可持续性在很大程度上取决于其将长期关系置于金钱收益之上的能力。因此，需要与所有利益相关者（内部和外部）建立信任，保持长期关注。

只向你完全信任的人敞开心扉。虽然在每段关系中培养信任很重要，但在商业信任的世界里，不能一概而论。信任，需要通过多次实践并在很长一段时间内获得。因此，当一家公司考虑向外部利益相关者（如供应商或客户）公开其账簿和财务数据时，需要谨慎行事。但是，如果处理得当，这种透明度确实可以改变谈判过程，帮助企业更好地与供应商和客户合作，并以同理心达成共识。

以开放的态度促进积极谈判。通常，参与商务谈判的双方都倾向于以某种程度的不信任来对待这个过程。那是因为任何一方都没有真正了解对方的情况。而且，由于信息不透明，他们往往认为对方会大赚一笔，并且他们正在加大压力只是为了增加利润。当与对方分享你的数字并向他们展示利润率不是 30% 而是仅仅 3% 时，这会改变谈判的性质，促进了一个更容易和更良性的调解过程。与值得信赖的外部利益相关者共享此类信息，有助于建立非常透明的讨论，并达成可持续的合作伙伴关系。

探索可以互相帮助的方式。很多时候，由于缺乏信任，公司和他们的供应商无法达成共识，最终失去了本可以使他们双方受益的合同。如果你与一个供应商长期合作，并与他们享有一定程度的信任，请尝试对他们完全透明。基于你们一起合作的实际情况，与他们分享你的数字（特定于该交易）并共同探索各种可能性。例如，你可以要求供应商降低特定原材料的价格，或者为你提供修改后的付款方式，允许你付款延迟几个月等。集思广益，制定一项有助于你完成合同的策略。毕竟，如果获得合同，供应商也将受益。所以这对每个人来说都是一个双赢的局面。

请记住，信任是双向的。当你翻开账簿，向利益相关者展示你的利润情况，他们会回报你的信任。他们可以拿出自己的计划来帮助你了解他们的局限性，所有这些信息都可以帮助你们更快地达成共识。话虽如此，但也可能相反——特别是，如果谈判桌的另一端有新面孔。与外部利益相关者分享数字和利润在商业中是一种非常罕见的做法，遇到一些不信任是很自然的——尤其是在经济繁荣时期。因为，在危机时刻保持开放和透明更容易，但即使在业务良好的情况下，保持透明度也需要完整性和一致性。

4. 开放式参访交流

作为专业教育一部分的体验式学习已经变得非常普遍——就像通过第一手经验学习的语言沉浸式课程一样。个人相互交流和实践经验分享，加上穿插其中的学术式讲座，现在是企业高管进行学习考察的重要形式。

现在的企业不再等待被推荐，而是创建自己的社会影响力计划，与其他企业和大学合作，开展企业文化交流。邀请人们到你的企业参访、学习、交流，是提升公司品牌和吸引合适人才的绝佳营销机会。通过促进个人交流，也有机会向参访者学习。

开放公司的原因有很多，但并不是每家公司都能像谷歌一样——能够炫耀睡眠舱和排球场。对于大多数公司而言，与其专注于酷炫的办公环境，不如专注于公司开展业务的方式，这是一种增强影响力并证明你是所在领域的领导者的好机会。

当你向客户和合作伙伴开放时，还可以建立关系。为了获得更好的雇主品牌，请开放访客资源库，因为他们很可能会回来为你工作。开放也是提高员工士气和工作自豪感的好方法——因为当外部人员访问他们的工作场所并欣赏他们的工作方式时，他们的归属感会大大提高。最后，这是公司回馈社会的低成本方式。

一些很好的例子，包括华为、阿里巴巴、字节跳动、腾讯、海尔等公司，它们以不同的文化、管理模式及其办公环境等为特色，为世界各地的企业提供独特的工作文化参访交流。

开放式参访交流的参考建议包括：

开发不同类型的参访。如果是二十人的大团体，可以考虑制定更有条理的学术议程，包括讲座和演示，然后是问答环节。如果是一个较小的团体，比如大约十人，可以选择进行更深入的会议，包括参观、展示一些在现场工作的真实实践以及与员工互动的机会。

展示员工。员工无疑是公司的关键资产，让他们参与参访是一种将欣赏融入文化的简单方法。通过讨论、现场访问、访谈和围绕办公室和工厂的演示进行混合互动会议，可以实时展示组织模型。

使其成为一个企业社会责任项目（corporate social responsibility，CSR）。在塞氏企业，这些参访是完全免费的，因为他们有兴趣让人们更加了解一种在当时非常具有破坏性的不同工作模式。塞氏参访背后的理念是分享，他们甚至愿意与竞争对手分享他们的方式。简而言之，它被创建为一个任何人都可以参与的完全开放的项目。当然，根据公司情况，也可以选择将其作为一个学习考察项目并收取费用。

5. 让客户参与产品开发

让客户参与产品开发的概念并不新鲜。1930 年代作为产品管理战略的一部分在宝洁公司率先推出，惠普公司成功实施了该战略，并在 1943 年至 1993 年间实现了前所未有的年均 20% 的增长。

随着消费者受教育程度的提高以及技术的日益发展，以至于今天，在没有经过用户和客户测试的情况下发布产品是不可想象的。

然而，仍有许多企业害怕与客户互动。产品研发是一个持续迭代的过程，客户洞察可以节省宝贵的资源。但是选择与客户互动需要转变思维方式，企业应该自我教育，尤其是在他们担心影响保密性的情况下。

客户参与得越早，产品失败的风险就越小。尽早寻求客户反馈可确保产品满足他们的需求。它还增加了信息的数量和种类，从而提高了开发质量。

与你的客户互动可以从客户调查这样简单的事情开始，再逐渐过渡到捕获实际数据，以便获得独立和客观的洞察力。如果在产品开发过程中忽视客户，你可能会错过能改变你的产品的宝贵意见和见解。让客户参与，最终是要找到更适合他们的解决方案，同时有效地利用营销预算。

对你最不满意的客户，是你最大的学习来源。让客户成为你的产品开发过程的一部分，以收集可以改进产品的行为洞察力。

让客户参与产品开发的参考建议包括：

让合适的利益相关者参与进来。确保将遇到的所有接触点都与客户进行沟通。例如，产品开发团队可能对客户如何与其产品互动感兴趣，而营销团队可能对客户对其数字广告的反应感兴趣。

收集行为数据。虽然客户调研一开始很重要，但它们并不总是反映实际的客户行为。你可以在其中观察它们在与产品直接交付互动时的行为。这些观察结果可能是可信的，因为它们不受客户何时回答问题的影响；或者，他们当时的心态是什么；或者，他们在回答你的问题时有多分心。

规划如何收集客户数据。客户仍然是客户，重要的是尊重他们的时间，并确保你从互动中获得最大价值。为了避免肤浅的反馈，重要的是要清楚自己想要什么，以便获得改进产品所需的洞察力。

6. 按下会议暂停键

想象一下：现在是下午 3 点，房间里的每个人都从下午 1 点开始参会。议程很满，问题很敏感。每个人都情绪激动，指责开始蔓延，谈话的节奏越来越快。声音越来越大，每个人都开始因为压力而感到不舒服。

通常，这是需要有人在继续会议之前主动打消攻击性情绪并使房间平静下来的时候。如果有权威人士介入，那么继续前进就会变得更容易。但依靠某一个人来管理这不是一个长期的解决方案。

相反，暂停一下怎么样？虽然感觉有违直觉，但暂停是让会议保持正轨的好方法。适当休息有助于将每个人的注意力从房间里的紧张局势中转移开，并再次专注于建设性的讨论。

秘诀在于制造干扰，最好使用舒缓的声音，将每个人的注意力从激烈的讨论中转移开。当你感觉到参与者不参与时，这也是一个有用的技巧。一旦吸引了所有人的注意力，最好先休息一下，然后再继续开会。

虽然可以分配一个人来强制执行此休息时间，我更推荐让每个人都可以使用此方法停止会议。通过这样做，任何人都可以转移会议的能量，让每个人都有时间后退一步并集中注意力。如荷兰医疗保健公司博组客，他们在董事会会议上的做法之一是为每个人配备一个铃铛。如果紧张局势加剧或讨论变得过于激进，会议中的任何人都可以敲响警钟。当铃声响起时，每个人都应该安静下来，静默一分钟。一分钟的沉默结束后，最后主持讨论的人恢复对话。这一行动让每个人都恢复了当下的感觉，并使他们能够专注于手头的实际问题。

这是一种简单的技术，可确保每个人都在场。会议并不总是有利于参与，因为并非每个人都时刻参与当前正在讨论的主题。某些会议将需要讨论敏感问题，这些问题会使相关人员情绪激动并导致他们作出激烈反应。由于情绪往往会随着更激烈的讨论而升级，这种会议技巧可以让任何人打破紧张的气氛。它让人们有时间以一种不尴尬的方式让自己冷静下来，并恢复正常讨论。

按下会议暂停键的参考建议包括：

让每个人都参与进来。确保每个人都了解在会议中暂停的原因很重要。确保准确提出想法，利益相关者可以讨论并就是否实施此过程达成一致。

创建流程。一旦达成一致，最好对一些常见场景进行头脑风暴和计划，以便实施后会议能顺利进行。一开始就详细说明，如所有人何时可以要求暂停；他们应该如何启动暂停；应该休息多长时间；会议应在暂停后恢复的时间。例如，如果人们大喊大叫或指指点点，或者如果讨论在圈子里进行，有人可以要求休息一下。暂停可以是一分钟的沉默或深呼吸。

赋予每个人权力。总体思路是让所有会议参与者都能够要求暂停。任何人都可以感受到房间里的紧张气氛——即使只有一两个人有这种感觉。如果有人经常中断会议，可以向他们提供反馈，或者可以完善有关实践的指导方针。

进行测试和定期审查。这是一种不寻常的会议做法，尤其是在传统公司中。分阶段引入这个概念是一个好主意，这样大型会议也可以使用这种做法。最初，当人们仍然习惯这个想法时，可能会出现误报，人们可能会很快暂停会议。通过测试，可以轻松开始。一旦每个人都习惯了节奏，就可以在一段时间后回顾这个过程，比如每三个月一次。

团队自管理

自管理之道

信任和共识，是放权给团队，让团队自主管理的前提和基础；而自管理又能反哺、增进信任，促成更多共识的达成。

自驱型组织运行的核心方法，是团队“自管理”。

当然，“自管理”不等于没有管理。

事实上，即使是在传统组织中，每位员工也或多或少拥有一定程度的自主行动和自主决策的空间。在自驱型组织中，通过沟通和讨论，通过循序渐进的“放权”，“自管理”的空间会不断扩大。

老子在《道德经》中所提到的“无为而治”，并非什么也不做，而是不过多地干预，充分发挥万民的创造力，做到自我实现，走向崇高与辉煌。“无为”不是无所作为，而是不妄作为。因为不违背客观规律，遵循客观规律而为，所以无所不为，就是什么都可以做，只要你遵循“道”，遵循客观规律。

传统的管理，领导注重于控制下属的行为，而自管理的领导角色则强调通过引导人的思想来影响行动。领导不再依靠权威，而是靠影响力。

自管理顺应了新生代职场人士受尊重、自我实现这种高层次的心理需求，它充分尊重员工，引导、帮助员工将企业总体目标转化为实现自我价值的追求。

要做到团队“自管理”，首先需要管理层的“放权”。

“放权”与“授权”是不一样的。放权的重要标志是，一旦权力作了分配，分配者就不再拥有这个权力。而当权力可以收回的时候，则是授权而不是真正的放权。

对于任何组织而言，保持诸事均在掌控之下很重要。然而，我们经常控制过度：限制员工做事的空间和责任担当——这往往会产生与预期相反的结果。

现代管理咨询之父、麦肯锡创始人马文·鲍尔（Marvin Bower）认为，企业内部等级森严的权力控制体系是创新和活力的最大敌人。在金字塔结构的科层制管理模式下，肥胖臃肿、效率低下的“大企业病”中，最大的病灶之一就是“官僚作风”。

科层制的组织模式给顶端的管理者制造了一种幻觉——他们以为自己能控制员工和公司业绩。这些本无必要的管控体系是为了防止一小部分员工给公司的利益造成损失，但却让大部分无辜的员工感到不被信任，由此大大降低了组织的创新活力和面对市场变化的敏捷性。

在信任的企业文化氛围之中，通过组织重启来建立自驱型组织的一个必需动作，就是消除科层制下的官僚体制，充分放权，同时确保不失控。

1999 年华为创始人任正非放弃了董事长之职，从此再也没有担任华为最高领导职务。华为 2013 年开始实行轮值 CEO 制度、2017 年开始实行轮值董事长制度时，任正非都不在候选人之列，他只是一名普通董事。创立华为之后，任正非一直在下放权力。任正非说：“我从一个甩手掌柜，变成了一个（企业）文化教员。”

海尔集团董事局主席、首席执行官张瑞敏也曾谈道：“有很多企业来海尔学习，看了‘人单合一’之后都说挺好，但是学不了。我和他们交流为什么学不了？我发现很多领导放不了权。‘人单合一’要求领导把决策权、用人权、薪酬权都下放。但这样一来，有些领导就认为，没有这些权力，怎么去管理控制员工？但是我们反问，员工为什么要听领导的？我们要听用户的声音。所以，在我们看来，管理不是控制下属，而是给下属权力。‘人单合一’不是下放三权，而是回归三权，权力应该是员工的，只是被领导拿去了而已。”

全球人均产值最高的游戏公司 Supercell 的 CEO 埃卡·潘纳宁曾在博客中调侃自己或许是“业内权力最弱的首席执行官”。因为“Supercell 那些令人惊讶的事发生时，其推动或决策往往与他这位 CEO 无关，他甚至是最后一个听说的人”。不过，这位 CEO 对此欣慰且骄傲：“这正是我所希冀的 Supercell 运作方式：团队包揽了所有的决定，而我什么也不用做。”

当然，“自管理”在具体做法上，并不建议企业家们一夜之间取消所有的管控，这样只会带来混乱。我们提倡通过适度放权与适度管控，以及边界设定来保证安全。管控企业并不意味着控制员工。如果我们可以探索替代性的管控举措，采取最轻量化的流程，给予员工更多自主权的同时增加组织活力，何乐而不为呢？

从领导 / 经理个人决策转变为团队决策，整个过程并非易事。从未接触过“独立决策”的团队需要花费大量时间来制定出每个人都认可的决策，或者需要每位团队成员都能够就不同问题发表个人观点和意见。

自管理团队通常由人数不超过十人的小团队组成，成员自行决定达成的结果并对其负全责。换句话说，原本由经理负责的事情将赋予到每位团队成员身上。

当团队快速成长或经历逆境时，需要团队成员间紧密配合，小步快走地不断作出调整。但只有当每位团队成员都明确每个角色的职责时，才能为紧密配合、不断调整创造可能。想要实现管理与责任的同步下放，团队成员能够互相信任是至关重要的。在对彼此的优势和才能充分了解的前提下，设定息息相关的目标，并为实现这些目标共同负责。

从“集权”到“放权”，是一次可喜的改进，但还不够。打造自驱型组织，必须更进一步，用责任取代权力，用团队“自管理”取代传统层级制“管理”，员工和管理者从雇佣关系转型成为真正的合作伙伴关系。最好的人才，只需要引导、教导、领导，而不需要被管理、被雇佣。

自管理将决策权尽可能向组织下层移动，让最下层单元拥有充分的自主权，并做到责权利的有机统一。自管理为每一位员工都提供一个参与管理的渠道，它强调自律，主要依托员工的自驱性来提高责任感，使他们从内心发出“我要干”“我要干好”的愿望并以此指导自己的行为。企业不需要人为地控制，不是管理者催着才去工作，而是通过激发员工思想热情转化为工作热情，让员工积极主动地工作。

自管理符合亚伯拉罕·马斯洛（Abraham H. Maslow）提出的人

类五大需要（生理、安全、归属和爱、自尊、自我实现）中的最高需要：自我实现需要。

自管理将决策权分配给团队，为探索企业家精神创造了更多可能，关键在于：

——打破官僚体制，给予员工自主空间，让每个人都参与到日常决策中，同时确保公司不失控。

——承诺文化，可以在自管理中激发团队成员的主人翁精神，形成积极向上的团队氛围。

——同伴的力量是一种有效的监督和培养机制，以支持团队管理和人才发展。

落地自管理的三支柱

基于自管理之道，我们归纳了自管理落地的成功公式（自管理三支柱），如图 4-3 所示。

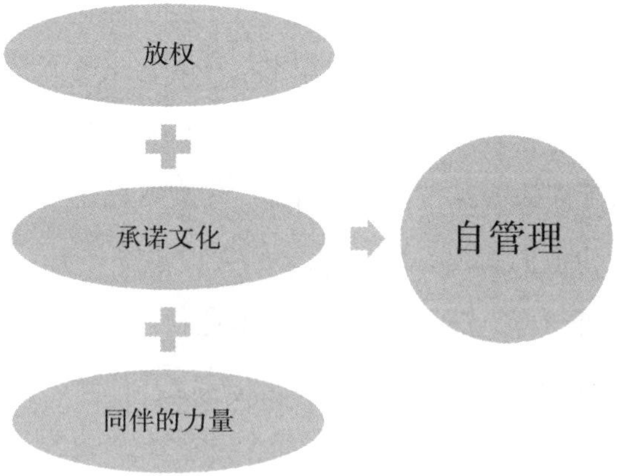

图 4-3 自管理三支柱

自管理 = 放权 + 承诺文化 + 同伴的力量 ①

1. 放权

让每个人都参与公司管控，比只让公司 CEO 进行管控的效果更好。但是，若每个人都参与管控，很可能最后会没有一个人真正愿意负责。

放权的第一个关键，是给予员工自主空间。

自主空间，主要体现为员工是否能决定他们在哪里、什么时候、如何以及和谁一起完成工作。自主空间的关键，是在工作确保能按时保质完成的前提下，让员工按自己喜欢的方式来完成他的工作。所以，首先需要明确工作目标，员工必须要知道自己应该给公司和团队交付什么样的结果。以此为基础，员工通过自主安排工作时间、工作地点、工作内容等，确保家庭、个人生活能优先于工作。

放权的第二个关键，在于了解清楚哪些责任是员工有能力并且有意愿承担的。

我们建议最开始从小团队层面推进，按需轮流领导，让团队成员领导他们最感兴趣和最有热情的项目。为了让每个团队都能负起一部分责任，在明确责任的时候一定要非常清晰。管理者应该退居幕后，只在有需求的时候才参与进来。

放权的第三个关键，是打破传统组织的官僚体制。

官僚体制降低效率，增加成本，瓦解斗志，是效率与创新的

---

① “自管理三支柱”理论框架来源于对塞氏中国研究院“组织力发展专家”版权认证培训课件中“放权”和“自管理”两大原则的再思考。

最大敌人之一。消除官僚机制的前提，是要树立信任与共识两大核心价值观，打造平等沟通的企业文化。同时，要精简管理层次、压缩职能机构，在组织设计与员工放权上，做到以客户为中心；员工的观点、能力和资源可以自由流动，流向最需要之处。层级体制下的管控，盲目地要求员工遵循规则和流程，往往使团队忽视了制定这些规则和程序的初衷。在这种情况下，规则和程序，与设立它们的本来目的相比，经常会喧宾夺主。我们需要重新去审核企业里那些没有必要的规则，废除那些没有必要的流程，将规则数量降到最低，运用常识取消那些用来控制而非提高组织活力的规则，提质升效，从而让员工集中精力完成真正重要的工作。

当你提议将权力下放时，应该预见到有些员工对这个变更会抱有抵触和忧虑的态度。员工可能会担心中层管理人员缺乏制定正确决策、公平行事和优雅地处理困难对话的能力。然而，要记住，人们通常会在觉得信任时进行交流。因此，鼓励就控制和决策进行公开对话；留给经理人足够的时间进行决策，培养所需的成熟度。

放权的第四个关键，还需要建立自管理的边界、框架，包括组织的战略方向、团队的工作目标、结果、质量、行为红线等，通过这些边界，确保放权的同时，公司不失控。

在《这是你的船》[①] 中，迈克尔·阿伯拉肖夫将“安全放权”解释得淋漓尽致：“当一项决策可能会伤害甚至杀害一个人、浪费纳

---

① ［美］迈克尔·阿伯拉肖夫著，刘祥亚译．这是你的船［M］．北京：机械工业出版社，2021.

税人的钱或是对军舰造成损害的时候，我就必须亲自过问。除此之外，在自己的工作领域之内，水兵可以根据情况自己作出决策。”

2. 承诺文化

在自管理的团队中，必须创建承诺文化，实现自由与责任的平衡。

为了创建承诺文化，每个团队成员都要设定与自己相关且能达成的目标，这一点至关重要。

在传统层级制组织中，通常采用自上而下的方式分解、下达目标，可能会产生无法预料的负面后果。例如员工认为自己对实现这些目标没有承诺——这也许是因为他们认为目标是被公司强加的，或者是无法实现的，或者发现这些目标很难与自己联系起来，尤其是宽泛的、全组织内的目标。

但是，当公司更改目标设定过程，采用自下而上的方法时，情形会不一样。公司开始将员工视为真正的人并与他们建立个人联系。让团队成员参与目标设定过程，可以提升他们的参与感、积极性和敬业度。当人们设定自己的目标时，他们会越来越有动力去实现这些目标。当实现设定的目标并继续做更多的事情时，他们会感到自豪。他们可以看到自己的工作如何影响公司的成功和健康。

研究表明，人们认为工作很有趣时，他们更有可能实现自己的目标。当员工被允许参与目标设定过程时，他们更倾向于将整个工作视为“令人愉快的”。

当然，这并不意味着员工可以设定自己喜欢的任何目标：相反，这是与管理层的对话，旨在达成有关目标和指标的共识。这是一场围绕全年目标的持续、建设性的对话。

人们为自己设定的目标不能是抽象的或模糊的，相反，它们需要是特定的、可测量的、可实现的、切合实际的和有时间限制的。领导对话的管理人员需要确保团队设定具体目标，这些目标可以在年内衡量和实现。也就是说，经理和团队成员需要在现实的目标之间取得平衡，同时具有挑战性。

要使目标设定对话成功，每个人都必须以开放的胸怀和诚信参加会议。员工设定的目标不仅应该可以衡量，而且应该能明显增强公司的实力——无论是在总体节省、增加利润还是扩大市场份额方面。当团队成员设定有利于公司的目标时，他们会自动获得更好的回报。因此，需要鼓励他们挑战自我，经理们要确保门槛不要太低。必须以平衡、开放和安全的意识共同制定目标。

对话过程中设定的目标不能一成不变，因为外在力量可能会转移并且使目标变得不切实际甚至完全不相关。在必要时需要重新协商目标，以便公司集体适应和应对不断变化的外在力量的挑战。通常，处于危机中的公司员工会更加关注工作的安全性或是否会获得奖金。但是，当员工设定自己的目标并在工作与公司成功之间建立联系时，他们将更愿意建设性地利用自己的精力，并在危急时刻帮助公司生存发展。

让团队成员提出自己的目标和衡量指标，并花时间将其细化为对团队和公司最有利的目标。当你参与对话过程，而不急于完成目标设定时，你会发现员工设定的目标远比管理层建议的目标雄心勃勃。

团队成员需要彼此依靠，相互协作，达成目标。如果做到了以上两点，我们可以创建一个激励体系，用激励体系来鼓励员工更高效地工作，用良性的同侪压力来优化流程和资源。设立了以结果为导向的激励体系后，只要能够说明薪酬的合理性，团队就可以自定薪酬了。

当公司选择帮助员工使其自身利益与公司利益保持一致时，当经理定期跟进团队成员并帮助他们实现为自己设定的目标时，当领导层为实现这些目标而认可和奖励员工时，会使员工感到自己与公司的成功息息相关，为所有参与者创造双赢的局面。

3. 同伴的力量

提供金钱奖励以改善员工绩效的做法已经存在了很长时间。虽然绩效有了改善，但这种做法在带来持久的行为改变方面一直没有效果。人们确实努力实现既定目标，以期获得奖励，但是一旦获得奖励，他们就会趋向于回到旧习惯。

在《哈佛商业评论》上公布的一项研究中，苏珊娜·加拉尼（Susanna Gallani）研究了金钱激励、同伴影响力和长期变化之间的关系，发现同伴影响力比金钱激励更能推动长期变化。

因此，尽管人们在不同程度上受到金钱奖励的激励，但正是同伴影响力帮助他们维持了新的工作方式。与团体健身班的动态非常类似，具有同伴影响力的工作团队往往能在减少管理的情况下取得更大的成就。他们学习如何优化资源以提高效率；他们互相鼓励，坚持下去。这比个人为实现金钱奖励而努力更有效率、更具有可持续性。

自管理始于责任承诺，需要有与之相伴的文化保驾：人们互相设定绩效目标并且在结果达成上彼此都保持对对方的严格要求，并相互支持。

团队成员应该对彼此的工作职责、目标和贡献有清晰的了解，并对彼此的工作结果和行为负责。充分发挥团队成员的全部才能对于自管理来说非常重要。为了实现这个目标，团队成员必须感觉到他们有足够的空间去发掘自己的才能，并能在相关领域从事相应的工作。此外，团队成员需要意识到彼此的才能、兴趣和不足。这样一来，团队就可以根据成员的不同特质分配不同的工作任务，并决定什么时候让他们来负责这些任务。

使所有工作可视化，让团队成员分享彼此在做什么、各自的需求是什么、各自的项目进展如何以及执行工作时面临的困难和挣扎是什么。在自我管理的团队中，这可以构成每日会议或每周冲刺的团队节奏的一部分。

此外，大多数组织都非常缺乏关怀和关爱。人们如此专注于工作效率、项目交付以及业务方面，以至于我们忘记了工作中的人性方面。如果不弄清楚如何真正优先考虑我们的工作关系，这会导致一个非常压抑的环境。把持续进行员工关怀的权力和责任，分配给整个组织，而不只是集中在人力资源部门或少数高管。当员工知道自己在遇到问题时会得到同事的全力支持，这会给整个组织的士气带来好处。这种方法创造了一种非常互助、轻松和积极的工作环境，在这种环境下，感到动力不足的情况变得非常罕见。

团队成员之间彼此关心，彼此协作，彼此学习——深厚的伙伴关系可以化解冲突。当人们对以透明和非政治方式解决问题更有信心时，它会加强团队之间的关系，化解冲突，提高整体情商，从而创造一个更加可持续和支持性的环境。

自管理的六个关键工具

我们梳理了自管理落地的以下六个关键工具[①]：人人都是领导者；建立规范、边界和运用常识；从绩效范式转变开始；知识共享；极简规章制度；高绩效远程工作。

1. 人人都是领导者

想象一下在团队会议上，经理正在与队友讨论一系列问题。通常，经理会提出问题，团队成员也会分享一些详细问题。然后，注意力又重新回到经理身上：他不仅决定如何解决问题，而且还指派谁应该做什么。这种传统的管理可能会提供公司所需的可靠性，但是它掩盖了适应性和创新性的需求。

现在，想象一下同一个会议，只不过有一个基本的变化：经理愿意离开他们的座席，让讨论自然地识别出最热衷于解决问题的人。

这样的系统可以帮助人们，无论其职级如何，都能够展示领导力和个人能力。当团队资源由最了解问题的人而不是拥有更大头衔或更长工龄的人领导时，它使问题得到迅速解决。换句话说，从实习生到高级员工的任何人都可以在他们热衷于解决的任何问题上担

① 节选自塞氏中国研究院“组织力发展专家”的版权认证培训课件。

当领导角色。

让团队成员牵头负责他们最热衷的项目——当公司鼓励情境领导时，它们为新领导者的有机崛起创造了空间。团队表现更加敏捷，员工敬业度和积极性全面提高。这也是管理者轻松进入辅导 / 促进角色的好方法，他们从一旁提供支持。它帮助员工获得对领导团队工作能力的信心，它造就了一波新的管理者和领导者，他们将来会知道如何识别和培养团队中的领导者。

情境领导的参考建议包括：

取消阻碍自发领导的流程。检查你的工作流程，并取消任何阻止人们起带头作用的不必要流程。如果人们知道没有太多前置流程，那么他们更有可能担任领导角色。这样使具有相关知识的人更容易自主管理，并在必要时对问题负责。因此，应该由员工选择自己有信心解决的问题，而不是自上而下的工作委派。

抓住一切机会确定领导者。在任何形式的会议中，包括正式或非正式的会议，管理人员都应注意哪个员工对哪个项目 / 问题表现出真正的兴趣。能够起带头作用的人通常是那些对解决特定问题具有知识和主动性的人。管理者应邀请那些提出很多相关想法和解决方案的人员来领导团队。经理还必须相信，这个人有能力和信心在那种情况下起带头作用。

分享领导的机会。如果两个或两个以上的人有资格在项目中担任领导角色，则他们应该相互讨论并决定如何共同领导团队的其他成员。分享领导角色的其他方法包括轮流领导相关项目，或在特定时间段内担任领导职务，然后由下一个人接任。没有非黑即白的规则，但是所有信息都需要公开交流和统一。

管理者需要转变角色。许多管理者很难克制自己使用权力来影响新领导者。管理人员需要尊重新领导者的决定，而不是引导新领导者采取他们自己本应采取的行动。这是一个挑战，管理者要转变角色，放弃其管理职位提供的隐性权力。为了使按需领导者尽力而为，管理者必须尊重他们的管理才能，从而创造一个安全的空间。

管理者的反向指导角色。虽然新领导者具备领导团队参与特定项目的必要知识，但在领导人员方面，他们无法与经理的经验相匹配。犯错是这个过程不可分割的一部分，也是人们发展成为未来领导者的唯一途径。当有其他人带头时，管理者必须像团队成员一样行事，他们还必须发挥反向指导作用，以帮助最大限度地减少犯错的发生，尤其是那些可能对业务产生重大影响的错误。然而，他们也不可能指出每一个问题及其后果。这样做只会创建一个“残废”的领导者，他使用经理的指导作为“拐杖”。新管理者需要犯错误并从中吸取教训。

新管理者应在需要时寻求帮助。如果需要，新管理者必须充分利用机会，寻求进一步的知识和指导。他应该感到足够自在，可以去找他们的经理并寻求帮助。他们不应觉得自己要做所有的事，或者错误地认为公司希望他们单枪匹马解决问题。经理有责任确保新管理者对他们足够信任，可以向他们寻求建议。否则，这将是一个非常危险的情况，具有破坏性的后果。

一个由同理心推动的循环过程。当一个经理为团队中某人创造机会按需成为领导者时，他们正在培养一个未来的经理，他了解成为新领导者的含义。要建立安全并提供均衡的支持，需要新的领导者成长并自信地作出自己的决定并向他们学习，需要大量的同理心、关怀和慷慨。

2. 建立规范、边界和运用常识

每当出现日常情况时，如预订哪种类型的出差机票或酒店，员工通常会对什么可以做和什么不能做感到困惑。尽管我们理解他们会利用自己的判断力和常识来作出这些决定，但它不一定总是最好的判断。

因为常识因人而异，因此制定一些规范可以帮助公司避免任何混乱或误解。如果员工知道他们每个月只能在汽油或机票上花费2 000元，那么他们将相应地计划他们的出差。如果没有这样的规范，一些人可能会乘坐便宜的航班，而另一些人可能不会。并且，这最终将导致员工之间的分歧和不必要的紧张。

因此，在自驱型组织中，通常需要建立一套规范和边界，定义不同情况下的常识。

建立规范、边界和运用常识的参考建议包括：

明确说明。确保已清楚阐明所有已制定的规则或规范——这样可以避免以后对技术性的混淆。因为，当人们有不同的假设时，冲突就会增加。还要讨论每个规范或边界（可以做什么而不能做什么），确保在执行之前，每个人都同意这些条款。

公开讨论。公开讨论是解决冲突并确保每个人都在同一频道的一种好方法。由于人们可能会害羞或花一些时间来适应情况，因此最好定期进行关于每个规范的公开、坦诚的讨论。这样，公司可以获得更诚实、开放的意见，并且可以了解员工的不同需求。

不仅依赖常识。很容易假设可以使用常识来处理情况。例如，员工必须知道，开性别歧视的笑话是不行的。但是，常识性的问题在于它确实是主观的，每个人对于在给定情况下的常识是什么都有不同的看法，这取决于他们不同的背景、经验等。因此，仅依赖常识会导致更多的混乱。

没有对与错。当我们谈论规范和边界时，重要的是要了解这些不是僵化的“法律”。简而言之，它们是指导方针。另外，当员工遇到问题时，重要的是要知道没有对与错。由于某些人的假设或观点而引起的误解或混乱，不能将其视为错误。这是需要解决的混乱。因此，与员工达成谅解并就规范达成灵活的协议，这将有助于在员工与管理层之间建立信任关系。

订立职场契约。职场契约解决诸如“我们如何在职场合作”之类的问题。答案将是：我们要开放、诚实、真诚、包容、尊重等。然后，当人们对基本知识有所了解时，请谈论他们如何实现这一目标以及他们乐于做些什么。讨论应该排除的行为以及在办公室不应该做的事情也很重要。

举例说明。要始终有具体的示例和情况，以使规范和边界具体化。尝试避免对解释进行非常宽泛和肤浅的描述，相反，用明确的示例深入细节。并且，当你讨论一个示例时，请确保每个人都理解并且在同一频道上。

保持一致。在规范、边界以及什么是常识上面保持一致，这一点很重要。确保一旦设定了规范或边界后，在接下来的一年中都会遵循它，但是每六个月定期进行更新或审查，这是一种健康的方法，可以知道每个人是否都在朝着正确的方向前进。

3. 从绩效范式转变开始

许多正在尝试自我管理的组织犯了彻底颠覆权力金字塔的错误。他们从一个“自上而下”的组织变成了一个“自下而上”的组织，而没有给团队任何时间来熟悉自我管理的新模式。这些团队中的人习惯于每当遇到障碍时就求助于经理，现在，突然之间，公司期望他们自己克服这些障碍。此外，他们现在需要能够自行确定自己的表现是否良好。很多时候，这是一个困难的讨论，需要大量的信息。

因此，完全颠覆组织秩序（从“自上而下”到“自下而上”）对于团队来说可能是相当令人生畏和令人困惑的。对于这样的团队而言，要先做好两件事：逐渐减少来自管理层的指导以及明确如何评估绩效。换句话说，管理层将确定评估团队绩效的标准，是由管理层制定，还是由团队自己决定，以一种更加混合的方式，管理层和团队成员都有发言权?

当团队成员明确目标与绩效评估形式时，他们更容易专注于创新和适应变化，因为他们现在有了心理上的安全感。而且，随着时间的推移，他们可以成长为完全自我管理的团队，由他们共同决定要遵循的正确路线以及验证其绩效的最佳方式。

从绩效范式转变开始，帮助传统团队逐步地转变为敏捷、自我管理的团队，而管理层则逐渐“退后”。

转变绩效范式的参考建议包括：

退后一步，重新评估变革的节奏。让团队逐步迈向自管理，努力促进团队了解如何应对责任的转变，以及如何评估（为自己和他人）他们的表现。如果变化太快，团队可能无法跟上节奏。

了解成熟自管理团队的素质。团队成员应该对他们在组织中所扮演的角色有深刻的了解，并对最终实现或超越的目标拥有所有权。他们的雄心壮志始终基于什么是可行的，什么是不可行的现实，团队有一个建立问责制的既定反馈循环。一支成熟的自我管理团队很清楚他们的角色和职责。

帮助团队探索如何转变范式。团队成熟到自管理所花费的时间取决于几个因素，如团队的成熟程度、团队在规模和目标方面的复杂性，以及存在的企业环境。因此，问题在于如何使范式转变为完全管理自己——领导者能够将职责移交给团队，并帮助他们认识到自己表现良好的迹象。是否要采取自下而上的方法，将顺序完全颠倒，由团队设定目标和绩效指标？管理层会否以自上而下的方式促进某些边界的设置，但由团队来决定他们想要如何行动并评估其绩效呢？讨论会双向进行吗？

确定转变的初始时间表。更好的方法是让团队确定时间范围，如管理层为他们确定前 3～6 个月的目标。或者，他们在相似的时间范围内与管理层进行双向对话。

团队和管理的心理安全。当一家公司决定转向更加敏捷的工作方式时，对于团队和管理层来说，肯定会遇到一些麻烦。因为团队往往会感到困惑或准备不足，这直接影响到管理层实现目标的能力。因此，明确如何评估绩效并简化自我管理的过程，对于提高员工和领导者之间的心理安全水平至关重要。

KPI 需要集中在真正重要的事情上。无论是由管理层来决定什么是良好的绩效，还是就此与团队进行对话，重要的是要使绩效指标的数量保持低水平。KPI 需要集中在真正重要的事情上，如客户满意度、销售和质量。因此，应根据相关数字（销售额，收入）、客户体验和质量来评估和验证团队的绩效。将 KPI 集中在真正重要的事情上可帮助团队在表现良好和滑坡时立即掌握情况。

确保总体目标明确。毫无疑问，组织及其团队的总体目标通常是更好的自我管理能力。他们需要了解对的工作方式，这些工作方式是如何推进公司的战略发展，并帮助公司实现目标和愿景的。当他们这样做时，制定与公司总体目标一致的团队目标变得更加容易。但是，如果在这方面缺乏明确性，那么团队何时表现良好就变得非常模糊和困难。

4. 知识共享

当公司的技术专家离开时，会创造出巨大的空白，公司很难立即填补这些空白，或者无法充分填补这些空白，从而引发本来可以避免的混乱局面。专家的知识不仅使他们与众不同，而且使他们难以替代。专家的离开会造成知识流失，管理层焦虑不安。

如果领导者意识到在团队成员中传播技术知识的好处，就可以轻松避免这个问题。而且，“关键”知识的使用寿命很短。很多时候，公司管理层会担心与不是“专家”的员工共享信息和技术知识，因为他们担心这样的共享会使竞争对手从中获利。

这种担忧其实是毫无必要的。因为，现实世界不会根据“泄露的”信息来运作。这样的信息很快就会过期。简而言之，如果公司的下一步行动是基于竞争对手泄露的信息，那么他们将在挖掘自己的坟墓。它们将永远落后一步，很快没人会记住它们。此外，今天几乎不可能阻止这些信息的传播，这要归功于现在任何人都可以访问的尖端技术。

与团队中的每个人共享知识，可确保在有人决定离开公司时，公司永远不会在黑暗中摸索。这样做的目的是防止技术和关键信息（或知识）集中在公司少数专家手中。当团队中的每个人都知道这些知识（尽管程度不同），在有人离职时，就会提供平衡。专家的退出不会对团队的工作造成太大的影响，因为还有其他人可以填补空缺。这还消除了专家离开公司时管理层通常会感到的焦虑。

知识共享的参考建议包括：

传播和共享技术知识。不可能在一夜之间因技术员工的离职而导致的知识流失。相反，公司需要重新考虑如何共享技术知识并防止集中。如果团队中的每个人都了解这样的技术流程和涉及的关键步骤，则可以减少有人离职时的知识损失。

鼓励整个团队加入招聘流程。阻止员工离职是不现实的，员工离职也意味着有可能新的血液会进来。当整个团队参与新人的招聘入职过程并帮助他们了解角色的不同方面时，会创建一个开放和吸引人的环境，便于新人融入其中，还会自动将现有团队成员定位为新成员的导师和教练。

除非有必要，避免过于详细的工作描述。当这是一项机械性且重复性的工作时，为了提高生产率和效率，有条理地组织所有相关信息是有意义的。但是，如果工作本质上不是机械性的或重复性的，盲目施加流程或规则会适得其反。通过在工作中学习以及与同事的互动，新人的真正融合将有机地发生。这也是为什么在团队成员之间建立良好的分享节奏非常重要的原因，这样才能使知识不会集中在少数专家的手中。

消除阻碍透明性的担忧。选择公开信息并不总是一件容易的事，可能会遇到一些深层次的阻力，尤其是来自管理层的阻力。因此，重要的是要花一些时间讨论人们对开放敏感信息的担忧。不要作出自上而下的决定，不要强加透明度。相反，应为人们创造一个安全的空间，以消除人们的疑虑，并帮助他们认识到大多数担心是多余的。而且，开放信息的实际风险非常小。

5. 极简规章制度

规章制度的初衷是为了最大限度地提高质量控制，使员工更清楚工作要求并帮助他们提高工作效率。通过创建既定的工作流程、规则和系统，让员工无需每次重新思考整个过程。但是，当规则失去常识并开始将重点放在对人的处理上时，就会变得压抑并降低团队的信任度。效率和创新的关键在于营造一种氛围，使员工像成年人一样受到对待。当规章制度将注意力从客户价值转移出去并以监控的名义创建不必要的工作时，便需要对他们提出质疑和重新界定。

1980 年，里卡多·塞姆勒从父亲手中接管 Semco 公司时，这是一家传统公司，有着非常严密复杂的规章制度。12 年后，这家公司没有了着装要求，没有了考勤制度，也没有内部部门检查员工是否遵守规定，但公司却经营得非常成功。这是怎么做到的？里卡多·塞姆勒所做的主要工作之一就是取消愚蠢的规则和流程：这些规则和流程是几年前在特定环境下为特定目的而创建的。里卡多的想法是简化和最小化规则和流程，以便仅保留对客户服务价值有益的重要规则[①]。

放权的核心要素是帮助领导者减少控制。当信任他人并将其视为成年人时，你会发现不再需要控制他们，因为他们知道自己需要做什么。它还孕育了信任，这是公司的最佳生产力工具。

审核规章制度并制定常识性框架，取消那些着眼于控制而不是澄清的规则；提高效率，最大限度地提高质量。参考建议包括：

让利益相关者参与进来。在简化流程和提高工作效率之前，让利益相关者参与进来非常重要。组织一次简报会，向受现有规则和控制系统影响的所有利益相关方解释变更的背景。例如，如果你正在考虑重新修订影响团队活力的规则，则请所有团队成员参与。同样，如果这是影响整个公司的规则，请在讨论中包括所有相关部门的代表。听取各种不同的观点，制定一个全面、客观的规则和制度新框架。

识别需要取消的规则。是时候确定阻碍你前进的规则了。通过会议了解主要的痛点、容易转移工作注意力的规则以及为工作流程添加更多无意义步骤的控制系统。鼓励员工匿名或实名表达自己的想法和建议，对此类规则进行集体“头脑风暴”。你可以使用手

---

① ［巴西］里卡多·塞姆勒著，师冬平、欧阳韬译．塞氏企业：设计未来组织新模式［M］．杭州：浙江人民出版社，2016.

边的任何便利工具——活动挂图或笔和纸，也可以通过映射横竖轴（紧迫性与重要性）来组织对话。然后，请他们在便签上写下他们认为需要挑战的规则，根据两个参数（紧迫性和重要性）将其粘贴到图表上。

决定如何重新构建规则。在根据紧迫性和重要性确定需要挑战的规则后，就如何重新构建这些规则提出具体想法。是否有关于如何缩小甚至消灭这些规则的负面影响的想法？是否有简化这些规则和流程的具体建议？是否有方法为利益相关者带来更大的灵活性及增加价值？

制定行动计划。为了将所有建议转化为行动，请回答以下问题："谁应该在什么时候做什么？"鼓励人们承担重写不同规则的责任；了解他们将如何做；检查他们是否需要额外的资源并与其他利益相关者保持一致；最后，确定何时审查新规则并付诸实施的最后期限。明确回答所有这些问题将建立更大的责任感，并帮助每个人理解推翻古老的规则和控制系统的意义。

深入讨论变革的影响。与行动计划紧密结合，需要应对变革的后果。预期诸如"人们是否需要接受新的做事方式的培训？""我们如何将变化传达给公司或团队？""实施这些变更的潜在挑战是什么？"等关键问题。这些问题的答案将帮助你更好地为所涉及的变化做好准备，并尽可能地使过渡平稳。

进行复盘。大多数传统公司不会停下来思考规则和流程的原理或相关性，随着时间的流逝，人们开始盲目遵循它们。这就是为什么需要与利益相关者一起安排定期复盘，以评估情况是否正在改善。这一点非常重要。选择每年至少举行一两次的制度复盘会议的节奏，并逐步执行新的“调整过的”规则，而不是一夜之间彻底废除旧规则。

6. 高绩效远程工作

随着通勤时间越来越长，人们寻求从工作中获得另一种满足感，居家工作已成为一种流行的福利。尽管接受远程工作作为其主要工作模式的公司数量正在增加，但是还有更多的公司刚刚开始尝试使用远程工作。

远程工作人员在控制工作方式时感觉更有效率，而且不同于从工业革命中衍生出来的旧的工作模式，员工不再需要一直待在办公室里。通过接受远程工作，公司还可以减少间接费用，节省开支。

但是，存在另一种实际情况，远程工作通常会绩效不佳，因为经理和团队对远程工作的期望并不十分清楚。换句话说，他们对预期结果没有明确的定义。除此之外，由于无法与经理或同事迅速澄清问题，远程工作很难作即时性选择，这让每个远程工作的人都因为一直工作或工作不够而受到不良评价。

我们需要了解远程工作是基于“自由但有责任”的原则进行的。高绩效远程工作的秘诀就是让人们定义他们想如何工作、想在哪里工作以及在什么时间工作——但要用大量的常识和责任感来强调这一切。这就是为什么定义结果和时间是最重要的，而不是定义哪些人参与。

维持高绩效远程办公基础设施的三个主要支柱是：观念转变、

技术支持以及对工作节奏的适当调整。当领导者和员工对成果有明确的认识并了解改变某些行为和思维方式的必要性时，远程工作会对员工的士气和整体生产力产生巨大影响。

此外，所有利益相关者需要就一些基本要素达成共识，例如，他们如何以及何时与远程员工举行会议，他们将使用哪些远程工作通信工具以及如何解决冲突（如果有）。同样，所有远程工作者，无论他们在公司中的位置如何，都必须得到同等对待，并为他们提供必要的工具。

我们需要明确定义对远程工作的员工期望的结果，但给予他们定义工作方式的自由。

高绩效远程工作的参考建议包括：

从一开始就明确。在实施远程工作之前，团队负责人和员工应该就员工为什么要在家工作进行透明的对话。然后，他们应该建立随之而来的期望和责任以及结果，对工作责任和结果不明确会导致混乱。

提供必要的基础设施。公司需要跟进远程工作的技术支持，包括笔记本电脑、安全连接、办公平台、互联网的访问权限以及所有其他技术元素，使他们能够像在办公室一样工作。

注意会议节奏。与面对面会议不同，与远程工作的员工开会具有不同的节奏。与远程员工就会议出席的期望达成一致：哪些会议必须当面进行，哪些会议可以在线进行。否则，可能会引起对议程和会议进行方式的混淆，使所有人都感到沮丧。

培训员工如何远程工作。在家工作会分散自己的注意力，概述期望和准则有助于提高每个人的工作效率。虽然没有必要对环境进行规范（如期待家庭办公室反映公司的品牌），但建议在工作时间有专门的空间和时间是有好处的。提供最佳实践、相关信息甚至培训可以帮助教育员工正确处理远程工作，使他们既不会过度劳累，也不会因为表现不佳而分心。

复查远程工作策略。在远程工作等策略下，定期签入系统以了解它是否对员工以及团队/公司都有益非常重要。根据任务、团队动态或工作范围，可能会有一些问题需要解决。因此，需要定期进行交流及审查利益相关者的发展方向是否正确。

规则应全面适用。确保规则适用于每个人，而不仅仅是少数几个人。远程工作不是职位所赋予的特权，其基本原理应根据工作范围而不是根据员工在公司层次结构中的职位。

关联阅读：争议“阿米巴”：为何中国落地难？

文章出处：本文首发于《经济观察报》2021年7月30日，作者：魏浩征。

近日，围绕阿米巴这种管理模式对中国企业的价值与意义，管理学界与企业界展开了热烈讨论。在回答问题之前，我们需要先弄清楚究竟什么是“阿米巴经营模式”，以及这种管理模式难落地中国的底层逻辑是什么。

阿米巴经营模式是日本经营之圣稻盛和夫首创的经营模式。稻盛和夫创业早年，一个人既负责研发又负责营销。当公司发展到100人以上时，他觉得苦不堪言，非常渴望有许多个自己的分身，可以到各重要部门承担责任。

于是，他用“阿米巴”这个概念把公司打散，把部门分拆成一个个独立财务核算的经营体，来解决员工没有独立经营意识的问题。稻盛和夫把这种通过职能分工，拆小经营单元，然后计算成本、收入、利润的独立经营体，叫作阿米巴经营模式。

稻盛和夫创建了两家世界500强企业——京瓷和第二电信（KDDI），正是阿米巴经营模式让这两家企业茁壮成长，长盛不衰。阿米巴经营模式与京瓷会计学，被称为稻盛经营哲学的两大支柱。

稻盛和夫的成功，让“阿米巴”声名大噪。中国市场上也相继出现了数百家打着“阿米巴”旗号提供管理培训、管理咨询的公司。

这些公司多数是将管理会计的传统利润中心方法改头换面，穿凿附会“阿米巴”的概念，提供以划小经营体、以利润收益分配作为主要激励模式设计的服务产品。

与这些“中国版阿米巴”不同的是，“稻盛和夫版阿米巴”经营模式中，阿米巴成员不直接参与经营收益的分配，经营业绩只与员工职位升降、薪酬晋级和个人荣誉挂钩。

稻盛和夫在2010年回答海尔集团高层关于“阿米巴考核”的问题时说：“在阿米巴里，用每个人每小时创造的‘附加价值’来表达绩效，某个阿米巴‘单位时间’创造的效益高，对企业的贡献大，那么全公司的人都会向他们表示赞赏，都会尊敬他们，感谢他们。但只限于名誉上的褒奖，而不用金钱来刺激。考虑到整个企业的情况，效益好时我会给全体人员增加收入，让大家都高兴。这种薪酬制度能促使员工互帮互助，同甘共苦。”

1991年，著名管理学家约翰·科特（John Kotter）撰文，认为稻盛和夫是用个人领导力和企业文化，在保持以阿米巴为特征的利润中心的自主性的前提下，消弭其所潜在的利益冲突，科特将这种模式称为“文化性控制”（cultural control）。

作业成本法提出者之一的罗宾·库珀（Robin Cooper）1994年在《哈佛商业评论》上撰文将阿米巴称为“微利润中心”（Micro Profit Center）。他认为MPC既有降低决策重心，避免组织僵化的好处，也有局部利益最大化造成组织冲突的风险，所以“管理哲学”成为调和这种潜在风险所不可缺少的手段。

笔者认为，稻盛和夫坚决反对将阿米巴经营业绩与员工收入直接挂钩，其目的正如约翰·科特和罗宾·库珀的分析，是为了强调企业文化、经营哲学、个人领导力的软作用，避免阿米巴相互之间以及阿米巴与公司整体的利益冲突。

一、落地难的底层逻辑

阿米巴的模式，把大企业拆分成了一个个具有独立会计核算体系的小经营单位，让一线员工全员参加公司经营，确实提升了团队活力、沟通效率、组织敏捷性以及员工个体的主动性。

但是，阿米巴操作不慎，又容易致使员工缺乏全局观，过分关注小团队自身的工作任务，追求小团队的利益而忽略了企业的整体利益，丧失规模化带来的效率优势与成本优势。

小团队有时虽然活力十足，但组织的协同性不到位，每个阿米巴不但无法与企业整体战略目标保持高度一致，有竞无合，甚至可能背道而驰，很容易变成被竞争对手各个击破的散兵游勇。

因经济利益走在一起的是团伙；因共同目标走在一起的是团队；因共创价值走在一起的，才是组织。

稻盛和夫版阿米巴，通过弱化物质驱动，强化企业家哲学以及企业文化的基础支撑，来解决上述问题。

因此，稻盛版阿米巴，虽然计算每个阿米巴创造的价值，但是公司不以这个价值来作为阿米巴经营者收入分配的考核依据；而“利他主义”“敬天爱人”“个人利益服从集体利益”“义利合一”等稻盛哲学，则成为阿米巴经营当中从上到下宣贯的重中之重。

稻盛和夫的经营哲学，在他亲自参与管理的日本京瓷、第二电信和日航，都获得了成功。但在日本其他公司及中国企业中，成功导入的，并不多见。

由于中国市场极为激烈的现实竞争环境，“中国版阿米巴”在划小经营单位的同时，引入了收入分成、竞争机制甚至股权激励的杠杆，来激励管理者和员工。

“中国版阿米巴”是市场导向的，是物质驱动的自主经营。“稻盛和夫版阿米巴”则是以追求集体利益和社会利益的“心学”为主的自主经营，两者核心价值观完全不同。

事实上，中国版阿米巴通过分利机制和竞争机制的导入，更好地解决了内部市场化小经营团队的活力激发问题，但在解决“如何形成合力”等问题上，弊端则暴露得越来越大，基本上没有找到好的解决办法。

内部定价落不下去、阿米巴之间恶性竞争、相互抄袭、短期主义、各种内耗……这些已经成为一些企业家对阿米巴的诟病。

比如，有的公司刚启动阿米巴模式不久，由于小团队相互之间的内部定价分歧太大，就卡壳了；也有公司在老板的强推下，成功导入了阿米巴，并且在最初几年，取得了一定程度的成功，但三五年后，阿米巴模式原先带来的组织活力逐渐失效，弊端则不断放大，阿米巴反倒成为让这些公司濒临绝境的桎梏。

其实，阿米巴出现的问题，并不是阿米巴本身的问题。阿米巴出现的问题，是所有企业去生搬硬套任何一种先进的管理模式，都会出现的问题。正如靠几套方案模板包打天下的传统管理咨询公司，无法帮助客户适应快速变化的世界。世界上没有两片完全相同的叶子。

经营企业是一件复杂的事情，原因在于你的客户和员工一直在变化。组织要持续发展，组织模式势必要持续迭代。不同的企业，团队基因、员工想法、面对的内外部挑战，完全不同；即使是同一企业，在不同发展阶段，面临的主要矛盾和次要矛盾，也相距甚远。

因此，指望用一个固定、完美的“套路”，来一劳永逸解决企业持续发展的所有问题，本就不现实。

2015年前后，人口红利消失、Z世代崛起，组织进入新模式的转型元年，越来越多的企业更加重视组织发展与创新。但在此时，也出现了两种极端情况：一种极端秉承拿来主义，完全照搬先进的组织模式；另一种极端奉行闭关锁国，不信任何非本土的方法论，全靠自己摸索实践。

生搬硬套的背后反映了急功近利，妄图找到一种捷径，贪图一蹴而就、一劳永逸；闭关锁国的背后则反映了保守封闭，一味排外将导致闭塞盲目。生搬硬套“干法”的皮毛，未能参透干法背后的“心法”——稻盛和夫的管理经营哲学，只能是东施效颦，轻则贻笑大方，陷入尴尬，重则鱼死网破。

越是复杂的事物，越要回到本质原点才能透析。企业遇到痛点问题、发展瓶颈时，病急乱投医。但世上没有包治百病的神药，那些一药见效的，往往毒性也最大。

在当今这个变化莫测的时代，中国版和稻盛版阿米巴都不尴尬，尴尬的是生搬硬套。

二、特种战力的组织重启

类似阿米巴好坏与否的争论，还有：

层级制组织模式好，还是扁平化组织模式好？

“金字塔”好，还是“倒金字塔”好？

独裁式管理好，还是民主式管理好？

集权、规模化好，还是授权/放权、去中心化/小团队化好？

职能制团队好，还是跨职能团队好？

……

以上问题，有标准答案吗？

初创期的公司、发展期的公司、成熟期的公司、衰落期的公司……几百万营收的公司，到几千万、几个亿、几十个亿、百亿，再到千亿规模的公司，组织模式能一成不变吗？

答案显然是否定的。

小而美时活力十足，大而多时缺乏合力。组织发展终将由小变大，墙井坑伴随出现，战略必须要及时刷新，组织模式要勇于重启。

任何企业的成功都不可被复制，要学习的是成功实践方法论背后的底层逻辑，企业内化成自己的成功实践，并积极复盘做对外的经验输出，形成良性循环。因此，世上没有屡试不爽的固定模式，只有适配的、动态更新、自我进化的模式。

组织发展、组织改革需要因地制宜、与时俱进，并贯穿于整个企业生命周期。永远不要贪图找到看似完美的模式，每一个组织形态的提出，都是为了解决当下阶段企业遇到的问题，所以组织创新是永无止境的。

同时，不同文化基因的企业，也决定了其最终不同的组织形态，生搬硬套一种固定模式非但不可取，也注定没有生命力。否则，再先进的管理模式，也将在生搬硬套中被玩坏。

以塞氏变革为例，其与阿米巴以及其他管理咨询最大的不同是，并不输出固定不变的组织模型，而是基于现实中的无数真实案例总结，输出一套方法论与工具，通过这些方法论和工具，去赋能企业形成基于自身独特文化基因的专属组织发展计划，并且这种计划本身基于内外部环境变化进行适时调整。

企业家也是组织变革家，在战略刷新和组织重启中，才能成就更多人，赋能员工释放隐藏的潜能、创新力、绩效和企业家精神，创造更大客户价值。

自驱型、自组织的团队之所以成功，是因为他们具有更大的责任感，能更敏捷地响应变化并持续创新。这类组织中的人更快乐，从而带动了更快乐的客户。

我们对杨国安教授的杨三角模型作了小小的调整，我们认为：企业持续成功＝战略“刷新”×组织“重启”×员工“激活”。

我们需要不断提升核心竞争力，减少多余动作。为了确保战略方向的大致正确，我们需要不定期进行战略刷新。战略不作动态调整、不“与时俱进”就灭亡。

组织重启则是组织始终充满活力的保障。“心法＋干法”的重启，让组织发展有了“新活法”。强个体 + 快团队 + 好组织，让组织在进化中实现新增长，在无序耗散中实现混序平衡，从第一曲线到第二曲线的转型中，由各自为战、一盘散沙到形成组织合力，敏捷抓住组织红利。

数字化时代，强个体在崛起，但个体所掌握、能处理的大数据、数字化能力资源非常有限。在组织协同下，才可实现由共识、共创，到共生、共赢。

因此组织力是当今企业最重要的能力，敏捷性、创新力、协同力则是最稀缺的组织力。

个体经营、团队协同、组织共创，是迎接数字化转型挑战的三个层面，同打一场仗：组织变革与发展。组织红利也在三层关系的相互作用下，在组织再设计后被创造出来。

互联网 + 后迈入数字化时代，商业成功不再靠风口，要靠组织效能、特种兵取胜。

商业的特种战力，正是组织重启力。

特种兵的特种作战能力是全维的。特种兵作战，既不是二维世界，也不是三维世界，而是在多维世界里与敌人的较量。枪打得再准，跳伞再高，潜水再深，不是靠单一技能，而是靠综合作战能力。真正意义的特种兵，永远是一个群体，不靠单兵作战。

当组织被划分成小业务单元，完成了敏捷的转身，但只有竞争交易，何谈深度共享共创？只有合作，才能谈得上分享。否则小业务单元只会出现管理“内卷”，造成组织的资源浪费。

特种部队高阶战役，也需要海陆空协同作战。但只有协同作战仍然是不够的，自称所向披靡的美国特种部队，也曾在基地组织面前伤亡惨重。

和美国特种部队不同的是，基地组织一来战略战术动态调整，网状组织架构，灵活自如，进退腾挪；二来内部信息分享传播极快，每个人都掌握大量信息。相较之下，美国特种部队，等级森严，信任不够，相互争夺资源，本位主义。

在挫败之下，美国特种部队向敌人学习，进行反思：

意识方面，思想高度统一，拆除办公室物理隔断，每周 2 小时跨部门例会，互通情报，协调资源，统一行动。

执行层面，采取“聚则能战，散而不见”的组织模式。传统的管控型结构变成团队嵌套型结构。互嵌和共享，加深跨部门联通。

在价值链上，同时发挥“个体的能力 + 小团队的活力 + 生态型组织的合力 + 生物型组织的应变力”。

员工参与管理，客户参与经营，多边协作创新孵化，四力归一，组织重启后，形成强有力的组织红利。

三、不学模式学方法

我们所处的乌卡时代，要在混序中进行有序的平衡。用科学方法进行战略刷新与组织重启，不断调整和形成适配自身的战略和组织，这是企业永葆活力的必由之路。

组织发展犹如建房子，需要“地基 + 顶梁柱 + 屋顶”。组织发展和创新，也需要“底层逻辑 + 原则支柱 + 顶层设计”，相互配套，缺一不可，否则坍塌是早晚的事。

组织发展是项立体的系统工程：

前中后相结合：前台练兵 + 中台赋能 + 后台支撑。

底柱顶相结合：底层逻辑 + 支柱策略 + 顶层设计。

近中远相结合：现状洞察 + 路径步骤 + 未来愿景。

以人为中心，企业的价值观、使命愿景、战略、管理体系，相互配套建设，肥沃的组织土壤和不断传承的企业文化作地基支撑。

塞氏研究院的方法论框架，遵循以下管理哲学：

——将信任与信息透明作为组织模式的核心，并将成年人视作成年人；

——用常识和放权来打破官僚主义，以帮助领导者把握全局而非绝对控制；

——通过赋予人们权力并赋予他们作出决策的自主权，为员工自管理培育肥沃土壤；

——通过明确定义工作中的角色、目标和视角，促成所有利益相关者的高度共识；

——通过倡导和培养不断实验不断学习的心态，让创新在组织中自由流动。

在与来自世界各地的大、中、小型公司建立合作之后，我们开始记录逐步实现自管理、自组织的过程。组织改革进程中，企业要明确目标、坚持原则、共创行动计划。

在此进程中，“参与式管理”向“自驱型组织”，“勇敢领导力”到“人人都是经营者”，劳资共治向无为而治，循序渐进，链接相融，纵横捭阖，形成有机富生态。

企业是经济组织，是人的组织，也是社会组织。塞氏主张小团队（8～12人为宜），而非业务小单元，小团队不是以业务为中心，而是以客户为中心。塞氏组织变革通过常识、自驱和共赢，从而实现影响力、绩效和幸福感。

组织发展的底层逻辑和面向未来的新组织模式，让企业结合自身基因、发展阶段、产业行业属性，修炼自己的“心法”，生出自己的“干法”。

任何组织模式，都为了提升效能、有序增长、持续发展。然而管理非交易，企业家要做平常人，有颗平常心，才能尊重回归人性和常识。随着理性的、具备管理人格的人增多，人人都是领导者，组织将变得更加有序、敏捷而美好。

回到管理常识，回归组织发展的本质：价值创造。降本增效、提质激活、持续创新是价值创造的本义。

稻盛和夫常说：作为人何谓正确？今日大家需要思考：作为组织何谓正确？

回归本质和常识，你的企业，将采用哪种模式？这个问题留给你自己找到答案。

PART 3

打造自驱型组织的五大关键实践

道常无为而无不为。侯王若能守之，万物将自化。化而欲作，吾将镇之以无名之朴。无名之朴，夫亦将不欲。不欲以静，天下将自正。

——老子

（中国古代哲学家、道家学派创始人）

第五章 | 领导力变革：自驱型组织领导力

本章概览

自驱型组织这种首先是要“革自己命”的变革，是“一把手”系统工程。领导人首先必须要有一个思想上的解放，有明确的变革目标和毅然决然的决心准备，要明白企业需要什么，企业要往哪儿去。

自驱型组织所呼吁的“领导力”并非是制定战略决策、指挥监督团队的勇气，而是领导者发掘自己新角色的勇气。这个新的角色不再是“指挥者”，而是“支持者和赋能者”。那些摆脱了事无巨细的管控角色或相关高压角色的领导者们将展现出前所未有的自信和如释重负的轻松。

找到符合企业核心价值观和文化，并具备或有志于领导力 4.0 的人，建立一个推进变革的核心负责团队，这个团队与企业高管共同设计后续计划与方案，并进行试点和试验。

为什么要变革：定义原因

任何一种组织变革，尤其是从层级制到自管理、自驱型组织这种首先是要“革自己命”的变革，绝对是“一把手”系统工程。

“一把手”的变革魄力和意志力，知行合一的行动力，将成为组织的标杆，起到至关重要的模范带头作用。如果没有企业“一把手”的理解、重视和强力推进，组织变革推进过程中遇到的阻力之大可想而知，其结果自然不会理想。

此外，在“一把手”下定决心之外，高管的转型和突破，核心团队的支持，也不可或缺。

推动组织重启，必须从管理层、核心骨干开始——先找到“为什么”，也就是“为什么要变？”

我们在中国本土化的大量实践过程中感受到的相对共性的原因，归纳起来，大概包括：

——企业发展进入瓶颈期，业绩增长乏力甚至下滑，组织活力下降，人效下降，按传统的组织管理模式继续往前走，看不到光明……

——一把手以及企业领导层在工作中碰到不断增加的复杂性问题，找不到应对方法……

——团队能力及管理水平跟不上业务发展，招不到人，留不住人，无法继续满足不断变化的客户需求，无法继续赢得激烈的市场竞争……

——想找到一种更睿智的公司运作方式，老板不再焦虑，员工更快乐，公司绩效更高……

——向往老子讲的“无为而治”，向往莱卢所描绘的“青色组织”，但公司去实践时，一“管”就死，一“放”就乱，不得其法……

……

如果你对现状满意，那就不必变革了，维持现状就好。

如果你对现状不满意，那你必须首先回到目标，先问自己：目标是什么？你打算往哪儿去？与业界最佳的差距在哪儿？差距有多大？还按现在的做法，你的组织能实现你的目标吗？怎么样才能更好？……成功的组织变革，首先来自一把手强烈的组织变革决心。

组织是一个因变量，组织的变化一定是由于环境的变化。所有组织都是为了目标而生，当你考虑组织变革的时候，首先要考虑你的内外部环境发生了什么样的变化，经营目标发生了什么样的变化，主要矛盾和挑战发生了什么样的变化。组织重启的目的，是基于环境变化，结合企业发展阶段、内部资源能力等，实施变革来实现组织的发展诉求，是为了适应当前场景、谋求更好的发展。

企业领导人首先必须要有一个思想上的解放，有明确的变革目标和毅然决然的决心准备，要明白企业需要什么，企业要往哪儿去；要认识到“人”和“组织力”在当今商业时代的前所未有的重要性；要认识到，继政策红利、人口红利、人才红利后，当下最大的红利是组织红利；要深刻认识到，在乌卡时代，组织所缺的敏捷力、自驱力、创新力、协同力，还有重启力，正无比重要。

同时，自驱型组织对“一把手”等核心高层提出了完全不同于传统组织管理者的要求：按照“信任、共识、自管理”的三大核心原则，管理层需要将权力下放，充分给团队放权。这种权力的再分配，对管理层的决策方式和角色定位也提出了非比寻常的挑战。

针对组织变革的必要性，我们必须要有一个基本共识：在企业的不同发展阶段，基因不同，面临的问题、挑战、主要矛盾不同；没有永远成功的管理模式，只有适合的、不断变化的、能够自我迭代的管理模式。组织发展、组织变革是一个无止境的过程；不变革，就死亡。组织变革是强身健体的过程，是企业做大做强的战略性重启；组织变革将贯穿于企业全生命周期。

自管理、放权很容易被误认为是组织变革的目标本身，但实际上它们都是实现自驱型组织的方法和途径。打造自驱型组织，为公司带来了清晰可见的益处。正如本书第一部分所述，“能抵御危机的组织都将是自驱型组织”——做不确定时代的适者。

变革的需求应该是清晰的，以员工和客户为导向——这才是打造自驱型组织最好的开端。

领导力 1.0 到 4.0 的进阶

“领导力”很容易让大家联想到传统意义上对领导的定义、领导的身先士卒、领导对员工的指挥管理和激励、领导的权威以及员工的恐惧。但自驱型组织所呼吁的“领导力”并非是制定战略决策、指挥监督团队的勇气，而是领导者发掘自己新角色的勇气。这个新的角色不再是“指挥者”，而是“支持者和赋能者”。

传统组织中，凡事亲力亲为、冲在业务一线的管理者，本书称为“领导力 1.0”，这类管理者与其说是“管理者”，不如说是“师傅”，严格意义上讲，还不属于我们所谈“领导力”或“管理者”的范畴。

另外一类管理者，主要承担上传下达、指挥、监督、审批、管控的职责，我们称为“领导力 2.0”，这类管理者主要通过权力以及员工的恐惧来驱动团队。在工业化时代，在一部分传统组织中，基于员工对失业或减薪的恐惧，或是对升职加薪的渴望，2.0 型领导力还能奏效，但在今天的时代，还有多少员工会害怕、恐惧领导，还有多少员工会担心丢掉工作呢?

“领导力 3.0”，则指我们视员工为宝贵资产，日常管理工作以员工激励、员工协调和作出决策为主。通过激励、尊重和认可，来调动员工工作积极性。除了激励外，管理者还有一个核心职责是明方向与作决策。

而在自驱型组织中，管理者除了保留“激励”的角色外，不再担当主要“决策者”的角色。“决策者”的角色有所弱化，核心角色成为“支持者”和“赋能者”。管理者将大部分决策权下放，将大量时间专注于开创和实践有助于团队发展的领导方法，而不是花在管控、指挥和做决定上；管理者通过建设、提升团队氛围来完成工作；管理者的使命是赋能与支持员工，通过信任、共识、放权和组织文化氛围来驱动团队，而不再是权力；管理者的成就感不再来自领导者个人的成功，而是来自帮助团队中的每一个人取得成功。这类管理者，我们称为“自驱型组织的领导力 4.0”（以下简称领导力 4.0）。如表 5–1 所示。

表 5–1 领导力 1.0 到 4.0 的对比

领导力进阶	行为特征	驱动力
领导力 1.0	亲力亲为、冲在业务一线	金钱
领导力 2.0	指挥者、监督者、审批者、管控者	权力、金钱、员工的恐惧
领导力 3.0	激励者、决策者	尊重和认可
领导力 4.0	激励者、引导者、支持者、赋能者	氛围、信任、放权、成就感和自驱动

完成从领导力 1.0 到 4.0 的进阶，是打造自驱型团队的第一项修炼。对于管理团队来说，不作改变、退回到从前非常容易，尤其是在自驱型组织的初始变革阶段。领导们可能无法抵御亲力亲为、直接介入并解决问题的诱惑，而团队可能会沾沾自喜或依赖他们的领导提出解决方案，即使这不是解决问题的最佳或正确解决方案。因此，坚定管理层和团队的转型决心，教练他们在自驱型组织中担任新角色非常重要。

在自驱型组织中，自上而下的管理是没有立足之地的。任何领导者都不能保证自己作出的决定一定比员工正确，尤其是在当下的不确定时代。管理者和团队需要学习如何进行角色转变。自驱型组织中的领导者，应当是“教练型领导者”。

在约翰·惠特默所著《高绩效教练》一书中提出的 GROW 模型（见图 5-1），可以作为践行领导力 4.0 的非常好的沟通工具：

图 5-1 GROW 模型①

运用 GROW 进行沟通的示例：

第 1 步：你的目标是什么。

问题诸如：你的目标是什么？如果你知道答案的话，那是什么？具体的目标是什么？什么时候实现？实现目标的标志是什么？如果需要量化的话，拿什么量化？……

第 2 步：现状是什么。

问题诸如：目前的状况怎样？你如何知道这是准确的信息？这是什么时候发生的？这种情况发生的频率如何？你都做了些什么去实现目标？都有谁和此相关？他们分别是什么态度？是什么原因阻止你不能实现目标？和你有关的原因有哪些？在目标不能实现的时候你有什么感觉？是什么令你……？其他相关的因素有哪些？你都试着采取过哪些行动？……

① ［英］约翰·惠特默著，徐中等译．高绩效教练（原书第 5 版）［M］．北京：机械工业出版社，2019.

第 3 步：你有什么选择。

问题诸如：为改变目前的情况，你能做什么？可供选择的方法有哪些？你曾经见过或听说过别人有哪些做法？如果……会发生什么？哪一种选择你认为是最有可能成功的？这些选择的优缺点是什么？请陈述你觉得采取行动的可能性，打分。如果作调整，哪个指标可以提高行动的可能性？……

第 4 步：你将要做什么。

问题诸如：下一步是什么？何时是你采取下一步的最好时机？可能遇到的障碍是什么？你需要什么支持？谁可能对此有帮助？你何时需要支持，以及如何获得支持？在组织变革的全周期，以及自驱型组织领导者承担新角色的过程中，我们需要有足够的勇气去信任他人，并且需要有足够的勇气以成年人的方式对待成年人。

我们需要向经理们展示如何信任自己的团队以找到解决方案，并为新成立的自管理团队建立边界以创造心理安全性。另一方面，需要让团队有信心，他们实际上可以解决自己的问题。信任、共识和自管理是自驱型组织的基本原则，一旦牢固建立，团队将能够越来越多地解决自己的问题，而管理人员则可以在不直接介入的情况下提供帮助。

为了找到具备领导力 4.0 潜力的管理者（即相信和支持变革的人），我们要寻找那些“以人为导向，而非以流程为导向”的人，以及有动力去探索其他工作方式的人。

职位角色发生变化的人，往往会关注因变化而失去的权力。对于管理层来说，角色变化对地位、影响力的影响可能会比较明显。但是，一旦他们跳出了这种“管理层陷阱”，就会发现新的工作方式反而会给他们在这些方面带来益处。

“管理层陷阱”的存在仅仅是因为管理层和员工都习惯成自然并深陷其中：

——员工们通常认为自己团队内部的同事都很优秀，但却对管理团队的能力和贡献持怀疑态度。此外，他们都希望能更加自主地决策，不受限于公司规定。

——然而，管理者们却觉得自己承担了所有的责任，还需要不停地激励员工才能让他们在具备企业家精神的同时不断创新。所以他们往往非常忙碌，却无法实现自己的内在渴望和抱负。

这就是“管理层陷阱”，对于小型公司来说，也是创始人要面临的陷阱。

我们发现，那些摆脱了事无巨细的管控角色或相关高压角色的领导者们都展现出了前所未有的自信和如释重负的轻松。在领导者们承担起新的角色后，他们在公司里的地位、自我和影响力同样能得以自然展现。

领导者在个人权益、需求和价值的表达上越坦诚直接，他们从角色转换中能获得的就越多。为了真正做到这一点，我们需要一对一的深度交流、小组讨论和大量有针对性的沟通。

以自驱动为目标的组织变革、组织发展，始于相信有自驱理念且勇于行动的领导者。这些行动将为自驱型组织的实现奠定基础。

公司上下需对变革目标及所需行动达成一致；参与变革的管理者、员工需就其角色与公司重新达成共识。

自驱型组织中的管理者新角色

自驱型组织中，管理者作为团队及部门之间的连接器，极为重要。与传统组织的管理者相比，唯一的区别是，他们现在必须学习如何促进工作，而不是委派任务或监督管理工作。

让管理者不再全权负责的第一步，是让他们必须避免对每个问题都事无巨细地提出指导意见。正如吉姆・柯林斯在其代表性著作《从优秀到卓越》[①]中所指出："带领企业从优秀走向卓越，并不意味着领导者要拿出所有的方案，而是要拥有一种谦逊的态度，把握住自己还不能理解的事实，然后提出正确的问题。"

在初始阶段，团队通常会遇到一些实际问题，管理者很容易便能给出解决方案。尽管如此，此时的"捷径"并不可取，与团队共同找出解决之道才是明智之举。在此过程中，团队更能感知到自己身上的责任，并逐步学会如何与他人协同作战。

但是，这并不意味着管理者只是被动地在一旁观望。他们需要定期与团队讨论，并与团队共同思考现存问题和挑战。重要的是，要记住让团队自己思考并自行解决问题。

管理者仍然可以尝试解决完全超出团队能力和影响范围的问

① ［美］吉姆・柯林斯著. 从优秀到卓越［M］. 北京：中信出版集团，2009.

题。比如，当团队向管理人员提出明确需求时，管理者必须认真对待，并确保有足够的资源来解决这些问题。

谷歌公司对领导者每年进行考核与评价的八个指标包括：① 是一名好的教练；② 授权于团队，不事必躬亲；③ 关注团队成员的成功和幸福；④ 工作富有成效且以结果为导向；⑤ 是一名优秀的沟通者，善于倾听并分享信息；⑥ 帮助员工进行职业规划和发展；⑦ 对于团队愿景及战略有清晰的规划，目标明确；⑧ 具备关键技术能力，能给予团队建议。除第七个指标外（自驱型组织更强调动态刷新和共创战略），其余指标与自驱型组织的理念基本相同。

一些组织选择让管理者担任团队教练的角色。但是，在流程出现问题时就进行挑战和干预，这可能会让团队感到更困惑。根据我们的经验，最好单独设置团队教练，而非将管理者与教练角色合二为一。

自驱型团队中的管理者应该做什么？

——提供指导和支持：管理者应在不作实际决策的情况下进行指导和协助。例如，通过提问："如果你是企业 CEO，将如何解决这个问题？"引导团队自己解决问题。

——培养信心：通过清晰、分步骤地研究团队发展节奏，培养团队的心理安全感和信心。帮助团队确立目标，完成转变并尽快投入新角色。

——保持沟通频率：通过与团队定期讨论来避免误解，将企业的使命、愿景尽可能具象化。无需使用员工手册，而是用其他类似的“示范”。请记住，真正有效的讨论才能克服层级隔阂。

自驱型团队中的管理者不应该做什么？

——不代替他人解决问题：不要做“救火队员”，尤其是在非紧急情况下代表团队成员进行跨部门协同。如果这样做了，在不知不觉中，团队将回到“等待观望”的状态，所有行动将再次围绕管理者发生。

——不做非必要审核：在传统组织中，诸如开票、费用审核、报价之类等常规工作事项通常需交由管理者最终审批。我们必须要尝试扭转这种现状，例如，改为根据预算或授权相应审批权进行工作，以培养员工主动承担责任的行为习惯。

——不立即干预：即使出现复杂问题和情况，也要抵制立即介入并接管的诱惑。管理者必须学会信任团队能够独自解决棘手问题。

坚持上述“管理者的新角色”，你会发现，在公司里，有更多员工愿意主动承担责任，并发挥自己的创造力。这些做法将为自驱型组织的发展创造沃土。

形成推进自驱型组织变革的具体计划

选择符合企业核心价值观和文化，并具备或有志于领导力 4.0 的人，建立一个推进变革的核心负责团队，这个团队共同设计后续计划与方案，并进行试点和试验。

最高管理层和主要参与者需要就变革管理、目标、方法、沟通机制和时间计划上达成一致。公司应通过以下方式为变革团队提供支持：

——允许有参会意愿的人（哪怕并非变革负责团队的成员）参与项目会议。

——确保所有的人力、财务、业务等各项信息、资源对团队公开、透明。

——通过公开、透明、清晰的交流沟通在全公司推进自驱型组织变革。

在确定具体计划之前，公司管理层需对以下八个问题达成高度共识：

——进行此次改革的目的是否清晰？

——进行改革的目标是什么？你的公司会给社会、客户和员工带来什么？

——公司的使命、愿景和价值观是否需要进行调整？

——如何用关键绩效指标来衡量此次变革的成功？最重要的六个关键绩效指标是什么？

——最高管理层和公司内部的变革推动者，在改革中各自的职责、分工是否清晰？

——最高管理层和公司内部的变革推动者，是否就新的工作分工进行了清晰有效的沟通？

——是否就管理者角色的改变，以及工作风格的转变达成共识？

——是否就后续的工作计划、工作节奏、沟通计划等达成共识？

制订项目计划尤为重要。这份计划应包含所有必需的准备工作、变革的具体推进步骤与路线图、清晰的行动举措、相关责任人和截止日期等。

完成以上第一个关键实践：领导力进阶与形成组织改革计划，恭喜你，我们可以携手踏上自驱型组织的进化之路了！

案例：用 100 名教练取代 300 名经理
——荷兰银行的自组织变革

【作者按】荷兰银行（ABN AMRO）的自组织变革案例是塞氏研究院经典成功案例，也是塞氏中国研究院“组织力发展专家”版权认证培训的核心研讨案例之一。

荷兰银行是一家享誉世界的国际性金融集团，有近两百年的历史，在全球 60 多个国家和地区拥有超过 3 000 家分行，全职员工 10 万多名，是荷兰第一大银行。荷兰银行于 1903 年首次进入中国设立分行，现今已发展成为在华最重要的外资金融机构之一。

2018 年年初，这家银行的一个部门正在寻求变革。该部门为自然人和中小型公司提供一系列金融相关服务，包括流动账户、保险和抵押。该部门由 3 400 多名全职员工组成，分布在 300 多个前台中，从单人工作台到本地拥有 80 名员工的分支机构。它的一些分支机构致力于为个人银行客户提供所有其他服务，如在线服务、客服中心、管理支持和协调功能。

1. 项目挑战

外部环境的变化已促使许多传统银行开始实施变革，荷兰银行也不例外：

——过去几年中技术的进步推动银行将其服务数字化。

——当下的金融市场充斥着更敏捷的小型竞争者，迫使传统银行快速变革。

——千禧一代的员工人数越来越多，且他们不想在高度限制且科层制的公司中工作。

——除此之外，新的欧洲法规很快将强制银行与竞争对手共享敏感的财务数据，包括新成立的初创企业。

在荷兰银行，最大的挑战之一就是实现更高质量的客户体验感。最近，客户经历了漫长的排队等待以及被延迟关注。在大多数人看来，太多的规则和程序使银行业务流程变得复杂，破坏了客户与银行之间的高效沟通。所有这些因素都意味着零售银行必须重新评估其组织模型并向自组织转型。

在2018年，塞氏研究院与荷兰银行达成合作，旨在实现以下目标：

——增加他们与客户互动的影响。

——改善创新并更好地满足客户需求。

——针对线上业务部分，与竞争者打交道时更有信心。

——将银行服务与产品数字化。

2. 项目策略

荷兰银行决定探索自组织变革的主要原因是：

——使员工更好地关注客户。

——减少官僚主义的繁文缛节。

——改善员工之间的跨边界协作能力。

——专注于创造更快乐的客户，进而创造更高的收入。

荷兰银行决定探索自主管理，取消科层制，用团队教练和技能取代其各分支机构的传统经理。最重要的是，在新的组织架构下，放权团队可以自己设定目标，自己作决定，自己解决问题。

然而，荷兰银行也知道，一夜之间从传统的科层制组织转变为灵活的自组织结构是绝不可能的。因此，他们先从试点开始。塞氏自组织变革的原则和测试有关绩效、团队规模，在极少或没有管理的情况下工作以及作为整个组织新模式的关键假设。整个试点阶段设定在2018年2—6月，包括6个团队的10～30名成员。

荷兰银行将其作为对照，测试这些团队是否可以在没有管理者的情况下顺畅运作：

——达成绩效目标。

——遵守一定的行为边界。

——更好地满足客户需求。

——提升团队成员的决策能力和成熟度。

——减少规则和程序以提高整体灵活性。

与此同时，荷兰银行解雇了300名全职中层经理，在2018年5月至6月期间，又从中选择了100名经理并重新将其分配为团队教练和技能教练。在塞氏研究院的帮助下，他们接受了“教练”这一新角色的培训。

从2018年7月1日起，荷兰银行个人业务部门的350个团队全面施行了这一新的组织模式。此外，荷兰银行的管理团队需要采取一种新的敏捷领导风格，并由塞氏研究院提供相关的指导和支持。

最终，荷兰银行在塞氏研究院的帮助下，搭建完成了一个新的绩效管理体系，其管理团队责任制逐渐转向350个小团队，从而改变了组织内部完全由领导指挥和控制的架构。

3. 试点成果

试点使该银行了解到，团队在成长为自组织之前，需要充足的时间进行基本的团队建设。此外，前期的试点项目证明了所有假设都是正确的，还证明了这些团队：

——能够在极少或没有管理的情况下高效工作，人力成本降低15%。

——可以对他们的行动和目标承担更大的责任和赋能。

——由团队教练/技能教练以新角色促进自组织的运作。

——能在遵守特定行动边界的同时自行作出决策。

——可以设定并达到他们的绩效目标。

4. 一年后变革成果

在2018年6月—2019年6月期间，荷兰银行实施自管理，成果如下：

（1）员工的积极行为显著增加。研究表明，团队内积极主动的行为和心理安全感有了显著增长，形成员工高度重视的自组织，病假持续减少。

（2）降低成本。工资成本降低了8%，承包商和临时雇员成本降低了5%，转型期间生产率没有降低。

（3）变革参与者综合评分净增30分，客户满意度呈显著上升趋势。97%的员工在作决策时考虑对客户的影响比上一年度同期增加30%。

第六章 ｜ 战略刷新：建立团队的共同目标

本章概览

本章阐述了建立共同目标及达成战略共识的实践方法与工具。

从共同的使命愿景，落地到共同的战略，再继续下沉，建立共同目标——这是一切组织紧密协作的基础和开始。通过意义萃取和企业文化共创会，我们可以建立团队的共同目标，包括共同的意义、共同的核心价值、共同的理解等，这对于打造自驱型组织殊为重要。

战略刷新，是重新确定我们的方向，在当下我们需要做什么才会有未来，解决我们在有限资源下的取舍问题；战略澄清，则是解决上下左右目标对齐，方向一致，战略如何从规划落地到执行的问题。为了保持战略方向的大致正确，同时更好地做好战略澄清，要求我们必须让团队广泛参与，并定期及不定期举行战略刷新与战略澄清会议，以达成战略共识。

意义萃取及企业文化共创

经常有企业家拜访彼得·德鲁克，希望他能帮助指点迷津，德鲁克问的第一个问题就是：“你在做什么事情？（What’s your business?）”这个问题初听上去很“天真”，人怎么会不知道自己在做什么事情呢？不过对这个问题思考越深入，就会发现这个问题其实一点也不简单。

企业家创办并经营公司，初心是什么，又是什么支撑他走到今天的？员工同样如此。他们当初为何加入公司？是被什么所吸引？最难忘的时刻是什么？最感到自豪的时刻是什么？是什么激励他们一直为公司服务？是什么让他们在每一个早晨都充满期待？这就是本节所说的“意义”萃取。

创业之初，企业文化和企业的强大基因就已奠定。基因、行业、创始人风格等有诸多不同，让各自的企业文化都呈现着独一无二的面貌，就如创始人在作战略选择，选择做什么不做什么，选择以什么方式去做。这些重大的战略决定所形成的企业文化，正是决定那些选择背后的隐性因素。

人人都想要一份有意义的工作，在工作中找到自身的价值，获得成就感，并成为更好的自己。而意义，存在于人的价值观之中。不论“前浪”还是“后浪”，人们越来越忙碌，却越来越找不到工作的意义。我们为什么工作，直接决定了人们的工作效率和组织效能。是否能一起撸起袖子加油干，取决于大家是否做着同一个梦，而这个“同一个梦”能让商业红海变成组织蓝图。现如今，人类面临的最大挑战不是失去工作，而是失去工作的意义。

时代变了，工作的意义随之而变，未来的组织，需要“意义”的萃取。赋予工作更多意义，组织才能焕发出更大生命力，拥有更大、更持续的增长动力。

自驱型组织有一个共同的特点，即能够形成一个价值观共同体和利益共同体。当组织上下愿意并能够去形成价值观共同体和利益共同体的时候，才可以面对不同的变化、不同的挑战，才能够持续领先走向未来。

一群人因为有了共同的意义、目标或者说使命感而组织起来，从而产生了比离散的个人更为强大的力量。

萨塞克斯大学的凯瑟琳·贝利教授在《是什么让工作有意义》[①]一文中提及：组织可以从以下四个方面下功夫，在个体员工心目中塑造一种整体意义感：

（1）组织意义感。当员工理解组织的广义目标时，他们的意义感就更有可能滋长。一位垃圾清运工讲到，管理层以前告诉工人们，他们送往回收点的废品将被循环利用，不过这一信息的传达方式是高度抽象化的。后来，公司开始在垃圾车的侧面张贴一些图画，上面画着废品经过回收利用后制造出的各种产品。这让工人们更切实地认识到这些废品将来的用途。

（2）工作意义感。组织可以通过展现个人的工作与组织的大目

① 刊登于《商业评论》2016 年 10 月号。

标相符，或者服务于更广泛的社会福祉，鼓励员工认识自身工作的意义。意义感不仅仅源自正面工作体验。充满挑战、问题重重、令人悲伤或痛彻心扉的工作内容大有可能带来意义感。

（3）任务意义感。个人在描述职场无意义感的来源时，时常谈到如何面对枯燥、重复、实质上并无意义可言的工作问题。组织一旦成功地管理好这些必不可少但索然无趣的任务所处的环境背景，员工即便不能由此产生什么意义感，但也不至于觉得它们全无意义。

（4）人际意义感。能够亲眼看见、亲耳听闻自己的工作如何改变他人的生活，使得他们的工作环境易于产生意义感。

意义感生态系统的上述四个要素结合起来，可以创造一种整体的意义感，产生复合效应。

意义的升级，即为使命。企业文化中的使命感，对于一个组织来说是必不可少的。一家公司的使命就是它的灵魂的表述。发现公司灵魂，萃取意义，打造一个清晰、易懂的企业使命，这是营造自驱型组织首先必须要去做的。

使命指的是公司为什么而存在，以及员工们为什么而来公司工作；它决定着一个公司要抵达的终点，也就是说，你要去哪里以及为什么去。使命背后是一种信仰，它能带来的力量、带来的团结性、带来的团队行为改变，是有非常强大现实意义的。企业如何往前走，这个业务做与不做，全靠使命感来驱动和抉择。

“每一个企业都要找到自己的使命，根据这个使命才有你的行动准则和方向，你才知道去哪里。”阿里巴巴某高管曾说，“造就一个优秀的企业，并不是要打败所有的对手，而是形成自身独特的竞争力优势，建立自己的团队、机制、文化。”

有了使命感之后，是企业愿景的重塑。愿景指的是我们未来会成为什么样，讲的是未来的成长与成就感。当一家企业有着非常清晰的、得到员工们相信并愿意付诸巨大努力的愿景的时候，组织凝聚起来的这种力量是超乎想象的。

企业有强有力的愿景，才能把人才吸引过来，让大家专注在想要创造的结果上，这个愿景将带领人们去他们没有去过的地方，达成共同的商业梦想。愿景有长期与阶段性的，好的愿景应当是基于企业现实、并能让大家兴奋、激发起所有员工动力的。领导者需要持续通过各种形式的沟通，让愿景被团队看到，被团队理解，被团队认同。

最后一点是核心价值观的明确。企业组织认同什么，倡导什么，坚决不能碰的行为红线是什么，这些都是核心价值观的问题。核心价值观是原则性的、稳定的，企业的全体成员都必须严格坚守。能落地的价值观，才可以真正驱动公司的组织变革与发展。

Netflix（网飞或奈飞）公司有一句话指出文化落地的关键：一家企业文化的真正落地，是体现在对什么样的人嘉奖以及让什么样的人离开。

使命与愿景描绘了美好的发展目标，以及在此过程中为员工创造良好的职业发展机会。员工的理想、目标，依托企业的发展与企业的成功，是完全可以实现的。而自驱型组织，对于满足员工个人成长、自由的需求，是加速度的。

只有更快乐、更投入的员工，才能带动更快乐、更被满足价值的客户，创造高绩效有影响力的企业。因此，如果要对企业组织的使命愿景进行升级，这个新的使命愿景一定是与成就员工相关的。不同人，短期目标可能会有区别，但长期的、共性的目标有两点大致相同：① 个人的成长；② 个人的自由，如时间自由、财务自由。这两点都是基于人性的需求。

通过“意义萃取与企业文化共创会”，我们可以建立团队的共同目标，包括共同的意义、共同的核心价值、共同的理解等，这对于打造自驱型组织而言，殊为重要。我们可以用开放的、轻松的话题导入，如共同的经历、共同的语言、共同的感觉、共同的环境、共同的任务、共同的行为等，通过引导式的会议方式完成。

“企业文化共创会”，我们通常以工作坊的方式来完成，会议要点包括：

邀请所有人参加会议：无论他们的身份如何，邀请团队所有成员参加会议。如果人员较多，可以分组，每组的理想人数为 3～10 人。人数太少或太多，都很难展开真正的讨论。

建立议题与每个人的关联性。企业文化要做实，要深入人心，首先必须建立相关性。可以先从每个人当初为何加入公司、最难忘的时刻、最感到自豪的时刻、是什么激励他们一直为公司服务、他们对未来的期待等问题逐一开始。

促进发言。在会议开始前为最内向的成员创造一些机会来让他们发表个人意见，鼓励其他成员畅所欲言。

逐步过渡到对公司现有使命愿景的讨论。畅想十年后公司的场景、讨论公司目前的使命愿景是否能继续激励到他们，如果需要调整，怎么调整等。这些问题，一次会议不一定能达成共识，可以通过预约下一次会议继续进行。

创造一个安全的讨论空间。人们需要坦诚交谈并真实地表达自己的想法。对于领导者或管理者来说，重要的是要容忍分歧，不要试图通过口头或非语言暗示来发挥他们的权力。如果大家不能公开、真实地表达自己的想法，会议目的就会落空。

成立一个负责小组。成立一个代表性广泛的小组，确定时间计划节点，推进并完成最终的文化共创。

团队必须了解个人目标与团队内其他人的关联。这听起来很简单，但实施起来还是相当具有挑战的。因为团队每个成员都必须能够在个人目标与共同目标相冲突时，为实现共同目标该如何进行行动层面的调整。与此同时，明确共同目标可以使不同部门之间保持步调的一致性，并确保团队之间在工作中高度协同。

意义萃取与文化共创，让我们站在了组织发展的高处。华为创始人任正非说：“世界上任何资源都会耗尽，唯有文化，生生不息。”意义和文化不是宣传口号，是根植于企业流程、制度、政策、员工和管理者的思维模式和行为模式之中的。

老子在《道德经》中有一句话非常精辟，“天下万物生于有，有生于无”，意思是有形的东西取决于无形的东西。对企业组织来讲，无形的东西，就是公司存在的意义、大家来公司工作的意义，以及由此带来的企业文化。

自驱型组织为领导者提供了一个框架，领导、管理和激励分散在不同办公地点的团队，并营造了一种拥有较强心理安全感的员工友好型文化氛围。

战略刷新与战略澄清

承接企业使命与愿景的，是战略。所谓战略，是基于公司现有资源下作取舍、作选择的问题，要决定做什么和不做什么。乌卡时代的企业战略，更要紧密关注客户在忙什么、客户的痛点是什么以及企业提供服务的真正价值是什么。

通常，企业组织的价值观、愿景和使命是相对稳定的，而在当今时代，战略和目标则必须是相对动态的，随着内外部环境、客户需求、时间等而变化。适时进行战略复盘迭代改进，这就是我们作战略刷新和战略澄清的意义所在。

战略刷新，是重新确定方向、在当下需要做什么才会有未来、解决在有限资源下的取舍问题；战略澄清，则是解决上下左右目标对齐、方向一致、战略如何从规划联结到执行的问题。

传统组织中，战略通常由最高领导层来设计，一旦确定下来，不太会进行调整。但是，在自驱型组织中，为了确保战略方向的大致正确，我们需要定期及不定期进行战略刷新，边执行边调整。战略设计不再是少数公司领导层的“特权”，而应变成全公司范围内的动态对话。战略刷新，正是针对充满不确定性的未来，通过应急战略来确保方向大致正确的一种重要做法。

正如詹姆斯·索罗维基在《群体的智慧》一书中所指出："面对复杂性和不确定性问题时，一个人被赋予的权力越大，就越有可能作出糟糕的决定。"① 为了保持战略方向的大致正确，同时更好地做好战略澄清，要求我们必须让团队广泛参与，并定期及不定期举行战略刷新与战略澄清会议。会议频率可以每季度或每半年一次，有时需要结合环境变化增加一些不定期战略刷新或战略澄清会。这样的会议节奏将保证公司面对内外部环境变化的敏捷反应力，避免战略决策风险，并让团队工作目标始终保持一致性。

战略澄清，要求我们在保持战略方向大致正确的前提下，确保组织中的每个人，都知道自己为何而"战"（专注做什么）；组织的核心竞争力是什么，又要"略"掉什么（不要做什么）；组织的原则底线在哪儿。

关于战略刷新（战略复盘迭代改进）和战略澄清，推荐一个工具：BLM 模型（Business Leadership Model，业务领先模型）。该模型源自哈佛大学，后被 IBM 发扬光大，因为华为引入并获得巨大成功，从而被中国企业所认识和接受。

BLM 模型是一个用于战略设计和战略澄清的工具与框架，如图 6-1 所示。它从战略意图、市场洞察、创新焦点、业务设计、关键任务、人才、氛围与文化、组织与绩效以及领导力与价值观等各个方面帮助管理层在企业战略设计与执行的过程中进行系统的思考，

---

① ［美］詹姆斯·索罗维基著，王宝泉译．群体的智慧［M］．北京：中信出版集团，2010.

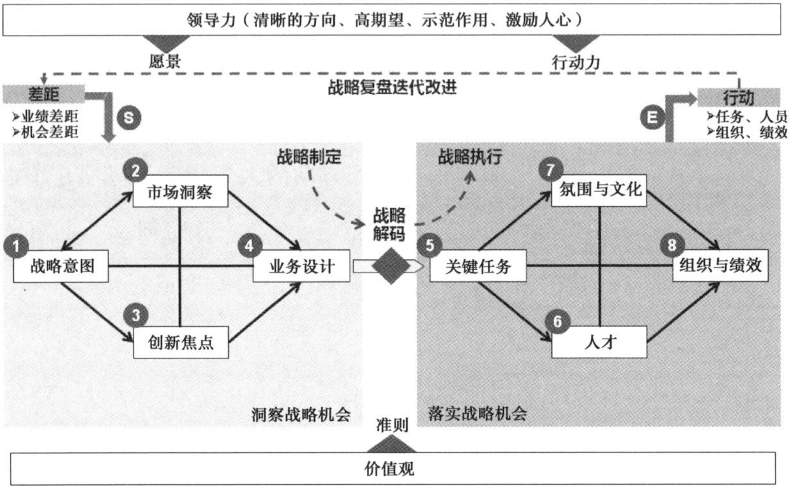

图 6-1　BLM 模型

务实的分析，有效的资源调配及执行跟进。

战略刷新是由不满意激发的，而不满意是对现状和目标之间差距的一种感知。从业务差距（业绩差距、机会差距、对标差距）分析开始，引发战略意图（基本战略、发展战略、经营战略、职能战略）、市场洞察（宏观分析、客户分析、竞争分析）、创新焦点（业务组合、创新路径与模式、资源需求）到业务设计（客户是谁、客户价值、公司利益、合作伙伴、持续性、风险分析）的全员思考与参与，完成企业的“战略刷新”。

围绕业务方案设计，具体落实为关键任务，并匹配相应的人才、继续营造好的工作氛围与强化组织文化、调整组织设计、明确责权利，完成我们的“战略澄清”。

战略澄清结果，主要体现为对以下四个维度的共识：财务目标与财务策略、目标客户及价值主张、关键流程、学习与成长。

以如何开好一个战略刷新和战略澄清会为例，我们可以导入塞氏中国研究院“战略复盘会议”的实践工具。

关于“战略复盘会”的示例[①]

1. 复盘会的节奏：多长时间开一次？

至少每 6 个月一次的定期会议，并视实际情况需要可以增加不定期会议。

2. 参会人员包括哪些？

团队所有人。

3. 复盘会的主要内容是什么？

定期复盘公司战略，进行动态刷新与澄清。

4. 为什么开复盘会？

当今的世界正在以我们从未见过的速度发生变化。一切都在变化，无论是竞争、客户需求还是技术。如果我们坚持僵化的战略以及用我们习惯的方式行事，我们也会变得过时。因此，我们需要不断讨论和评估我们正在做什么和我们将要做什么。分析什么是继续要做的、什么是不能做的以及需要改变的，为我们如何持续改进提供及时的洞察。这样我们才能适应不断变化的环境。

---

① 节选自塞氏中国研究院“组织力发展专家”的版权认证培训课件。

5. 如何做？

发现并庆祝好的方面。很多时候，我们在没有很好地学习并坚持正确方向的情况下，继续迎接了下一个挑战。把时间和注意力花在需要庆祝的事情上，想想为什么它被认为是正确的。

承认什么是错误的。人们不会为自己的错误感到自豪，所以有时他们会把错误掩埋，然后继续做下一件事。然而，错误是伟大的学习时刻。通过以公开和透明的方式讨论出错之处，以建设性的方式处理错误。责备或因错误而惩罚人们会阻止他们谈论自己的错误。错误始终是环境和团队动态的结果。创造一种文化，将其视为学习时刻而不是可耻的时刻。

确定需要改变的战略。形成一种以行动为导向的文化，在这种文化中，洞察力产生行动，而不仅仅是讨论。复盘的挑战在于产生了大量的见解（每个人都同意什么是好的，什么是坏的，什么需要改变），但实际上，没有作出任何改变。相反，根据从这些复盘中获得的学习和见解，讨论可以就哪些变化达成一致。确定需要在短期、中期和长期采取哪些行动。

团队规模很重要。每个人都有机会表达自己的想法和感受，这很重要。从这个意义上说，如果是一个小团队，它会快得多。但如果是10人或更大的团队，则需要更多时间。

指定协调人。让某人协调这些复盘会很重要。可能是团队外的人，也可能是团队内的人——担任协调人角色，并负责保持互动节奏。

“意义萃取、文化共创”和“战略刷新、战略澄清”，不是给团队洗脑，而是帮助团队找到目标、获得成功的软性工具。对外，提升应变能力；对内，提升凝聚力。技术层面，提高团队解决复杂问题的能力；艺术层面，帮助团队找到意义感，获得自驱力。

打造一份有意义的工作，定期/不定期刷新及澄清企业发展战略，给团队设置一个宏大的目标，并建立员工个人目标与公司发展目标的紧密连接，使得大家集体向目标前进，形成凝聚力，在自驱型组织中，并非难事。

只有上下同欲，方向一致，并且适时进行动态刷新，才能营造强大的自驱型组织。

如何建立共同目标及达成战略共识

犹太教典籍《塔木德》中有一句话：“如果一艘船不知道该驶去哪个港口，那么任何方向吹来的风都不会是顺风。”

企业组织由众多有着不同背景、不同诉求的员工个体组成，它本身就是一个复杂的社会环境系统。当公司开始朝着自驱型组织的方向变革，并开始承担更大的责任时，无论是部门、客户还是不同团队之间都需要更紧密的协作。

从共同的使命愿景，落地到共同的战略，再继续下沉，建立共同目标，是一切组织紧密协作的基础和开始。彼得·德鲁克在《管理的实践》一书中早已指出：“企业管理说到底就是目标管理。”

目标管理就是要从企业发展战略落地到团队及个人目标，并从目标层面调动团队各成员的工作积极性，建立并完成共同的目标。任何一个团队在寻求目标共识时都会遇到挑战。因此，最重要的问题是：“我们如何达成高度共识，建立共同目标？”

在自驱型组织中，团队不需要再思考“谁是你的老板，谁是我的老板”这种问题。这时，他们可以直接进入解决问题的模式，思考以下问题：

——公司的总体战略是什么？

——我们如何尽全力帮助客户？

——如何把团队目标、客户目标和利益相关方的目标都联系起来？

——如何让所有利益相关者就这些共同目标达成高度共识？

团队需要评估自己的目标、利益与所有利益相关方的目标、利益是否有共同点。为了找到共同点，团队需要创造一个积极的氛围，并鼓励彼此对不同的观点和经验进行公开有效的讨论。

出现问题或争议的时候，作为自驱型组织，团队中的问题相关方（而非传统组织中的管理者）有解决问题的权力。由团队来确定解决问题的目标，以及为了实现这个目标需要采取的行动步骤。这个决策策略的主要特点是：问题的解决方案来自与问题最为相关的人。

自驱型组织通过采取公开、包容和尊重每一个利益相关方合法需求的协商方式，实现协调一致。在传统组织中，达成一致是管理者的任务。随着传统团队向自驱型团队转型，这会逐渐成为一个团队全权负责或至少部分负责的任务。当团队开始处理建立共同目标的问题时，他们就会建立起自主性和解决问题的能力。

以下三点对达成“高度共识”，建立“共同目标”至关重要。

选取团队代表，共同决策

如果团队在学习如何与组织中的其他人共同决策，那他们一定会碰到需要与利益相关方达成高度共识的情况。想要达成高度共识，可以采取以下两种策略。

（1）建议策略。当自管理团队或其成员需要与多个利益相关方协调时，他们可以尝试听取所有关键参与者的意见和建议，并讨论决定是否要遵循这些建议。如果选择不遵循，则必须给出相应的解释。

（2）代表参与决策。如果这是一个组织范围内的问题，则所有团队都要参与。虽然这在规模较小的公司是可行的，但在大型组织中，让每个人都参与进来是相当困难的。所以，在人员众多的大公司，选取团队代表来参与决策是最佳方案。这为深入研究问题创造了空间，同时也可以结合不同团队的见解。从本质上说，代表们有各自团队的授权，可以相互协作，并提出符合团队和公司利益的解决方案。

管理者负责提出问题，而非解决问题

如前文所述，一个很重要的决策技巧是：让与问题直接相关的人来推动问题的解决。在自驱型组织环境中，团队成员无需在没有真正理解问题或认同解决方案的情况下盲目执行管理层下达的“任务”。相反，策略的重点是把拥有决策权的所有人聚集在一起，给予他们空间来自己解决问题。

这些策略使管理者从问题解决者转变为支持性角色。也就是说，在自驱型团队，管理者的角色只是提出问题，而不是提出解决方案。他们的责任是将团队内部和外部的所有问题负责人聚集在一起，并推动公开的讨论来解决这个问题。

随着团队在自管理方面的成熟，团队成员以及更大的组织中的人员可以在问题出现时启动这些决策流程。

问题越大，合作越需紧密

当自管理团队与其他利益相关者合作解决问题时，团队成员不应该再恪守自己内部的决策流程，而应该扩大自主决策的范围，以适应多个团队和人员参与的情况。在理想的情况下，你肯定希望团队足够迅速和敏捷，可以与多个团队高效协同、共同决策。但与此同时，他们必须保证这些决策是有助于实现团队和公司目标的。

当一个组织的内部出现问题时，管理层和所有利益相关者要共同决策。例如，当一家公司想要投资一个新的数字化平台时，以下是管理层、团队和所有其他利益相关者需要问自己的一些问题：

——谁应该参与这个话题的讨论？

——相关人员是否有足够的信息来作出合理的决定？

——我们能否又快又好地作出决策？

这里有一个平衡：小的团队可以保证速度，而所有利益相关方的代表可以保证质量。这就意味着，我们要思考：如何让每个利益相关者（代表）都参与，同时保证团队规模足够小，以便进行高质量的讨论？

总而言之，无论问题、规模和影响范围如何，自管理团队和公司管理层都必须努力协调所有利益相关方的利益和目标。当与问题直接相关的人能够公开分享和讨论这些问题时，利益相关方自然更容易达成高度共识。

此外，更加重要的是，在组织转型的过程中，需要明确并统一公司的基本战略，只有这样，团队才能在行动和决策的过程中有参考方向。最高管理层应确保公司上下对基本战略有一致的认知。思考以下问题将帮助你了解如何确保认知的一致性：

（1）制定公司战略目标时需要多少员工参与其中？

有些公司会让所有员工都参与目标制定。这在规模较小的公司是比较容易落地的，只需要员工一对一访谈和小组讨论就能确保每一个员工的声音都被听见。但在大型组织或者公司里，情况就会复杂得多。这些公司经常会采取“大规模干预”等方法，或是在公司各个层级和团队中选取代表。这个过程十分冗长，员工的个人观点也常常会被概括为较为笼统的陈述。所以对于这个步骤要非常谨慎，需注意时间的把控。

（2）我们的战略目标足够明确吗？

自驱型组织有能力作出符合公司目标的决策。但前提是，目标要足够明确，且团队了解如何助力目标的达成。泛泛地谈论开放性的目标是毫无用处的。最好能用一句话讲清楚整体目标，并确保公司全体员工都完全理解。

（3）简化目标。

组织发展需要一系列清晰的目标。针对项目绩效、进展和成功可以设定小于 6 个的目标，这样团队才能更轻松地协调行动，否则他们就会陷入各种成果汇总和汇报中。工作需要有重点，什么都想要的结果往往是什么都抓不到。千万不要低估了目标设定。设定公司目标并了解其对各个团队的影响将会是一项非常具有挑战的任务。

每 1～3 个月，在团队 / 部门 / 组织层面可以安排一次目标复盘会议，评估目标实现的进展情况。以下是在目标复盘会上需要讨论的问题：

——战略路线图上的项目是否仍然与目标一致？战略决策是否符合具体情况？

——如何判断我们在按部就班地向着目标前进？执行决策的节奏是否合理？

——我们是否有强大的反馈机制？在组织 / 部门层面，是否仍在努力保持灵活性？

团队可以深入探讨那些目标，看看其是否仍适应当下的情况。或者，可以评估目标实现过程中相关规则和流程的必要性，排除任何阻碍团队敏捷运作的因素。当这些讨论发生在团队级别时，需要由最了解一线状况的人提出必要的调整。这样的调整既合理又富有创造性，还能确保调整后的灵活性。

通过这样的复盘会，让团队和组织具备持续试验的心态，并不断就新的目标达成高度共识。正如阿里巴巴创始人马云所说：“不论组织规模如何，定期的复盘会议能让人明白：稳定从来不是常态，变化才是。”

关联阅读：华为的成功，是企业文化的成功

文章出处：本文首发于公众号“劳达 laboroot”，内容整理自前华为海外地区部副总裁、前华为海外地区部人力资源部 / 干部部长 Richard Zhang 在劳达咨询集团主办的“2020 年中国劳动法与员工关系高峰论坛”上的精彩分享，略有删节；完整演讲视频可见视频号“魏浩征聊自组织”。

为什么要建立企业文化？

我们说，现在是乌卡时代，大家日子都不好过。而华为的“冬天”年年有。2019 年 12 月 31 日，华为轮值董事长在新年致辞时提出：“2020 年面对美国强大的国家机制打压，华为公司是非常艰难的一年，活下去是我们的第一优先。华为要坚持以客户为中心，以奋斗者为本，持续为客户创造价值。”并提出了“保增长、提能力、优组织、控风险”的 12 字方针。

30 年来，华为公司不断取得亮丽的财务指标，在国际品牌、文化软实力的发展方面取得了长足的进步。

2019 年 12 月 15 日，中央电视台隆重举行品牌强国盛典，20 家国有企业上台领奖，都是大咖。而华为选派了一位 2014 年加盟华为的小姑娘上台领奖，主持人问她：“在你心中什么是文化？什么是华为？”

小姑娘答道："我理解的文化，是由每一位勤勤恳恳的华为人组成，每个人在各自的岗位上做好自己，为客户、为消费者提供最有价值的产品服务而努力奋斗。"

华为文化深入人心，才构建了华为强大的竞争实力。

1995年是华为文化核心价值观形成的一年，2020年是过去30年来华为销售收入利润下降的一年，除此之外华为一路高歌猛进。上一年员工数为19.4万，人员增长40%，效率翻到4倍，靠什么？

文化是纽带，制度是核心，利益是基础。

减员、增效、加工资。2019年面对美国强大的国家机制打压，中国经济下行的压力，华为公司依然实现了收入的逆增长。一个企业的竞争模型在哪里？华为取得骄人的进步，靠的是什么？

大家表面上看到的是华为研发强大的创新能力，华为公司市场的狼性，以及世界级的组织变革。但是，真正起作用的是水面下的冰，那些看不见的战线。文化核心价值观，起着最为关键的作用。一手抓我们的硬实力，一手抓我们的软实力，这就是文化核心价值观。

企业文化会直接影响员工的态度，同时也会间接地、直接地影响客户的态度，比组织再造更加重要的是文化权、思想权。

企业为什么需要价值观？因为企业文化内核就是价值观，它反映了我们企业价值创造的活力。核心价值观在我们的初创阶段源于企业精神。它是伴随着企业由小到大，由弱到强，从实践到哲学，哲学的实践，不断丰富完善提炼的一个过程。

核心价值观毫无疑问是企业文化的基石。一个企业从董事长、总裁、高管到基层员工共同的信仰，共同的信念决定了我们的组织行为，决定了员工行为。价值一定要通过关键的管理机制、管理的体系加以规范，从而形成生生不息的企业文化。

哈佛大学长期研究华为，他们总结出来，华为的企业文化是成功的关键。因为企业文化直接影响员工的态度行为，也会直接或者间接地影响客户的行为，形成了华为公司以客户为中心的商业结果。

企业初创阶段叫人治，随着企业规模的发展会走向法治。一个企业要走到百年老店，最终还需要了解“无为而治”的文化管理机制。

1998 年 3 月 23 日发表的华为基本法里面明确地指出：文化是第一生产力，资源是会枯竭的，唯有文化才会生生不息。

什么是华为的文化核心价值观？

今天给大家分享交流几句话：以客户为中心，以奋斗者为本，长期坚持艰苦奋斗。

华为文化核心价值观，商道天道人道，遵守的是普世的商业逻辑。我们所有的企业不管是国有企业还是民营企业，都是为了将有限的资源转化为客户利益，客户买单了，我们才有收入利润以及现金流支持，继而做大做强。

一个企业管理的目的是为了追求商业成功，因此我们要找到有效基础的方法，对外修身，长期艰苦奋斗，对内修心，坚持自我批判，不断地自我纠偏，强身健体。“信任不等于不监督，监督不等于不信任”，这句话众多的党委书记、总裁、董事长、纪委书记都非常认可。这就是华为公司2015年高调的官宣“监督也是生产力”。

所以，华为的价值主张非常清晰，直接引用德鲁克管理大师的一句经典语录：“客户是企业之魂。我们要宗教般虔诚地对待我们的客户。”

我们把利益分成三个层次，这就是华为管理的哲学：

（1）客户利益。华为从中国走向国际化走向全球化，从单业务走向多业务，无不在引领外部生产力。因此，以客户为中心为客户创造价值。

（2）员工利益。企业有没有战斗力最核心的是什么？是人力资源政策能不能激发组织活力，激发员工的潜能。奋斗者要有合理的回报，“以奋斗者为本”。把这件事做好了，就能够让你的整个组织充满活力，员工充满战斗力。

（3）企业本身的利益。作为公司创始人，企业家一定要考虑，公司如何持续健康地“活下去”，永久经营和发展，将有限的收入投入到我们的价值客户。

如何践行核心价值观？

文化是要落地的。华为形成了核心价值观落地的洋葱模型，华为是一个善于组织善于学习的企业，我们的核心价值观是在整个洋葱里面最重要的位置，这就是我们的信仰和追求。

我们要有行为的准则、制度的保障，最后是我们的物质层。心动不如行动，知道更要做到，文化要落地，就是“想、写、讲、做”四个关键词。

那么思想权、文化权，毫无疑问是我们的董事长、党委书记手中最大的权力，因为只有共同努力，才是我们长期艰苦奋斗的推力。

华为通过氛围的营造，通过绩效的评价，价值分配，持续的发酵，使华为的核心价值观，在19万中外方员工灵魂深处能够扎根，能够生根，能够更好地促进我们以客户为中心的落地。

30年来，华为公司形成了多种多元文化符号，每一个符号背后都是我们的管理哲学，也是我们核心价值观的表现形式。

华为文化三大典型特征包括：

（1）狼性文化。狼性文化是华为公司的高度综合。狼性三大特征：灵敏的嗅觉、不屈不挠的进攻精神、团队奋斗。这就是市场将士，我们要有机会第一，责任结果导向，团队的协同。

（2）阿甘精神、匠人精神。“板凳要坐10年冷”。华为每年保持5%到8%人才的自然流失，我们留下了这帮打引号的“傻子”。30年来目标坚定，默默无闻，今天在全球不分语言，不分民族，华为人有一个共同的声音，成功基于为客户创造价值的奋斗。

（3）伟大的背后都是苦难，成功唯有靠艰苦奋斗。艰苦奋斗是华为文化的魂，华为人痛并快乐着。华为除了胜利，别无他路可走，强大的战略之心。

资源是会枯竭的，唯有文化生生不息。华为以客户为中心，以奋斗者为本，长期艰苦奋斗，坚持自我批判的核心价值观理念，在我们全体员工点点滴滴的工作中不断地传承，不断地发酵。

企业文化，是华为的生命力！

核心价值观，是华为基业长青的根本保障！

第七章 ｜ 组织重启：自驱型组织架构改革

本章概览

在组织架构调整的起步阶段，不一定要同时改变整个组织架构，我们可以先从部门、团队或更小单元开始，由点及面。

组织架构要适合企业的自身基因，总体方向上以客户为中心，而不再是以公司职能部门和层级架构为中心；保持小而美的业务团队，让团队中的每个人都专注、聚焦于和客户有关的真正重要的事情上来；通过创建最小层级化架构，打破孤岛并促进团队之间的协作；组织架构改革就是要解决“利出一孔，力出一孔”的问题，由原来“段到段的接力”模式，调整为“端到端的无缝对接”模式。因此，我们主张从“职能型团队”转向“跨部门全能团队”。

建立局部试点，循序渐进，是实现组织架构转型最强有力的措施之一。

基本原则与方法

自驱型组织的发展需要良好的组织架构形态来支持。传统组织围绕着等级和壁垒来组织，以命令与等级体制为中心；而自驱型组织则围绕着员工和客户来组织，以人和目标为中心。

在组织架构调整的起步阶段，不一定要同时改变整个组织架构，我们可以先从部门、团队或更小单元开始，由点及面，星星之火可以燎原。这可能是一个相当复杂的过程，因此，为了保持变革的强劲势头，在做组织再设计的同时，应着手开始试点。

新的组织架构设计，要适合、因应企业的自身基因，总体方向上以客户为中心，而不再是以公司职能部门和层级架构为中心。

保持小而美的业务团队，让团队中的每个人都专注、聚焦于和客户有关的真正重要的事情。

通过创建最小层级化架构，打破孤岛并促进团队之间的协作，从而使组织更加敏捷和灵活。

在没有传统层级结构的情况下，能够及时有效地进行沟通和反馈是非常重要的。因此，提供持续的反馈并建立一些正式和非正式的交流空间，这种开放、安全的空间，让团队能够透明地互动和分享他们的感受和意见，对于保持沟通交流和减少权力距离至关重要。

当你着手减少组织中的层级结构时，很自然会看到来自管理层方面的阻力。你的一些经理，很自然地感受到组织架构改革的威胁，他们更难放弃他们刚刚获得的权力。在某些情况下，这种阻力可能足以使一些人辞去工作。但与其责怪他们不想放弃他们的管理权力，不如考虑让他们参与公开对话，倾听他们的真实需求和恐惧。只有这样，才能找到解决问题的最佳方法。

在任何组织架构改革的过程中，人们内心出现的主要恐惧之一是失去工作。你可以通过宣布不会解雇或降薪并且将继续重视他们的专业知识来减轻他们的恐惧。因此，有些经理可以调整角色为“业务专家”——这一举措承认他们的优势，并且不会被视为降级。当你以这种方式处理来自管理层的阻力时，反对变革的声音会变小，而忽视他们的恐惧和担忧则肯定会适得其反。

组织架构改革，是传统组织向自驱型组织转型中最复杂的部分，需要花大量时间对各种模式、假设、观点等进行讨论和试点。

在全面实施变革之前，我们需要建立试点项目。在试点阶段，我们要对所有的假设进行测试，测试要紧密结合组织变革的目标。比如，组织变革的目的如果是为了更好地服务客户，那么我们测试的重点就是考察客情关系、客户满意度是否有提升；组织改革的目的如果是为了提升经营绩效，那么我们测试的重点则是人效、增长率等是否有提升。

通过局部试点和实验来探索未知，快速迭代，实现新的运营及决策机制。这些试点也为自驱型组织的继续推进和全面实施，提供了重要的洞察，为自驱型组织的扎根发展创造了有利的环境。

我们梳理了渐进式自驱型组织架构改革的“五步法”。

（1）设计你的愿景。第一步是了解组织结构现状以及组织想要达到的目标。由于不太可能在一夜之间发生变化，因此需要采用循序渐进的方法制定计划，以了解进展和变化的实施情况。有一个专门的部门来领导，通常是 HR（人力资源）或 OD（组织发展）来牵头，但组织架构模型需要与所有部门的代表共同创建。在适当的情况下，也让员工代表、工会参与进来，征求他们的意见。

（2）与计划保持一致。在角色和职责方面将非常需要协调一致，尤其是中层管理人员，他们很可能害怕失去职位。解释他们的新角色旨在提供更多的促进、指导和协作。这种做法还可以最大限度地减少可能来自“八卦”的潜在负面信息，并使经理和员工对过渡阶段更加满意。

（3）从试点开始。从试点开始，这在大的组织中必不可少，因为不经实验的全面实施显然会带来更大的风险。要验证某些假设，请在安全环境中进行试验，如从特定部门开始。成功试点后，将其推广到下一阶段。通过不断地验证、公式化和交流，实现这种变化。

（4）为讨论创造开放空间。通过拥有所有人可以自由发言和非评判性倾听的空间，可以寻求合作解决方案。公开讨论可以积极管理公司的整体对话。人们可以得到抚慰，并且可以及时预测和解决问题。这将最大限度地减少团队架构转变的影响。

（5）复盘与回顾。在不同的阶段复盘、回顾和分析有哪些积极的好处、挑战，哪些做得好、哪些做错了。这为下一个挑战创造了一种学习心态。

团队做小，组织做大

英国牛津大学人类学家罗宾·邓巴（Robin Dunbar）在20世纪90年代提出的著名的150定律（Rule of 150），是指导团队建设并扩大规模的有用指南。

邓巴定律认为：人的大脑皮层大小有限，人类智力提供的认知能力允许人类拥有稳定社交网络的人数上限大约是150人。当你在一个组织中拥有超过150人时，记住他们名字、昵称和背景所需的努力会阻止人们真正投入，阻碍信任。落实到核心社交群体，多数情况下，则可能少于10人。数量超过10人的团队，在人际关系和工作互动中将难以保证沟通质量。我们的许多个人经历也支持了这一点：如社会群体在参加我们生活中的集体活动时，大群体总是把自己又分组成了较小的群体。

职场也不例外。集体决策很重要，因为它可以确保员工感觉自己是公司的主人翁。但是，如果你要与全公司所有人一起作出决定，则很可能永远不会作出决定。相反，将决策规模缩小到较小的团队是有意义的。保持团队最佳人员规模，以保留共享决策的好处。许多跨国公司都遵循这一原则：在一家公司中，通常最多150人，而这些人又分成了10人以内的一个个小组。公司规模一旦超过150人，通常会进行分拆。

团队成员人数太多，很难进行深入的讨论，难以让每个人都感受到参与感，也很难让彼此间建立深厚的联系。人们需要感到自在才能保持良好的关系和互动质量，规模太大的团队容易出现管理成本过高、效率低下、资源浪费、日益迟钝、行动僵化、反应缓慢等问题，进而使得组织力变弱。

人员规模较小的团队联系更紧密、生产力更高。把大团队分拆成小团队，对于提升组织活力、提高沟通效率等很多方面都大有帮助。在小团体中工作，有助于人们建立更好的相互了解、协作与信任关系，提升团队的敏捷力、创新力与活力。

大师级企业家、IBM 前首席执行官路易斯·郭士纳曾说："大企业总是不可避免地迟缓而且低效，小企业则是灵敏而快速，所以你应该把大企业拆成一个个的小块！"

亚马逊创始人贝佐斯为了保持组织的敏捷性，就一直努力把团队做小。为此，他提出了著名的"两个比萨饼"的原则：一个团队午餐时，如果两个比萨饼都吃不饱，就说明团队太大了，需要拆分。

传统大组织中的主要流程以及面向客户的服务功能，应在小团队中实现。相比大团队，小团队的每个成员更能展现出自己对组织的贡献，更加能找到成就感，因此更能增强员工的自我驱动力，也能更好地践行客户导向的价值主张。

当然，大组织的优势也很明显，在市场影响力、品牌形象、资源获取、成本等方面，大组织容易形成规模效益。我们既要规模效益又要敏捷力，把"团队"做小，把"组织"做大，是必要路径。我们建议在大组织中使用"小团队"的组织架构来组建团队并有效地扩展业务。

因此，我们在做自驱型组织架构改革时，有必要首先统一的一个思想是：在组建工作团队时，应保持较少人数规模，在作重要决策时，保证每位成员都有话语权；团队的分工、工作目标与关键业绩指标必须清晰、明确。

一线团队才是最了解其自身工作及客户的人。因此，在一线团队的运行中，用信任取代控制，放权给团队自行决策。如果团队能自行作出决定，无需寻求其他人批准，就能更快且更愉悦地执行决策。

与此同时，领导层由管理的角色向教练、顾问的角色转型，财务、人力资源、法务、IT 等职能部门由后勤、监管的角色向赋能业务团队、推动和支持业务的角色转型。

芬兰的手机游戏巨头 Supercell 公司，是一家执着于建小团队的公司。他们成立于 2010 年，发展到 2016 年时营收就超过了 23 亿美元，利润为 10 亿美元，日活跃用户超过 1 亿人。2016 年被腾讯花 86 亿美元收购时，Supercell 员工总人数还不超过 200 人。Supercell 认为团队的产出和效能与人数无关，而与团队健康度和契合度有关。小而优质的团队，往往更具战斗力（“最好的质量来自小团队，来自每个成员都对自己的工作充满热情的小团队”），因为“当团队变得更大时，流程、官僚作风甚至政治就会出现，工作就不再有趣了”。

Supercell 会强制要求大团队裂变为小团队，让单个团队维持在 10 人左右的规模。Supercell 的 CEO 埃卡·潘纳宁在十周年庆生文中，给无数试图业务扩张、组建新团队的企业，给出了具体建议：

“关于组建新团队，我们学到非常具体的事情是：首先组建一个非常紧密、运作良好的核心团队，比如2～4个人组成的团队。这使问题在某种程度上更简单，只考虑少数人比考虑十个人更容易。事实上，我们经常谈论这一切是如何从找到两个工作非常出色的人开始的。他们有完全的信任，可以完全了解对方的想法，同时可以带来不同的观点，使彼此更好。有时我们称他们为‘神奇的一对’！一旦拥有坚实的核心团队，就可以轻松增加人员和壮大团队。但如果没有坚实核心，请不要在团队中增加新成员！”

华为的“铁三角”、阿里巴巴的“小前台”、海尔的“小微”、平安银行的“跨条线敏捷小组”等，均为国内企业中获得成功的典型的“大组织”中的“小团队”。这些小团队的灵活性高，结构扁平，迭代迅速，试错成本低，能够支持业务发展，提升组织整体运转效率。

里德·霍夫曼在《至关重要的关系》一书中指出：“交易成本已不再是一种优势，任何个人都能像管理公司一样管理自己，小型团队也具有成就大事的空前强大的能力。在眼下乃至不远的将来，对环境变化的适应力和敏捷程度的重要性会逐渐超过团队大小和规模。”[①] 一则广为流传的例子就是美国Netflix（奈飞）公司凭借中央化的DVD租赁业务和小巧的规模，四两拨千斤地击败并最终摧毁了有9 000个门面、近60 000名员工和广泛分布的地理资产的美国

---

① ［美］里德·霍夫曼等著，钱峰译．至关重要的关系［M］．北京：北京联合出版公司，2013.

租碟业务巨头 Blockbuster。

“大组织”中做“小团队”，对于企业的敏捷力、创新力、协同力等核心组织力的保证与长足发展势在必行！

把“组织”做大，则包含了三层含义。

首先是小团队的复制、发展与裂变，规模化的背后往往能带来企业文化、市场与品牌影响力提升、成本降低等规模效益；当小团队需要永久化时，保持核心组（通常为 10 名成员）的强大，然后将其倍增。

其次是小团队背后研发、设计、营销等支持业务的技术性中台部门的扩大与强化，以及专业精干的人力资源、财务、法律、公关后台职能支持团队的搭配。中台与后台的强大与否，是否能及时给到前端小团队充分赋能与支持，是企业是否能做到“大分工大协同”的核心竞争力之一。

再次，随着组织力的持续发展强大（包括小团队的高效运转与中台、后台的强大），组织可以逐步发展出自己的进化能力，开始构建起相对开放的生态圈，打通组织内外部、产业上下游的边界与共生关系，突破自有资源的局限，实现内外部资源的流动与整合，极大地降低了管理熵，提高了运行效率，进入到能够自我持续进化的新阶段。

“美好组织”的基础在于其持续保持强大市场竞争力、持续创造客户价值、持续提升员工的工作幸福感、持续保证收入与利润增长的能力，这个能力的建设，需要我们坚持把团队做“小”，把组织做“大”。

从职能型团队转向跨部门全能团队

在传统组织中，通常按照特定职能划分团队，如市场部、销售部、研发部、生产部、人力资源部等。不同部门有各自的目标，研发有研发的目标，销售有销售的目标，生产有生产的目标，看上去很合理，但实际运营中问题不断。比如，产销脱节，要么库存积压，要么供不应求；产品定位与市场需求不一致，大量产品滞销；人事部不懂业务部门需求等。

组织架构改革就是要解决“利出一孔，力出一孔”的问题，由原来“段到段的接力”模式，调整为“端到端的无缝对接”模式。利益分配也是如此，不能只考虑本部门目标达成，必须通过协同，形成价值共同体。

因此，在自驱型组织中，按照客户导向的基本理念，我们需要组建涵盖多职能的全能型团队以更好地提供产品和服务。让事情变得更简单、高效，会对提升业务产生帮助。

公司的主要业务流程，以及面向客户的服务功能，应在跨部门的业务全能团队中独立实现；按客户导向的理念来设计一线业务团队，团队由不同职能的同事组成，他们具备所有相关技能，并拥有充分的自主权和资源，以便能够迅速地、全方位地、最大限度地满足客户的需求。

以有名的华为“铁三角”团队为例。华为为了快速响应客户需求，对过去分别独立的客户经理、解决方案专家、交付专家三个功能进行集成，三者形成了一个敏捷项目小组，针对不同的行业、不同的客户类别，提供端到端的一体化解决方案，并且小组内部的考核也是一致的，小组的业绩就是每个功能的业绩。

从“职能型团队”转向“跨部门全能团队”的变化，如图 7-1 所示[①]：

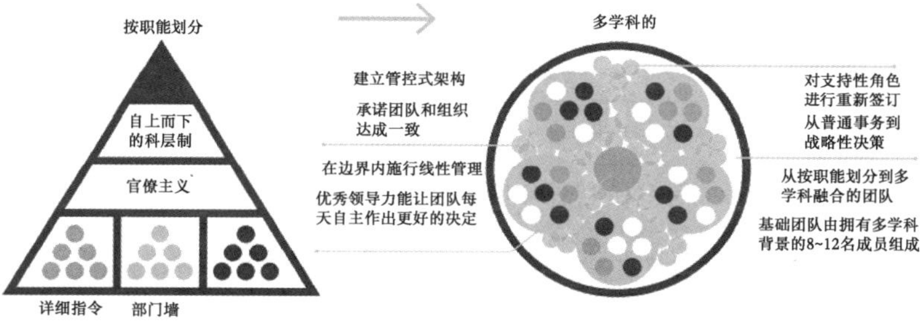

图 7-1　从“职能型团队”转向“跨部门全能团队”

“跨部门全能团队”的构成包括：

——团队应全面负责特定的客户、产品、服务或区域，即负责与产品交付、服务或区域性需求相关的所有工作；

——团队是跨部门的，能充分、独立满足其客户的服务需求；

——团队规模保持在 10 人以内。这个规模既能保证团队拥有跨部门的专业人才，又能确保所有团队成员之间紧密联系。团队人数的下限较为灵活——有些团队只需要 3 个人就能非常成功。团队人数的上限是非常严格的——团队超过 10 人，建议就进行分拆，或者根据项目和工作模式来重新分配。

---

① 来源于塞氏中国研究院“组织力发展专家”的版权认证培训课件。

组建合适的跨部门全能团队只是一个开始，我们要了解团队的需求。比如：团队的目标及行动边界是什么？想要达成目标，至少需要采取什么行动？有哪些内外部要求？

行动的目标与边界应尽量简化。设定团队可以直接影响的，以及在团队层面可以衡量的 4 到 6 个 KPI 就足够了。此外，对于内部、外部和行为上的要求，应尽量保持清晰简单。

通常情况下，团队仅仅是承担了更多责任，但却没有更多的方法来履行这些责任并取得成功。那我们能否给予团队更大的自由度，以及强大的授权和资源（时间、金钱、人员）呢？这样做是否能让团队实现之前设定的目标？这就是我们需要进一步实施的放权及管理模式的改变（详见第八章）。

在跨部门全能团队的模式下，传统组织中的分级管理会被取消，但原先部门条线的领导者和管理者仍扮演着重要的角色，他们需要转型成为教练型的支持者和赋能者，去帮助、支持和指导团队及员工进行正确的变革并持续进化。

有些不在主要业务流程中的部门，其职能可以商业化，公司对内部实行非强制性采购。

财务部门不再是预算等问题的审批人，其职能转型为帮助团队理解和管理预算和资源，角色转型为自驱型组织战略的关键推动者。财务专家可以承担以下职责：

——确保所有财务信息的透明。

——帮助团队建立相关的财务报表以跟踪工作进展（每周，甚至每天）。

——让员工具备理解和使用财务信息的技能和知识。

人力资源部门则不应该只是一个自上而下招聘流程的设计者，也不应该将招聘面试作为核心工作。HR 可以通过以下方式为组织作出贡献：

——提供招聘支持服务。例如，检查各团队的职位描述是否符合法律规定、通过合适的渠道传播职位空缺、就如何设置筛选流程提供专业建议，等等。

——在与金钱奖励相关的评估方面扮演关键的战略性角色。例如，目前的工作方式是否适合团队工作？在转型为自驱型组织的第一年，不适合进行薪酬奖金方面的探讨。但随着变革的深入，可以调整这些政策以更好地适应团队工作。

——组织团队培训与团队建设。帮助团队获得相关技能，如反馈机制、冲突解决、目标设定、高效沟通等主题。

在与财务和人力资源的团队就他们的新职责重新协商时，需要思考这样一个问题：如何让团队尽可能多地自行决策？这并不一定会导致员工职能的边际化。相反，这是一个为公司作出战略贡献的机会，也是一个对于在这些职能部门工作的员工来说，更具吸引力的愿景。

跨部门全能团队形成了“小而全”的闭环，解决了传统层级制组织最大的“部门墙”的问题，但潜在的新问题可能在于：小团队缺乏全局观，过分关注自身的工作，由此可能导致整个组织的协同力受到影响。

建立跨团队的员工内部委员会可以很好地平衡这一点，因为委员会能让他们关注到比小团队范围更广的领域。内部委员会将负责从传统的员工理事会到组织年度聚会等各种各样的活动，甚至还会涉及企业社会责任倡议等问题。

公司靠提出好问题、解决问题和执行好想法而茁壮成长，但很少意识到他们在工作场所拥有的员工经验宝库。组建员工委员会使公司能够轻松解决问题，并允许员工超越工作范围，追求其他利益。这些委员会的成立是为了实现集体利益或目标，无论是社会项目，如为某项事业筹集资金，还是计划诸如生日、工作坊、节日之类的活动。它们的形成是为了使个人或整个组织受益。

当然，这些委员会不是仅仅为了解决员工问题而存在的，也包括针对企业社会责任倡议，或组织公司定期的正式活动等。它们也可以组成临时活动、季节性和非正式活动，如星期五烧烤或庆祝生日的活动。与其他内部委员会不同，这些临时性委员会可以从小活动开始，活动结束即被解散。

当员工知道自己在遇到问题时会得到同事的全力支持，这会给整个组织的氛围带来好处。这种方法创造了一种非常互助、轻松和积极的工作环境，在这种环境下，感到动力不足的情况变得非常罕见。

以下是关于建立“跨团队内部委员会”的示例[①]。

① 来源于塞氏中国研究院“组织力发展专家”的版权认证培训课件。

跨团队内部委员会

做什么（what）

建立短期的内部委员会（按需小组），以满足特定需求，并帮助创造积极的工作环境。

为什么（why）

组建此类小组加强了员工之间的纽带，并为透明和公开的讨论创造了空间。由于员工可以自由地谈论他们的想法，这些按需小组变得非常擅长解决问题。它们有助于在工作中培养一个积极、支持性的环境，使人们保持积极和高生产率。但是，这些内部委员会最重要的方面是由员工为员工服务的。除非有要求，否则管理层基本不干预。因此，与公司的人力资源部门本质上是不同的，他们仅出于员工的共同利益而存在。

如何做（how）

确定小组的目的。通常成立一个内部委员会来解决特定问题。无论是为同事举办一个秘密的生日派对，还是为社会事业募捐，人们都会聚在一起做一些令他们感兴趣的事情。找到这种兴趣并将感兴趣的人划分为处理不同问题的小组。

充分代表不同的部门和观点。在组建委员会时，确保所有团队都有代表，并考虑他们的观点和意见。在这些委员会中保持成员自愿也是很重要的——因为没有人喜欢被迫。

与利益相关者进行会议的节奏。一旦委员会成立，就会达成每个人都必须遵循的简单的准则，但确保它不会变得具有约束力。制定会议的节奏同样重要——与所有利益相关者讨论所需的会议次数及其频率。在确定会议时间表之前，与所有参与人员达成一致。

定义领导力。在委员会开始工作之前，必须制定规则，以确保将来的平稳运转。这包括谁将主持委员会以及如何选择和替换他们达成共识。他们作为领导者的任期以及所需的素质也需要成为讨论的一部分。尽可能具体，以避免以后出现争议。

遵守10人小组的规则。尽管会有很多人对加入一个特定的委员会感兴趣，但是重要的是，该组的规模应保持很小，例如，成员人数在10人左右。尽可能保持这一点，因为它有助于使组中的每个人保持紧密联系。根据研究，一个团队越大，其核心承诺就越容易被淡化。

关注个人以及专业主题。委员会不能只关注活动或生日或企业社会责任倡议。作为一个致力于与同事们接触的团体，此类委员会的成员可以帮助他们的同事解决许多私人问题，并将帮助扩展到面临类似问题的其他人——有时甚至采取官方干预或在社会契约上制定新规则的形式。这样，办公室中的每个人都有一个安全的空间来解决问题并寻求补救，而不影响他们的工作质量。

局部试点，循序渐进

建立局部试点，循序渐进，是实现组织架构转型最强有力的措施之一。这种方法平衡了过度计划的倾向，赋能并强化了变革的方法。

通过小规模的试点尝试新的工作方式是一种结构化的方法，可以帮助我们找到针对现存问题的创新解决方案。当试点成功后，往往会为问题提供新的见解，从而推动流程并突破现有的认知门槛。根据试点的结果，它也可能会成为一种新的实践，或者最坏的情况，也能对过往不起作用的机制进行改善和优化。

试点时，积极创造参与空间，让组织中的每个人，不论职级，都能参与日常决策的过程；打破“思维孤岛”，鼓励新思想和以解决问题为目标的自由交流；采取当下决定或正式讨论的方式，使得旧有规章制度也可以按需随时更改。

试点的目标是：

——通过试点实验来测试新的组织模式与新的工作方法，找到现有问题的创新性解决方案，并最终提高客户满意度和员工满意度。

——通过试点来验证组织设计方案的合理性。试点在本质上是组织变革的试运行。其理念是：保证团队的功能与组织设计中所设想的一致，并在其中进行实验。唯一的区别在于试点规模较小，只需要从几个团队和几个人开始。

——通过试点来加强和推进变革管理。很多人都倾向于等计划制定好后再行动，但是当试点和内部沟通开始时，参与变革员工的积极性和互动性都会增加。

一种新的工作方式和组织设计，并不是目标本身，它可以带来更多，如更好的客户服务，更快的创新速度，等等。试点应该考虑到这一点，并以改进为目标，学会实现目标的方法。如果试点结果表明团队进入另一种工作方式之前需要耗费大量时间，而且可能影响整个项目的进度，则应尝试采取其他措施（例如，对所有团队进行更多的初始培训和指导）来解决这个问题。

关于如何进行试点的示例如下。

试点建立指南①

——选择足够多的试点团队来验证假设。具有代表性的团队结果通常是最有效的参考指标。一般情况下，一个团队有5名成员就够了，更少或更多都可以。

——至少计划3～5个月。我们需要1个月的时间来启动试点团队，在此期间，需要为即将发生的变化和必须遵循的方法作好准备。而接下来的3～4个月，则主要是进行实验，通过多次迭代以形成新的工作模式。

——团队应该在地理（国家、地区、物理位置）或其他与组织相关的环境因素上具有多样性。

——传播信息，寻找自愿参加的团队——总会有愿意先

① 来源于塞氏中国研究院“组织力发展专家”的版权认证培训课件。

行的人！

——通过赋能跨部门的工作技能，分配工作角色和人员，帮助团队自主管理特定产品、服务、客户或区域，从而模仿新的组织设计。理想情况下，员工和支持性角色也是团队的一部分。如果没有这些资源，至少需要指派一个做人力资源部、财务部等部门的对接人。

——以跨部门和独立团队的形式，记录变革中最重要的挑战和相关学习要点。例如，信任、平等、反馈或决策。同时，也需要组织各团队代表参加交流会议。因为与单个团队的微观学习相比，这种团队间的沟通会议更有利于学习集体的、整合的知识。

——对试点团队及其领导者进行培训和指导。

——选择要测试的关键性假设。可以从测试“行为边界”，包括 KPI 开始。

——制定沟通策略。我们应该思考如何在组织内分享学习经验和学习反馈。除了“官方的”、与工作相关的交流渠道（如公司内网）外，还可以定期组织会议，如每周一次的会议，让员工分享他们的个人学习体验和心得。此外，还可以制作易于分享的小视频，这种视频可以无差别地展示个人信息和观点。

——最高管理层对试点的投入应该与项目参与者一样多。毕竟，成为第一个在新团队中工作的人不是一件容易的事。如果最高管理层的关键人员在整个实验阶段都能参与其中，便能兑现他们对变革的承诺。

试点时要注意以下几点：

——你永远不会事先知道设计阶段的假设是否正确，所以要随时准备调整。

——迅速行动和适应。如果某件事没有按照计划（或设计）发展，那么应该在它产生任何负面影响之前就去改变它，并注意从中学习。

——在试点期间召开例会（通常是早会）以汇聚人心。除了经营计划、日常计划和各类活动外，务必通过以下问题让团队聚焦试点项目：试点的目标（或最终结果）是什么？试点目前的状况如何？正处于哪一个阶段？我们下一个目标是什么（或要实施的行动是什么）？我们计划如何进入下一个阶段（活动和实验清单）？

而针对规模小于100人的组织进行试点时，实验范围可以更小，甚至可以不为人察觉。在这种情况下，心理安全感很容易形成——因为实验的结果既不会影响职业发展，也不会对个人产生任何其他负面影响。

注意事项包括：

——计划3～5个月（包括1个月的启动时间）。

——可以把组织发展目标放在首位；把实验新的工作方法放在第二位。

——初期就安排好实验期间所有项目小组的会议，以避免项目组人员的日常工作占据过多的时间和注意力，以至于没有时间参会。

——实验中不需要大范围的内部沟通。实验结束后，可以在公司内部反馈学习经验、评价反馈等。

案例：小组制的新动力
——韩都衣舍的“小组裂变”自驱创业

以下内容节选、采编自：

（1）《赵迎光说韩都衣舍》，赵迎光口述/伟雅俱乐部编辑，机械工业出版社2015年版；

（2）2021年6月25—26日韩都衣舍的参访交流资料。

从2008年创立之初只有几名员工的淘宝小卖家，到如今拥有3 000人的互联网生态运营集团，年销售额从当初的20万元到如今的15亿元，连续7年荣获“双11”互联网服饰品牌销售冠军。

一分钟销售额破2 000万元，十分钟破5 000万元……2020年双11期间，韩都衣舍实现线上总交易额3.45亿元。即使在交易的高峰期，韩都衣舍通过自主研发的商业智能系统，订单一天内就可全部发出。

这背后源自韩都衣舍的创新组织模式——“以产品小组为核心的单品全程运营体系IOSSP”，即所谓的“小组制”。韩都衣舍的小组制一直受到社会各界研读分析，更是入选哈佛商学院、中欧国际工商学院、长江商学院、清华大学、北京大学、复旦大学、浙江大学等高校学府MBA、EMBA的教学案例库。

2021年6月25—26日，作为“向全球一流实践学组织力”的第四站，我们走进了韩都衣舍。

1. 小组制的背景

韩都衣舍在山东济南，找电商人才很难，于是公司起步阶段就将招聘对象锁定于刚毕业的大学生。职场新人刚加入韩都衣舍，就开始内部创业。招聘来的毕业不久的学生，角色定位并非雇员，而是创业者，3人小组合起来就是独立的海军陆战队。学习、成长、发展的速度，非常快。

同时，韩都衣舍创始人赵迎光认为，新生代的员工对于一个组织的要求是宁愿失业，也不能容忍自己的价值被忽略；崇尚参与，而不是自外而内的灌输与命令。而且这个趋势是越来越明显的，哪一个组织能够尽可能地实现他们的这种要求，那么这个组织就能够留住和沉淀下优秀的人才，这是由客观的环境和主观人的变化的要求所导致。

2. 小组制这种组织模式有哪些特点?

产品开发及运营由300多个产品小组组成，公司所有职能部门均围绕如何赋能小组而设置，公司所有的行政、财务、物流、摄影、技术等部门均围绕小组去服务。每个标准化小组均为3人小团队，原本分属于3个部门的3个人，共同成立了一个跨职能、可以独立经营的小团队。

小组制的创立和成熟的运营体系，突破了传统的科层制架构，解决了科层制的弊端：拆掉了部门墙，解决了跨部门沟通合作的效率问题；用小组＋大组＋独立品牌，形成了强大的组织合力。

为了突破小组的瓶颈，能够充分发挥规模效应，韩都衣舍的小组制还配套了一些独特的机制，例如，将组织中大数据、人事、财务等可标准化的部分，组建大后台；赋能服务的小组后面则成立“支撑性小组”。小组制后面有大后台的赋能支撑；3～5个经营小组上面，成立了同一品类的大组，大组上面是独立品牌。这样一来，就解决了独立与合力的统一问题。小组＋大组＋独立品牌的协同合作，解决了传统小团队缺乏合力的弊端。

韩都衣舍给了小团队很大的放权，如商品选款、下单量、定价等方面，都由小组自主决定。同时，也设定了清晰的边界，确保公司在放权的同时不失控。韩都衣舍对每个产品的毛利润率、库存周转率等均设定了明确的标准，并以此进行启动资金的投资、赋能。销售越多，资金支持力度越大。每年会按照前一年的经营情况，设定第二年的投资额度。

小组能成功裂变，与韩都衣舍的分配模式、激励模式分不开。例如，销售额的70%用来进货，赚的钱分给组长，组长自行决定如何分配。组长分一半给另外两位组员，组员成长起来后，又可自行成立新的小组。因此，小组有两种裂变方向：① 小组做得好的，组员成立新的小组；② 小组做得不好，组员则重新选定组员和组长。

3. 小组制的裂变机制

现代企业的师徒制，强调的是辅导、教练、赋能。一方面，让新员工更快成长、更好融入公司；另一方面，师傅要获得更高成就感，提升领导力和影响力等回报。师徒带教制，内部经验分享往往是企业投资人才、培养人才的高效方式。形成人才梯队，并能推动团队有机裂变，10 人变 100 人，发展到 1 000 人、10 000 人，良将如潮。

但在企业中，内部经验分享，却总是推不动。“老带新”的难点，广泛存在。很多公司都非常重视知识共享、内部经验分享，甚至专门设立了企业大学，却还是请不动公司里的牛人，更不要说倾囊相授了。

老人为什么不愿意带新人？种种原因，归根结底，无非利弊权衡，认为投入产出比不高。一来，很多当师傅的为了防止日后徒弟反水，总留有一手，最后当徒弟的往往难以得到师傅毫无保留的真传，出现一代不如一代的局面。二来，激励机制不足够吸引老员工承担新人培养的职责，尤其是在一些成长周期较长的销售行业。

韩都衣舍也鼓励小组裂变，一直保持企业活力。那么关键来了，为什么每个组长都愿意带新人，还愿意将自己培养的得力干将分裂出去呢？

因为韩都衣舍还存在着“提成培养费”。这一制度规定，如果一个小组的成员分裂出去，重新组建了一个新的小组，那么他作为新小组的组长需要向原来培养他的组长缴纳一年的培养费，即每月需要将自己 10% 的奖金划分给他原来的组长。在这一制度的激励下，原来的组长也愿意小组成员进行分裂，因为分裂出去之后，他就额外又多出一份收入，教会徒弟饿死师傅的窘境迎刃而解。

这种带有孵化性质的“师徒制”最大限度地保证了优秀种子的筛选和快速培育，为公司的品牌运营服务提供了大量的人才储备，是公司培养人才的重要环节。

由新人成长为师傅，韩都衣舍会特别为他们举办“成人礼”，可以继续做品牌甚至孵化小品牌，保持持续增长，韩都衣舍集团与其合作成立公司，韩都衣舍集团占股70%～80%，从员工—成为公司老板—经验分享—获得股份，从获得不错的收益到获得财富自由，带教成长路径非常清晰。

4. 小组制取得的成绩

韩都衣舍在创业初期试点实施小组制，随着试点实践，发现试点团队的战斗力远超过传统科层制的团队。因此也就坚定了实行小组制的决心，并扩展到全公司。

实施小组制的团队中，员工活力得到了充分激发：响应效率高；主观能动性、积极性高；创新力、团队活力强。

互联网为快速试错提供了机会和土壤，韩都衣舍大量招人、成立很多小组做研发和创新，这和互联网的特点和运营规则，是有一定关系的。在这样的商业模式下，韩都衣舍做的组织创新，形成研产销一体的小组制，避免了部门间的相互推诿，提高了运营效率。正是组织与商业模式的配合，成就了韩都衣舍和销量规模。

5. 小组制成功的原因有哪些？

首先，企业一把手的管理风格、理念和意识。韩都衣舍一直秉承民主管理，杜绝一言堂，很多决策都是共同决策的结果，这样看上去效率低，但也保证走的错路比别人少。

其次，韩都衣舍的小组虽然自负盈亏、自主进行产品开发，但小组之间能够很好地开展信息交流与分享，这与韩都衣舍早期招聘的土壤有关，大学生刚毕业就进公司。简单、开放、阳光、积极，是企业的核心价值观。

再次，先小范围内做试点。韩都衣舍发现产品和销售两个部门之间的互相推诿后，就将他们拆散了合二为一。刚开始高层对小组制也充满疑虑，所以先在小范围做试点，发现小组的效率得到很大提升后才全面推开。

最后，韩都衣舍采取部门制的时间比较短，早期就做了小组制，所以变革的负担相对较少。

第八章 | 员工激活：放权、边界和团队自管理

本章概览

自驱型团队的内部运转机制，涉及权力分配、管理技能、工作流程、决策等复杂事项。放权的核心要素是帮助领导者控制和减少控制，“自管理”不等于没有管理，建立“边界”可以确保在放权的同时不会失控。自管理的起点是团队自行决策以及管理层退居幕后，以下五个关键技能帮助自管理团队走向成熟：按角色将绩效和目标分解；提高决策能力；加强反馈和解决冲突的技能；设定开会的节奏和频率；与团队教练合作。自管理团队还需建立敏捷决策模型、日常工作机制以及领导层适度管控的内部治理机制。①

① 本章核心内容来源于塞氏中国研究院“组织力发展专家”版权认证培训课件中“路线图四至六：下放决策权、自主管理和适度管控”，有修改和删节。

科学放权及边界设定

领导力变革、战略刷新和组织重启，皆是为了激活员工，营造一个充满创新力的组织氛围，为自驱型组织培育肥沃土壤。在良好氛围的基础上，要想充分激活员工，权力、流程与管理边界的设计至关重要。

信任和共识，是放权给团队，让团队自主管理的前提和基础；而自管理又能反哺、增进信任，促成更多共识的达成。自驱型组织运行的核心方法，是科学放权与边界内的团队“自管理”。

放权的核心要素是帮助领导者控制和减少控制。当你信任他人并将其视为成年人时，你会发现不再需要控制他们，因为他们知道自己需要做什么。它还孕育了信任，这是公司的最佳生产力工具。

当传统团队变成自主团队后，也会获得一些额外的好处。比如，由于没有管理者监督他们在何时何地工作，团队在计划如何工作方面有更大的自由。这样一来，他们将能更好地平衡生活与工作，也能在不受办公时间和着装规范约束的情况下更专注地投入工作。这也意味着他们有时间去实现自己的个人目标，从而在成为一个优秀的员工的同时成为一个全面发展的人。这关乎个人利益与团队 / 组织利益的一致性，会提高团队的绩效表现。

管控企业并不意味着控制员工。而且，按等级划分的层级制管理模式给顶端的管理者制造了一种幻觉——他们能控制员工和业绩。设置这些本不必要的管控体系是为了防止一小部分员工给公司的利益造成损失，但却让大部分无辜的员工感到不被信任。这值得吗？是时候该开始减少管控了。

当然，我们不是建议你一夜之间取消所有的管控，这样只会带来混乱。但是，如果我们可以探索替代性的管控举措，采取最轻量化的流程，在给予员工更多自主权的同时为激活团队、为公司增值，何乐而不为呢？

尽管许多组织现在都在涉足团队自我管理，但大多数组织并不确定自我管理的实际运作方式。团队需要什么来管理自己？领导者应该做些什么，应该避免做些什么？存在很多混乱。在传统的层级组织中，授权的固有过程进展缓慢，从而使整个变革徒劳无功。

要使一家公司真正掌握团队自管理的精髓，其领导者必须深度理解与认可自我管理。自管理不等于没有管理，建立边界可以确保我们在放权的同时，不会失控。

确定设定边界的流程

谁来决定自管理的边界？不同企业组织的情况、背景不一样，答案也不尽相同。在某一家公司，边界可能是固定的、确定的，是由管理层提供的。而在另一家公司，边界可能是由全体员工共同讨论确定的。

此外，我们也要思考边界对各个层面管理者心理安全感的影响，这也很重要。我们要看管理者是否愿意与团队分享决策权。如果管理者只是被告知，他要将责任移交给团队并退居幕后，结果肯定是不理想的。在变革初期就打破所有边界，期望团队自力更生、自行决策也是不现实的。因此，划定边界的关键就在于围绕行动边界展开高质量的深度对话。心理上的安全感是至关重要的，因为只有在这种状态下，参与对话的双方才能直抒胸臆，提出自己的担忧，员工也才能真正按照有别于管理层意见的方法行事。对于这些不同的方法，管理层需持开放态度，并向团队证明他们言出必行。

这就是为什么在刚开始实行自我管理的组织中，重要的是首先在高层管理人员那里创建安全的空间，确保管理层和团队之间可以进行高质量的交流和讨论；然后，继续在经理和自我管理的团队中创建安全空间；最后，这些自我管理团队的成员可以进入一个公开、透明的对话。大家在讨论时都应该是彼此信任的和有安全感的。

决策权和责任的下放是信任的表现。虽然管理层仍需在初期对团队进行指导，但权力的下放本身就代表着他们对团队决策能力的认可。

从团队的角度来看，他们需要对整个流程有一种内在的主人翁意识，并且发自内心地认同行动的框架和边界。如果团队参与变革的原因是担心不参加就会失去工作，或期待参加了就能更快升职，那就说明他们还没有准备好，也不应该参与其中。员工需要有足够的安全感来表达不同的观点，管理层也需要接受一个事实，即不是每个人都能立即做出改变。

在初始阶段，团队通常会出现一些具体问题。虽然对于经理来说，自行解决所有问题更为轻松，但更明智的做法是与团队一起合作找出解决方案。这样，团队就会觉得他们的诉求得到了倾听。因此，他们也应该以成熟的方式行事。

请记住，在这个阶段，管理层仍然在一定程度上拥有控制权——他们仍然是连接部门和传播信息的人。但他们必须学会帮助和推动，而不是授权和管理。管理者不再需要掌控全局，他们必须"摒弃"为每个问题寻找解决方案的冲动。否则，他们将会剥夺团队的主人翁意识。

在所有这些不同的对话中，团队教练的角色是旁观观察，并在注意到以下情况时进行干预：人们并没有真正在倾听对方；领导者在口头或非言语上引起恐惧；某人表达自己时含糊不清；还有其他背景问题，分散人们讨论边界的注意力。

在每一次会议中，团队教练都需要将焦点重新聚焦到边界上，并使人们习惯于谈论它们。边界有助于使人们对期望、实现和需要完成的工作保持明确的清晰度。

当团队和管理层共同为行动划定界限时，他们必须明确何时可以/应该介入。例如，如果存在像COVID-19这样的极端情况，行动的边界因外部情况不可避免地发生了改变，管理者可以介入并重新协商边界。

如果公司计划全面实施这种权力下放，那么管理层需要考虑以下几个重要方面：

——如何在授权团队自己做决定的同时避免团队间相互竞争？

——如何促进团队间达成更多协作，并帮助他们一起解决问题？

——如果有多个团队在做相同或类似的工作，如何保证他们在特定的边界内做到最好，同时又能相互协同为客户提供最优质的服务？

管理层应与团队合作，并帮助他们达到所期望的标准。这种情况下，需要安排定期互动，以确保团队在从经理的知识和经验中受益的同时掌握自行决策的能力，并最终实现自组织。

建立行动边界

通过进行团队对话，建立自我管理团队的行动边界（见图 8-1）。这些边界包含了所有工作都需要满足的四个主要方面的关注：

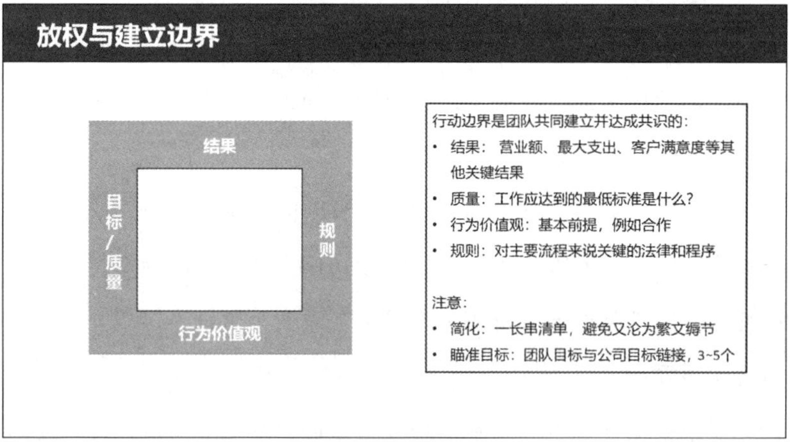

图 8-1　如何建立边界①

① 来源于塞氏中国研究院“组织力发展专家”的版权认证培训课件。

——工作结果，如营业额、最大支出、客户满意度等关键结果。

——工作交付质量：工作应达到的最低标准。

——工作的合规性，包括是否符合法律要求、关键规则、关键流程等。

——行为价值观：为实现上述目标而进行互动的方式等。

只有当自我管理的团队以及监督其进度的领导者了解他们可以自管理的界限时，他们才能真正理解所涉及的期望。

在划定行动的边界时，需注意以下几点：

——简化。如果行动边界的框架是一长串复杂的“该做什么”和“不该做什么”的清单，那么框架很有可能会沦为另外一份令人厌倦的繁文缛节。所以，应该是简短的、切中要害的且全面的。

——瞄准目标。在制定行动的边界时，需确保其与公司战略目标和使命愿景一致。同时，也要思考团队如何在努力实现目标的同时衡量他们的业绩表现。要做到这一点，团队应该选择一组（3～5个）关键指标来跟踪与公司总体目标相关的指标。他们还应该尝试将自己团队的目标与其他团队的目标以及公司的长期目标联系起来，以便更接近终极目标。

在设定边界的同时，明确团队的自由度也同样重要。比如：

——预算。团队将根据自己的判断来分配预算。大多数情况下，预算是按特定事项进行分配的。可以有“用于解决客户问题的预算”（例如，一定数量的团队成员可以在没有获得任何许可的情况下帮助客户解决问题），也可以有创新、营销等方面的预算。

——授权。团队可就关键事项自行决策。例如，门店或当地分支机构的营业和歇业时间。

——其他资源。团队自行决定支持性人员的分配。

设定边界的其他参考建议

规章制度最初是为了最大限度地提高质量，使员工更清楚并帮助他们提高工作速度和效率。通过创建既定的工作流程、规则和系统，无需每次重新思考整个过程。

但是，当规章制度失去常识并开始将重点放在对人的处理上时，就会变得压抑并降低组织的信任度。

组织效率和创新的关键在于营造一种氛围，使员工像成年人一样受到对待。但是，这并不是说所有规章制度都应取消——规则确实有其位置。当他们将注意力从客户服务转移出去并以监控的名义创建不必要的工作时，需要对规章制度提出质疑和重新界定。

设定边界的其他参考建议包括：

共同定义自我管理的界限。无论参与者是谁，会议都应帮助人们就自管理的不同界限进行公开对话。

在对话开始之前不要结束对话。确保参与者花费足够的时间讨论和共同定义构成不同边界的内容。会议结束时，每个人都应该清楚什么是质量和安全准则、合规等。他们还必须充分意识到不在这些边界内工作的后果。

首先解决潜在问题。在打开关于自我管理及其边界的对话之前，团队教练需要确保不存在任何可能妨碍人们在边界上进行真正对话的潜在问题。团队教练必须非常敏锐，倾听他人的想法，从人们彼此交谈的方式、问题的质量以及领导者的肢体语言中获取提示。人们是否同意领导者所说的一切而没有提出任何疑问或异议？人们是否担心自己直言不讳而被嘲笑？这些非常微妙的迹象表明，在可以打开边界的诚实对话之前，需要首先解决其他潜在问题。例如，不切实际的目标、即将被解雇的团队成员或正在进行的组织重组工作。

如果存在潜在问题，则进行单独会谈。单独会谈需要有一个安全的空间，使对方能够公开表达自己的真实观点、恐惧和焦虑。如果团队教练对团队非常熟悉，则可以跳过单独会谈，在对话会议中直接进行公开讨论。

将对话过程与其他利益相关者关联。高层管理人员就自我管理团队可以自主运作的界限进行了深入而开放的对话之后，讨论需要再移到下一级进行。不同的经理需要与各自的自我管理团队进行类似的对话，然后这些团队的成员之间必须进行另一次会议。其理念是创建更多渠道来讨论边界，并帮助自下而上生成反馈和评论。他们先前对话的见解需要引发关于边界的下一轮讨论。

讨论有人越过边界时应采取的措施。一旦每个人都清楚他们需要在什么范围内工作，下一步就是考虑采取补救措施，以防发生越轨行为。毕竟，边界并不是没有意义的，每当有人越过边界时，都必须通过确定的措施来强化边界。例如，考虑人们行为的界限。在传统组织中，行为上的违规行为会受到上级的纪律处分。但是，当涉及自我管理团队时，就会变得更加复杂和具有挑战性，因为团队成员必须对同事进行管教。一个自我管理的团队可以一致决定，对针对某个人的种族或性别的歧视或笑话或性骚扰零容忍。而且，当有人越过边界时，他们将被团队解雇。这是一件艰巨的任务，如果他们首先没有就边界的问题进行讨论，那将是不可能的。

让团队教练参与所有对话会议。在每次会议期间都应有团队教练出席，并帮助人们理解为什么这很重要。很多时候，这是这些人第一次谈论边界。此对话过程旨在清除围绕管理期望的模糊性，以便人们可以在设定的界限内进行自主决策。

找到超越边界的目标。边界本质上是限制性的，它们不应该成为自我管理团队的焦点。领导者和团队教练需要帮助自我管理团队讨论并制定所有目标。他们需要看到超越边界的更大图景——类似于地平线上一个有吸引力的点。它需要给团队一种方向感，并让他们思考："好吧，这就是我们要去的地方！"当团队有一个巨大的目标时，有助于产生巨大的积极能量，然后边界就可以成为包含该能量并以正确方式引导它的支持系统，否则，这些边界就会变得令人窒息。

可视化。关于边界和将责任移交给团队的整个讨论可能是非常抽象的。一种简单的方法可以使它更加明显，那就是使用物理符号来标记领导者和团队成员之间的这种转移。例如，领导者可以将接力棒移交给团队成员，以象征性地代表责任的移交。此外，为了更可视化，还可以将指挥棒交还给领导。稍作休息并进行更多准备后，接力棒也可以交还给团队成员。

为行动边界创造仪式感。通过一些象征性的动作让人们感觉到边界的真实性。例如，团队可以让每个人在新边界中添加他们的签名。或者，管理层可以给团队成员提供一些有形的东西，如办公室的钥匙（在可行和必要的情况下），以创造一种归属感和主人翁意识。这些动作可以在很大程度上帮助人们真正投入到新的工作方式中。

鼓励大家在回答“我们为什么要这样做”时进行深度的思考，避免不假思索和下意识地回答。通过多问“为什么”，可以将盲目遵循系统规定、流程要求和领导指示等习惯扼杀在萌芽状态。打破组织间的壁垒，让员工自由交流新想法和创新型解决方案。奖励给公司带来价值的好主意。

团队自管理的五个关键技能

在实现团队自管理的过程中，开端可能是好的，但如果没有规划，也很容易偏离轨道。团队必须为每一个潜在的挑战做好准备，并团结一致共同面对。这里指的挑战并不仅是绩效，还包括其他因素，如决策、反馈和冲突的解决，以及传统管理者需要承担的责任。

团队自管理的基本原则是：团队中每个人都要为部门和组织的质量和成果负责。实践这个原则需要企业家的思维和独立负责工作的自由。在这个漫长而艰难的旅程中，团队需要解决各种问题。

自管理的起点是团队自行决策以及管理层退居幕后，五个关键技能将帮助自管理团队走向成熟。

将绩效和目标分解为角色

一般而言，岗位职责会对员工的绩效产生巨大影响。因此，他们会觉得完成岗位职责内的工作就够了。一旦这种心态形成，员工就不再有动力去做职责之外的事了，也不再想去探索其他能发挥自己才能和经验的方法了。

自管理团队则不会产生这种心态，因为他们决定要为结果和目标的实现承担更多责任。所以，他们必须思考如何塑造自己的角色和责任来实现团队的目标；必须从本职工作中跳出来，转而关注自己的角色和责任。自管理团队的工作不再由职位描述决定，而是由以下这些问题决定：

——我有什么特别的技能可以为提高团队绩效发挥价值？

——为了实现团队目标，我应该扮演什么角色？

——我的天赋 / 技能能否帮助达成预期结果？

传统组织中，经理负责设定目标并创建岗位描述，现在经理不再设定目标了。目标是团队在管理层的协助下自己制定的。这时，团队成员就必须共同探索如何发挥各自的角色效应，协同合作，实现最终的目标。在团队成员就各自的角色和目标进行讨论时，他们需要仔细思考以下几点：

——当前的角色是否让他们离目标更近了一步？

——如果团队内部关系紧张，应如何调整自己的角色和职责来缓解这些紧张关系？

如果团队实现了所设定的每一个目标，那就意味着他们做的每件事都是正确的。对于经理/团队教练来说，引导团队远离自满情绪也是很重要的。他们应该让团队思考如何才能不断成长以及如何才能取得新成果。这就是目标设定的重要性。团队需要像职业运动员一样，始终跟自己较劲，试图打破个人记录。同样，团队需要设定看似遥不可及的新目标，从而推动自己超越现有水平。

当团队无法实现目标时，紧张情绪就会产生。当然，无法达标的原因可能是人手不足，需要引进新人才，或缺少提升绩效的技能。这时，团队教练便需要帮助团队明确改善问题的方法。

提高决策能力

经理一般负责团队的所有决策制定，但现在团队可以自己做决定了。这正好是一个由内而外制定决策策略的好机会。以下是一些实用的建议，可以帮助自管理团队作出更加成熟的决策。

——自管理团队必须制定自己的决策策略，从而快速、专业地作出决定。但首先，团队成员必须了解适合他们具体情况的策略。

——每次都达成一致几乎是不可能的。只要没有严重的反对意见，团队就可以在尚未完全达成一致意见的情况下继续推进他们的决策。

——每个成员的知识都是有限的，术业有专攻，应该允许团队中的“专家”，代表团队作出与他们的专业领域相关的决策。

——另一种方法是让团队中的“专家”进行研究，随后与团队分享相关研究信息并提供建议，这样团队就能作出明智的决策。

——投票表决时需谨慎，少数服从多数未必是最佳方案。消息灵通的少数人可能会有充分的理由采纳或拒绝多数人的投票结果。

——管理层的作用是确保团队能够获得他们需要的全部信息，并且确保所有信息都是透明的、易于理解的、易于获取的。

——团队还必须积极参与招聘决策。虽然这些决策一般由管理层负责，但在招聘的过程中，团队要有发言权，甚至对团队成员的选拔有最终决策权。因为团队目前在目标的达成上承担了更多的责任，所以他们必须有权决定录用哪些人是更有利于实现目标的。

加强反馈和解决冲突的技能

同样，反馈和解决冲突是一项传统意义上由管理层执行的任务。但现在团队必须学会如何给予和接收反馈，以及如何自行解决紧张关系。通常情况下，反馈过程会变得比较复杂，所以为了保证反馈简单有效，团队必须思考：如何通过给予彼此反馈以提高整个团队的绩效。但在他们做到这一点之前，团队要确保彼此之间是相互信任的，以及每个人在心理上都是感到安全的。

建立信任和安全感的一个好办法是赞美和欣赏。我们应该鼓励团队成员分享他们对彼此工作的贡献，以及他们看到的彼此的贡献。这是对目标结果进行反馈的基础。不论反馈是好是坏，赞美与欣赏都会让大家更愿意分享和反馈。

解决冲突时，团队必须提供诚实的反馈来解决问题。但是，如果他们无法解决自身的冲突，则需要求助外部人士（如经理或团队教练）。经理虽然有能力解决紧张关系，但可能不是解决冲突的最佳人选。因为他们仍需对结果负责，所以可能会从结果的角度来处理问题。即使经理能够把结果放在一边，相关的团队成员可能还是会认为经理是从结果的角度出发的。这时，团队教练或相关支持人员的介入，能够帮助团队找到摆脱困境的方法，让他们继续向前发展。

行动的边界是冲突发生时的关键契约。就算团队和管理层已经就“每个人都必须互相尊重”的边界达成了一致，当团队内部的紧张局势爆发时，这一边界很快就会被遗忘。这时，就需要通过明确团队针对“相互尊重”的定义来重新划定这一边界。例如，“相互尊重”意味着不在背后议论他人。如果有人违背了这一点，其他人必须能够站出来说：“我们不能在这里议论他，因为他现在人不在这里。如果你觉得他哪里有问题，可以直接和他本人谈，而不应该在背后议论别人。”

因此，对于团队成员来说，定期更新他们的行动契约的边界是很重要的。增加和修改边界，可以确保他们能以团队的形式齐头并进，也可以减少团队内部的冲突。

设定开会的节奏和频率

作为一个团队，为定期的互动设定一个频率非常重要，因为只有通过互动，团队才能明确如何实现他们的目标。一个团队多久开一次会，取决于他们所做的工作。例如，在工厂里，一个团队的工人可能每天不止一次需要开会，那他们可能就会站着开会，从而快速互动、更新和调整。但是，不需要这么高频次互动的团队可能会选择每周开 1～2 次会。

团队开会的频率不足每周一次是不太理想的。因为这意味着或许他们不需要组成团队就可以达成目标。如果一个团队不需要经常见面合作，那么他们的工作很可能是不需要团队协作的。此外，每周至少举行一次会议可以帮助他们践行协同合作的承诺。

设定会议的节奏，也包括建立与经理的定期互动。当然，没有必要每天甚至每周都与经理见面。但是团队应该经常与经理见面以保持他们之间的联系和信任。在这些互动中，经理和团队成员可以通过相互询问以下问题来互动：

——团队的工作情况如何？

——你们需要经理提供什么支持吗？

——经理有什么新信息要分享吗？

——如果团队想在行动边界内更好地工作，是否需要经理帮助他们建立信任？

如果有问题需要解决，经理可以利用这些互动的时机介入，以解决任何阻碍团队发展的冲突和问题。管理者可以通过询问以下问题，来了解团队是如何建立信任的，比如：

——团队是否积极致力于建立信任和心理安全感？

——你们用足够的时间去了解对方吗？

——你们了解对方的天赋和技能吗？

——你们是否尝试去理解对方的弱点，以及他们过去的经历？

这些问题可以作为一个跳板，让团队成员更深入地了解彼此，建立信任，相互尊重。

与团队教练合作

对管理者而言，将他们的知识传递给团队，然后退居幕后并不是一件简单的事。事实上，他们仍要对团队的表现和整体目标的达成负责。而这让他们很难真正退居幕后。这就是为什么新的自主团队需要一个外部支持系统（即团队教练）。

团队教练不会受到团队表现或目标达成的影响。他们在职能上也与团队没有联系。当团队面临反馈、信任和冲突等问题时，这种局外人视角将非常有效。教练也可以提供一些培训课程（包括正式的和非正式的）来帮助团队掌握自管理团队成功所需的技能和心态。

自管理团队的敏捷决策模型

传统的科层制组织将决策权置于组织的顶部 / 中心，换句话说，即在离终端客户最远的地方。由于缺乏对此类决策的反馈和干预，这会导致决策效率低下甚至作出错误决策。当信息在层级中过滤时，会被扭曲，并影响决策质量。

借助自驱型组织文化，我们可以放权，将一些决策权授予一些团队。虽然这是伟大的第一步，但这并不容易，尤其是当团队习惯于服从命令而不是自主决策时。企业需要肥沃的组织土壤，来培养内部的良好决策技能。

提高组织的敏捷性，始于将决策尽可能靠近与客户、供应商或合作伙伴直接交互协同的成员。由于他们率先注意到客户或供应商场景的变化，因此为他们配备专业决策工具，将使组织能够快速响应变化。

按照以下四个因素建立自管理团队的决策模型（BIGS 决策模型），对于自管理团队敏捷作出好的决策至关重要。

决策边界

自管理团队可以在哪些范围内自主作决定？这可以让团队了解他们在作出决定时，牢记的限制条件与规则边界。这些边界条件与前文所提及的“放权”的“行为边界”相同（见图 8-2），通常是组织不可违反的底线与不可触碰的红线，如质量、客户满意度、法

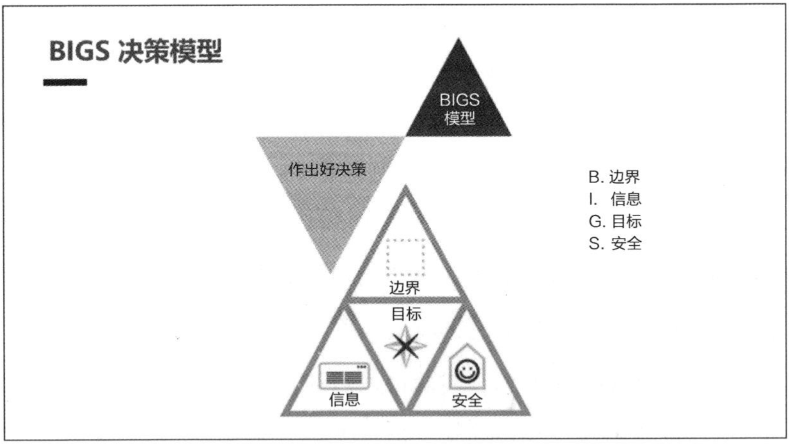

图 8-2 如何建立边界[①]

① 来源于塞氏中国研究院“组织力发展专家”的版权认证培训课件。

律合规性或强制性功能要求等。

新的决策团队有时会因为担心破坏组织规则而陷入无所作为。这些条件则为他们提供了可安全操作的“边界”。掌握这些信息可以增强团队士气，给他们增加勇气和信心，他们作出的决定不会危及公司核心竞争力。

信息透明

既然团队要对自己的选择负责，那么所有业务信息都必须是透明的，确保团队能够理解该信息并基于理解作出重要决策。其中，财务信息是最为紧迫且重要的。这些信息应当是简单、易于理解且易于访问的，掌握信息的团队，往往会作出更好、更快的决策。可以共享的信息越多越好，信息不必仅限于技术或功能，它应该包括业务和商业。这使团队能够很好地理解他们所做工作的完整背景，并让他们拥有更明确的目标感和主人翁意识。

目标简短明了

自管理团队必须充分理解组织的目标或关键绩效指标，且尽量使目标清单简短明了。目标太多会导致注意力不集中和混乱。关键绩效指标也应该以团队中每个成员都能理解的方式来构建。一旦理解了目标，团队成员就更理解团队目标如何与组织的目标保持一致。如其 KPI 所定义的那样，团队作出的任何决定，都应与组织的目标保持一致。

心理安全感

自管理团队最初很可能会在作决策时陷入各种纠结、挣扎，决策可能会延迟或带来不理想的结果。在团队提高自主决策能力时，此类情况是不可避免的。在缺乏安全感的情况下，团队会排斥冒险，以尽可能保持安全感。只有在团队中建立心理安全感时，这些挫折才能带来成长。

比如，假设一个新组建的团队未能实现其设定的目标，在没有心理安全感的情况下，团队会倾向于选择降低下一个冲刺的目标。但是，如果不惧怕失败，团队将评估每个成员的个人优势并加以利用，重新改善工作方式，并且继续尝试在不降低标准的情况下达成既定目标。

另一方面，如果团队在缺乏安全感的氛围中工作，他们往往会作出安全但非最佳的决策。当团队感到安全时，作出决策的唯一依据是什么对公司来说是正确的，而不必担心要取悦个别领导或管理者。

此外，为减少作决定过程中不必要的团队内耗，可以尝试使用以下三个步骤来简化团队的决策流程：

（1）共识。刚开始接触自管理的团队可以先从就某个主题进行开放式讨论开始，而无需作出最终决定。因为人们希望达成共识，不只针对关乎团队的整体决策，甚至在于各种细枝末节的问题上。譬如，可以使用具体的建议相互“拍砖”，来寻求其他成员的反对建议，而不是一开始就寻求达成共识的最终结果。

（2）授权。随着团队逐渐成熟，能够开始理解每个团队成员的不同优势，最好让团队中某个领域的专家，代表整个团队作出决策或就其专业知识中的某些问题提出建设性建议。以一个由2～3个技术专家组成的团队为例：团队可以授权他们选择用什么付款系统向哪个供应商付款。这将有助于减轻压力，节省时间并作出更好的决策。

（3）谨慎行使投票权。某些自组织团队倾向于通过投票（少数服从多数）作出最终决策。注意，这种做法很危险！假设在8人团队中进行投票决策，其中2位持反对意见。这时采用少数服从多数的民主策略，其风险在于整个团队会忽略了那2种反对的声音。对于自组织团队来讲，及时听取不同的声音十分重要，因为任何不同的声音都可能有充分的理由，必须对最终决策进行重新评估。所以为应对这种风险，将决策机制完全颠倒过来，让团队共同讨论每一个决策的可能性，或许是作出最优化决策的不二之选。

由于取消了领导/经理的角色，团队必须自行解决冲突。这时，分享个人故事在团队建设过程中便尤为重要。然而，当团队中发生不可缓解的强烈冲突时，寻求团队外部支持（团队教练）介入才是明智之举。

及时反馈仍是自组织团队的主旋律。在传统组织/团队中，及时反馈是经理的任务。但在自组织团队中，积极寻求反馈时才会让团队成员连接更紧密，从而提高决策和组织效能。让团队逐步自主制定最适合其本身的独一无二的决策机制，而不是照搬照抄其他组织的方法。

自管理团队的工作机制

在自管理的组织中，不再需要经理“管理”。当没有人管理团队时，为团队协调和跟进工作创造节奏和空间是至关重要的。这避免了任务理解中的问题和差距。为确保“球”不会掉落，自管理的团队需要确定节奏，定义良好运转的工作节奏以确保工作流程的有序。通过调整节奏，团队在彼此之间建立信任。如果你的意见不是必需的，那么你无需参与决策。这设定了团队将在适当的时间从正确的来源找到支持的期望。

节奏是遵循“敏捷”流程的团队如何工作的关键组成部分。根据重点，将适用不同的时间范围。对于眼前的优先事项，如今天的工作应该每天讨论，但对于长期工作的讨论，有不同的节奏，如每月或每年两次会更合适。这种汇聚共识和共创的方式在保持生产力和注意力方面大有帮助。

自管理团队需要确定工作优先级，根据重点需要确定每周、每月和每年的节奏。

取消传统管理会留下空白，因为“传统管理”存在于整个管理信息流和决策过程中。如果没有提前商定的结构，团队可能会陷入混乱，在这种情况下，每个人都可能会被问到所有的事情，或者可能在没有适当指导的情况下仓促作出决策。有了事先确定的节奏和工作机制，团队就会知道如何在正确的时间寻求正确的支持。

自管理团队的工作机制重点包括：

——制定适当的节奏。根据重点和任务，团队需要讨论并决定会议节奏。

每日例会。每日例会专注于日常工作，目标是快速互通信息、问责和支持。每个成员回答以下问题：“你昨天做了什么?”“你今天在做什么?”和“是否有任何障碍需要支持才能克服?”这些会议旨在简短而有效，并非旨在讨论项目的细节。如果有任何障碍需要帮助，利益相关者应在事后会面推进。这一切都与速度有关，旨在传达这些会议对速度的需求。

每周冲刺。每周冲刺专注于每周目标。周一，团队就本周的目标/重点达成一致；周五，将审查进展情况，每个人都会回顾下周可以改进的地方。这种节奏是关于作为一个小组明确一周的重点，并在一周结束时开会评估什么是对的，什么是错的，什么可以做得更好。

每月部门会。与每周冲刺类似，每月部门会议旨在将回顾级别提高一个档次。这涉及部门内的所有团队，并包括与整个部门特别相关的主题。在塞氏，这些会议结合了财务汇报和对进展顺利的事情以及可以改进的领域的复盘。何时组织这些月度会议完全由部门决定——这些会议的频率或议程没有自上而下的强制要求。

季度会议。季度会议作中期讨论。为了实现战略目标，团队每三个月开一次会，研究下一个季度或下一年度的目标。季度会议还旨在审查和跟进先前作出的战略决策，解决整个业务中的运营、团队成员、公司文化等问题。在塞氏，此类战略会议称为股东大会，整个组织都参与其中。一般来说，这些会议每 2～3 个月组织一次，员工可以自由提问、索取更多信息或期望听取与整个组织相关的财务和战略方向的汇报。它们是员工可以畅所欲言、提出想法并提出解决方案的安全空间。

两年一次或一年一次的总结。这种身临其境的会议需要持续几天，因为其想法是加深团队成员之间的关系并加强联系。它也是一个很好的平台，可以包含不同的讨论，如建立关系、共同梦想和其他在常规会议中不会发生的对话。这个做法是更多地关注人而不是运营议程。人们经常带着既定的期望来参加这样的总结，比如，“啊，我来这里是为了遵循一些非常鼓舞人心的议程，做一些鼓舞人心的事情，然后再回去工作。最终，这会以某种方式加强我在工作中的关系，我会觉得自己是团队的一分子。”但是，这不是保证。通过在几天内在不同的地点激发灵感，它可以是变革性的，有意义且有影响力。这个想法是真正打破企业惯性——并讨论任何相关的事情。

——设定期望。你需要有一个目标并尊重你的期望。另外，由于团队是自管理的，团队必须就会议的形式达成一致。没有正确或错误的方法，这取决于团队的背景和精力来投资这些不同的后续活动。例如，对于每日目标，团队可以每天在特定时间见面以达成目标。他们可能会同意每天见面 15 分钟，但不会更多。这样每个人都有一两分钟的时间来分享他们在上述问题上的意见。这样团队可以继续为每周冲刺、季度会议和年度总结设定节奏。在推出这个节奏之前，团队必须组织一个节奏定义 / 协议，以便每个人都有一个共同的理解。

——不要太拘泥于形式。虽然必须设定期望，但团队也必须在重要时拥抱灵活性。例如，如果每个人都不能亲自到场，就不要召集会议，而是在线进行。如果将人们同时聚集在一起太困难，请采用远程方式。例如，跨时区、跨地区工作的人们可以利用钉钉、飞书、腾讯会议、共享文档等平台发布信息交换文本，团队中的其他人可以跟进。

——多一些时间和耐心。很可能按照某种节奏开会在最初几天可能与你预期的不一样。这可能会占用更多的时间，因为人们可能花费的时间比每日例会所允许的时间长得多。或者，某些会议可能无法真正达到目的。但最终，事情必定会落实到位，团队将能够有机地清除可能成为障碍的行为和其他事。

当一个组织从传统的层级管理制度转变为团队自管理时，对于管理层来说，这是一个变化巨大的时刻。作为习惯于负责团队所有事务的人员，管理者们发现退居幕后适应新角色非常困难。对于领导层来说，在变革的起步阶段，放权非常重要。当问题出现时，管理者和团队需要共同探索如何控制所发生的一切。他们需要找出参与的每个人是否都在通过角色和责任的公开对话来解决问题。

团队自管理不可能在一夜之间实现。相反，公司需要让他们的团队采取小步快走、循序渐进朝着完全自我组织的方向前进。首先需要明确回答“团队什么时候表现良好？”这一问题。当你这样做时，讨论将始终涉及促进心理安全的某些边界。

最终，团队将变得足够自信，可以突破这些界限，并就目标设定、战略制定和绩效评估进行公开对话。而且，只有当他们在自我组织中成熟时，团队才能真正拥抱自驱型组织的思维方式。

适度管控：仅在必要时介入

在向自驱型组织转变的过程中，管理层和人力资源部门的角色变化最大。在过去，经理扮演着“指挥和监督”的角色，但现在他们更多的是提供帮助和支持，只有在必要的时候才介入，进行适度管控。为了避免混乱，与管理层重新确定工作内容、讨论他们扮演的新角色和需要达到的新要求是非常重要的。

在某些情况下，人们可能没有做好适应的准备，或者没有能力作出所需的改变。但这是一个必须跨越的障碍，因为如果不改变现状，自驱型组织就不会形成，保留旧模式是毫无意义的。管理者必须意识到团队现在是独立运作的，已经不再需要他们的管理。管理者如果继续扮演与以前类似的角色，往往会导致团队和管理层之间职责的不明确，双方都不知道谁应该承担责任。一旦管理层介入，自管理可能会被扼杀在摇篮之中。

自管理并不意味着不管理。协调和统筹的角色将永远存在，只是经理不再负责管理而已。这是一个重大的调整。在自驱型团队中，管理层可以思考其他能为团队赋能、增值的方法。现在自管理团队拥有决策权和相应的责任了，为了确保目标的达成，要求管理层必须具备一套新的技能、知识和角色。

当团队适应自驱型团队的新现实时，管理层必须知道如何提供支持。如果团队想讨论他们作为一个自我管理的团队的进展情况；或者，如果他们有任何疑问或需要某些建议，管理者可以使用他们的专业知识来提供建议。例如，团队可能需要有关制定自己的战略或设定自己的目标的建议——这是管理者作为指导或协助者介入的绝佳时机。

管理者应该做的另一重要事情是通过设定边界来建立心理安全性，尤其是在开始的时候。当新的自我管理团队知道他们可以采取行动的界限时，就可以更轻松地自我设定目标，制定行动计划并加以实施。

例如，塞氏企业从1980年代启动组织变革开始，在随后的几年中，变成了一家几乎没有规章制度的公司。但是，从传统的等级制到没有任何规章制度的公司的转变并不是凭空发生的，随着一些错误的发生，他们意识到需要围绕“无规则”一词进行大量沟通和协调。有一次，塞氏企业的员工穿着短裤和人字拖走访了供应商工厂。几次之后，供应商联系了塞氏企业区域经理，他说：“你办公室里的那个人做得很好，但这是我们第二次不得不为他借鞋，因为不能穿拖鞋进入我们的工厂……”

这是一个很小的例子，说明了为什么在提供大量自由时仍需要确保有足够的沟通和适度的管控。重要的是要提醒人们在常识与新发现的自由之间取得平衡。如果不是这样，人们可能会有自己的理解，最终可能会做一些不可接受的事情。

管理层可以从以下几个方面继续推进组织的发展。

提高团队绩效

尽管管理层需要退居幕后，但他们仍要对团队的最终绩效负责。管理者可以通过与团队定期开会来追踪绩效。在这些会议上，管理者需要对团队成员正在从事的工作是否存在方向上的问题，以及实现预期目标的可能性进行公开透明的讨论。如果事情没有如预期的那样发展，管理者则应该以恰当的方式适度介入。例如，可以提出以下问题：

——有哪些问题亟须解决？

——为什么业绩会下滑？

——执行了哪些补救措施？

——为了让团队业绩恢复正常，我能做什么？

更重要的是，管理者在讨论问题和可行性解决方案时，需要拿出平等对待的姿态。团队成员应该感受到经理是他们的盟友和支持者，而不是对他们的工作进行检查和补救的上级领导。这些对话需要以成年人对待成年人的方式进行，只有这样，大家才能意识到自己的责任，并主动解决问题。

推动问题的解决

有时，客观原因可能会阻碍问题的快速解决。例如，团队人手不足、工作量过大、缺乏足够资源等。在这些情况下，管理者需要确保团队拥有作出最佳决策所需的一切资源。管理者可以通过询问团队负责人相关问题来推动问题的解决，比如：“如果你是这家公司的老板，你将如何解决这个问题？”换句话说，管理者必须授权团队自行解决问题。

管理层不能直接介入并“解决”自管理团队的问题，但是，他们确实需要帮助团队成员澄清真正的问题所在，确定真正的问题负责人是谁。例如，如果一个团队没有达到他们期望的结果，这是团队的问题，管理者不应该采取行动来解决。相反，团队应该探索如何提升绩效。管理者在此的作用是简单地描述问题所在，帮助团队了解真正的问题是什么以及真正的问题负责人是谁。

一旦确定了真正的问题负责人，管理者需要推动团队讨论解决方案、应实现的目标以及需要在哪些范围内工作，然后，管理者就应退居幕后了。从那时起，问题负责人有责任采取必要的措施并自己解决问题。也许这是传统管理人员要适应的最困难的事情，尤其是在初期阶段——但这是他们表现出对团队解决自己问题的信任，同时又为他们提供了共同创建的边界和外部支持时的心理安全性问题。

建立团队的心理安全感

当团队出现问题时，扮演新角色的管理者很可能会条件反射般地立即介入。团队所犯的每一个错误都让管理层感到沮丧，当所有这些被压抑的挫败感达到临界点时，管理者就会立即尝试掌控整个局面，而不是遵照先前计划好的方法行事。

为了避免这种情况的出现，管理者需要换一个视角，他们应该把每次问题都当作是一次机会，并利用这次机会在团队中建立心理安全感和信任感。通过推动团队的自驱力发展，让他们了解自己的目标、角色和工作协议，来帮助他们独立达成目标。这样一来，管理层和团队就能通过平等合作，而非相互指责的方式来解决问题。

同样重要的是，我们要意识到并不是每个问题都需要与管理层合作解决，团队也可以自主决策。比如，如果有一位团队成员破坏了工作环境，或者因为自己的工作问题影响了这个团队的可持续发展，那么最直接的解决方案就是让他离开团队。这个决策权完全在团队。如果需要管理层介入，也应该是在团队独立尝试了解决问题的各种可能性之后再介入。不到万不得已，管理层都不应该直接介入。

激发团队的主人翁意识

当团队建立起了主人翁意识，他们就会开始像企业家一样思考，这样一来，他们对自己所做的每一个决定的利弊都会有更深刻的理解。管理层的工作就是培养他们建立这种决策自信。

管理者可以通过以下几种方式在团队中建立更强的主人翁意识和企业家思维。

——提供必要信息。管理者必须确保团队能够获得足够的正确信息，来作出明智的决定。但这不仅仅是信息透明度的问题，也是管理者角色转变的问题，他们必须确保团队在需要的时候能够拿到条理清晰的信息。例如，所有更新过的必备信息都要完整有序地呈现在一览表中，并且团队在需要的时候就能拿到，这样他们才能像企业家一样作出决策。

——使用正确方法。团队能使用正确的方法来战胜挑战吗？换句话说，他们是否有足够的资金、时间和资源来应对挑战？经理可以做些什么来帮助团队获得这些资源？在这种时候，管理者必须跳出公司系统的限制。

——掌握自由。一旦建立起行动的边界，就没有必要再遵循那些传统的规则和制度。例如，在一定的时间段内工作，着装规范，固定的休息时间等。如果有一些规则和程序不能完全取消，管理者必须想办法将它们简化或减少，这样团队就不会受到不必要的阻碍。

仅在必要时介入

当团队试图提出问题的解决方案时，对管理者而言，提醒他们行动边界是个好主意。边界可以帮助团队缩小范围，提出更集中的行动计划以解决问题。

与以前不同，管理者不能再直接向团队质疑他们的绩效。他们需要与团队进行对话，并共同创建边界。管理者不能干预团队选择其实现目标的方式，除非事情真的向不好的方向发展，并且团队没有在边界内行事。

在新角色中，管理层需要在不剥夺团队所有权的情况下与团队互动，他们需要考虑如何帮助团队承担更大的责任，以及如何调整组织系统以增强团队的自主性。其实关键在于激发团队自主运转，并赋予他们更大的权限去寻找最佳解决方案。这需要与所有利益相关方达成共识，并增强团队的响应能力。而这就需要管理者在团队寻找问题根源时提供帮助，并允许他们自行制定解决方案。

另一方面，如果管理者把自己完全排除在外，团队就会失去对他的信任。当团队意识到他们没有能力独立解决问题时，管理者尤其应该帮助团队。如果他们继续推动团队独立解决问题，只会让团队成员产生更多的挫败感，从而进一步阻碍团队的发展。

让我们来假设一个场景：公司起初非常看重某个雄心勃勃的团

队，并且把某个目标分配给了他们，但事后他们却无法实现这个目标。但如果在这个时候降低目标，则可能需要团队或公司内部多承担一部分成本，但这并不是团队可以自主决定的决策。在这个场景下，管理层有责任作出这个决策。管理层需要重新划定边界，以确保团队在边界内能对自己的目标全权负责并达到预期的结果。

当团队在建立自管理和自主性的信心时，管理层所扮演的角色可能会产生正面或负面的效应。正是在建立信心的过程中，管理者才必须要真正给予团队信任，并相信他们能依靠自己的力量来解决问题。如果管理者在这时代替团队作决定，建立信心的一切成果都将瞬间土崩瓦解。

案例：40位员工如何“管理”1.5万名护理员
——博组客的自管理实践

【作者按】博组客的自组织案例是塞氏中国研究院“组织力发展专家”版权认证培训的核心研讨案例之一。

博组客简介

组织的进化轨迹似乎并非过往经验可以定义，更加创新、开放、多元的元素非但没有降低组织的运行效率，反倒让很多组织如虎添翼，效能增倍，员工满足感提升，其中也有佼佼者——博组客（Buurtzorg）：荷兰目前最大社区居家照护组织。

博组客是一家非营利性企业，为老人和病人提供家庭护理服务。成立于2006年12月，创始人为若斯·德布洛克（Jos de Blok）。博组客创立之初仅有4名护士，到2018年已超过15 000人，成为欧洲居家护理行业当之无愧的领导者。在其成立的第8个年头，市场份额已达60%。

博组客不仅真正从客户对照护的需求出发，并且深入研究了以往社区照护体系中的各种弊端，从改革提供服务的组织体系出发，关注照护专业人员的需求，提出了独具一格创新的运营模式。和大部分企业不同的是，博组客采用自我管理的运营模式。博组客拥有千余个自我管理团队，每个团队由10～12名护士＋护工组成，尽管员工总数超过15 000人，而其总部员工仅有40多名。

2014年，创始人若斯·德布洛克凭借其在居家照护领域突破性的贡献获得了由伦敦皇家艺术学院（RSA）颁发的艾伯特奖章。

在博组客成立之前的行业痛点

从19世纪开始，荷兰的每个社区都有一个护士上门照顾病人和老人。社区护士和家庭医生以及医院系统密切合作，一起构成了荷兰医疗健保系统的核心。

20世纪90年代，负责支付大部分医疗费用的医疗保险机构想出一个符合逻辑的主意：

为什么不把这些独立的护士们组织起来呢？毕竟从规模到技术互补方面，这样做都有显而易见的好处。当一个护士休假、生病或仅仅需要好好睡一晚上时，就可以找到别人代班。如果一个人工作量超高而另一个工作量刚好处于低谷时，组织可以出面来平衡工作量，况且不可能每个护士都了解所有的病理类型，组织起来还可以做到技能互补。

很快，小型护士组织为了规模效应开始合并，护士组织的数量在5年内从1990年的295个迅速下降到1995年的86个。任务不断专业化：有人负责接收新病人并决定护士应该如何服务他们；新招来的计划员负责给护士制订每天的日程，优化她们从一个病人家到另一个病人家的路程；呼叫中心员工开始负责接听病人电话……

由于组织规模的扩张，区域经理和总监被任命为老板来监管现场工作的护士们。

为确保计划的准确性并提高效率，每一种照护干预都规定了时间。例如，有一个公司规定静脉注射时间严格控制为10分钟、洗澡10分钟、包扎伤口10分钟、更换压力袜2.5分钟。

为了降低成本，对这些不同的护理（当时叫作“产品”）根据专业技术进行了分级：有经验和工资较高的护士只从事难度更高的“产品”，工资较低的护士则进行其他所有的操作。

为了跟踪效率，每个病人家门上都有一个条形码，护士在护理完每个病人后必须根据她们交付的“产品”进行扫码。所有活动都在中央系统中存有时间记录，可以进行远程跟踪和分析。

在追求规模经济和技能的现代组织看来，所有这一切变化都是如此地顺理成章，但结果却让病人和护士都很痛苦。

病人失去了原来与护士的个人联系。每天（有时如果情况需要，一天好几次）都有一个新的陌生面孔出现在他们面前，病人（经常是老人，甚至是有时头脑不太清楚的老人）必须打起精神向每一个初来乍到而又行色匆匆的护士再次讲述他们的病史，而这些护士的日程中根本没有安排任何倾听的时间。护士要做的事就是换绷带、打针、出门。系统中没有把病人作为人的记录，病人成为被施予产品的对象。

人与人之间的联结丧失，医疗质量也打了折扣：照护毫无连续性，每天换一个护士，病人健康状况变化过程中微妙但很重要的线索常常被忽略。

护士们认为这样的工作条件有辱她们的人格。大部分护士选择这一职业本来是出于帮助别人的使命感——做护士并不是可以致富的行业——而组织的这些做法简直是在嘲讽她们的使命感。

在这些组织的总部工作的人们找不到工作的意义。随着组织的扩大，管理的层级也不断增加。每一级经理们都在尽力做好自己的工作——指导下级，密切关注预算，仔细确认每一项的资源申请，并且在批准任何一项计划改变之前，确保已经照顾到了问题的方方面面。这样一来，工作的主动性和积极性也就消失殆尽了。

博组客的自组织运营实践

1. 独到的护理模型

博组客的照护对象涵盖各年龄层次，主要针对出院康复、患有慢性病而导致失智失能的老年人群体。在照护模式方面，博组客会整合邻里社区资源来进行养老照护，并以个性化照护取代标准化照护，同时强调老年人自我照护和独立性。

为此，博组客自创了一种新型的服务模型——洋葱模型（见图8-3）。

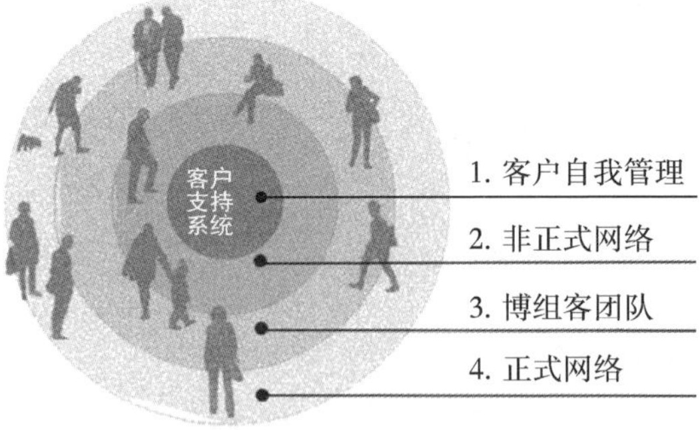

图 8-3 博组客的洋葱模型

洋葱模型基于人类普遍的需求作为基石，依托专业的知识与技能，结合客户的生活环境、人际关系以及家人之间的关系等，调整客户的生活环境。确保客户的家人及朋友了解客户的情况。通过这种方式，专业的服务人员建立一个涉及客户及其正式和非正式关系网络的解决方案。

模型中最里面的是客户群体，第二环是由亲戚、家人、邻居构成联动网络，第三环是博组客的服务团队，第四环是保险公司、家政公司等。博组客洋葱模型从客户的角度出发，向外工作，组装解决方案，提升客户的独立性和改善其生活质量。

2. 独特的运营模式

博组客不仅仅是真正从客户对照护的需求出发，而且深入研究了以往社区照护体系中的各种弊端，从改革提供服务的组织体系出发，关注照护专业人员的需求，提出了以“四大支柱”为框架的运营模式。四大支柱分别为：

（1）扁平化，给予护士团队足够的信任以及自主管理的权利。

和大部分企业不同的是，博组客采用自我管理的运营模式。在荷兰，博组客只有两个层级，而第一个层级只有2位，其余的15 000多名同事都是同一层级，是非常扁平化的组织。博组客将权力下放到每一个自我管理团队，每个团队由10～12名护士＋护工组成，去掉了中阶管理人员，减少行政成本用以支付护理人员更好的待遇。博组客拥有千余个类似的自我管理团队。

团队的具体构成如下：

具备执业资质并接受过荷兰社区居家照护培训的专业护士；

具备医疗护理服务资质并接受过荷兰社区居家照护培训的护理员；

接受过荷兰社区居家照护服务培训的护工。

这些团队监控自己的绩效，并在生产力下降时采取纠正措施。他们甚至可以自行决定为哪些患者服务，如何分配任务，在哪里租用办公室，如何与当地社区融合，与哪些医生和药店合作，以及如何与附近医院合作。

自我管理通常需要一整套相互制衡的结构和实践，以便决策权和权力流向任何有专业知识、兴趣或愿意主动监督业务状况的个人。而要实现自我管理，就需要有针对性的培训。

博组客通过对团队提供自主管理所需要的具体支持（培训、辅导和工具）来提升团队的自我管理水平。所有新成立的团队和老团队的新员工都需要参加一项名为“基于解决方案的互动法”的培训课程，学习一整套健康而高效的团队决策技能和工具。在培训中，团队成员将加深对人类协作最基本要素（而又常常被忽视）的了解，学习不同类型的倾听和各种风格的沟通、如何召开会议、如何互相辅导以及其他的一些实用技能。

（2）建立分工明确的后勤保障团队。

在博组客（荷兰）总部仅有40名员工（后勤管理人员），管理费用仅占8%，后勤管理人员只负责工资单和发票。据博组客统计，其他照料护理公司的平均人员管理费用占比高达25%。同时，从一个老年人需要护理开始到其最终去世，博组客需要客户承担的医疗照护成本要比其他照料护理公司少 34%。

（3）开发资料透明、信息全面的 IT 系统。

每位护士都拥有自己的 iPad，从而实现实时无纸化工作。护士可以通过这个系统记录客户的健康信息，形成健康档案，还可以实现付费、报销、从国家其他地区的护士同事那里获得指导和医学专业知识等需求。

（4）用 Omaha 系统管理照护评估、运作、计划、客户反馈等一系列护理服务流程。

博组客网络从护士需求出发，为护士提供服务。该软件平台基于美国 Omaha 居家护理干预和结果评估系统的护理流程，通过多个模块，整合了社区、健康智能、业务和行政管理等功能，为博组客的工作方式提供技术支持。

博组客的自组织变革成效

博组客平均照护每个病人的时间比其他照护组织要少 40%。当你想到其他组织用分钟来计算他们的“产品”，而博组客的护士要花时间与病人、他们的家人和邻居喝咖啡聊天，这种结果就很反讽了。

病人需要被照护的时间短了一半，痊愈更快，也变得更加自主。三分之一的医院急救得以避免，并且当病人真的需要住院时，住院时间也缩短了。荷兰社会保险系统因此节约了大量资金。

安永估计，如果所有家庭照护组织都能达到博组客的水平，荷兰每年可以节约近 20 亿欧元的开支。如果以美国的人口规模计算，大致可以节约490亿美元。

仅仅在家庭照护领域就能获得如此成效，真是了不起。试想一下，如果那些规模更大的医院采用类似的方法来运营会有什么效果呢？

这些数字还不包含可能更为重要的收益——病人对于生病期间或临终前几年所获得的情感与关系上的支持会有何等的感受。企图量化这种感受只能是非常主观的，也没有实际价值；同理，给护士们重新找回的使命感贴上一个价签也毫无意义。

在博组客团队内部，大家常说的一句话是，“我找回了自己的工作”。这里倒是可以用一些数字来证明工作满意度：与传统护士组织相比，博组客病假率低60%，离职率低33%。传统组织中的护士纷纷离职加入博组客，使博组客从开业时仅4人增长到15 000多名员工。博组客区区一家组织，正在从根本上改变荷兰的医疗护理产业。

第九章 |
员工激活：重新定义用工与薪酬

本章概览

自驱型组织的用工模式设计，一定是以员工为中心，综合考虑员工需求与意愿、法律合规要求等因素。用工模式背后是与员工之间不同法律关系合作的考量，对于员工需求的考量，对于新组织形态的考量，以及对于不同企业文化与发展战略的考量，涉及管理关系、法律关系、结算关系、商业模式的全方位变化。

在自驱型组织的治理结构与分配机制中，引入“人力资本”的理念与做法，并且，让人力资本优先于财务资本，也许是相对优解。通过“人力资本”模式的导入，形成人力资本与货币资本共治的模式，可以打破传统公司治理结构中“股权至上”所导致的控制权、经营权与分配权不合理的架构，产生新的平衡。

多元化用工设计：人力资源管理价值链的改变

用工战略也即人才战略，是企业最重要的战略之一。乌卡时代的企业竞争优势基础的变化集中在组织的灵活性上，因此，用工模式需要增加灵活性。

目前中国绝大多数企业的用工模式依然是雇佣为主，雇佣双方之间存在着管理与被管理、隶属与被隶属的关系，但今天的人不愿意被管理，并且业绩也不一定是靠管理造就的。“996”并不一定意味着好的业绩。在现在这个时代，管理已经不是那么重要了，由此也就有了从雇佣到合作的转型，也就有了管理关系、管理逻辑、业务流程、法律关系、结算关系、财税、费用等的转变。

组织及其工作结构会发生巨大变化。企业将会有越来越多的按需使用的劳动力，包括自由职业者、合同雇员和远程员工。技术将使消除地理边界成为可能，并使人们可以在任何地方和跨时区工作。人们将开始形成按项目聚在一起的人才网络，而不是一次为一家公司工作：在项目结束时解散，并在不同的项目上重新组合成不同的网络。而且，人们也将越来越多地设定自己的工作时间，优先考虑生活质量。在这种情况下，组织和领导者需要开始考虑他们如何适应这种新的数字化工作环境，并对新出现的变化作出规划。

自驱型组织的用工模式设计，大方向上，一定是以员工为中心，综合考虑员工需求与意愿、法律合规要求等因素。公司与员工之间，不一定只有传统劳动关系（雇佣）一种选择，劳动关系这种选择，也不一定是最符合员工需求的选择。组织与人才之间，除了“雇佣”外，还可以有“合作”“合伙”“使用”。人才不一定为我所有，只要能为我所用，也是可以的。

企业的用工模式选择与设计问题，背后是与员工之间不同法律关系合作的考量，对于员工需求的考量，对于新组织形态的考量，以及对于不同企业文化与发展战略的考量，涉及管理关系、法律关系、结算关系、商业模式的全方位变化。

因此，自驱型组织的用工，一定是能够满足不同员工不同需求的多元化用工方式的。用工模式从传统雇佣、到平台型合作、再到动态型人力资源配置，强调自由与责任的随需随用，员工关系变得多元化、个性化、灵活化。这个既有关系在时空下的耦合，也有数字化的技术支撑，又有人岗适配的智能，保证了关系的动态敏智互联。

新的模式设计，不论是用工、组织形态还是激励机制，都要服从、因应企业的自身基因，如企业的战略意图、行业趋势、商业模式、运营阶段、市场生态、人力资源、管理基础等，也要适应外部的政策法规、社会环境、经济环境、技术趋势等，需要洞察复盘这些要素，有的放矢，进行有针对性的设计和实施。

从“单位人”到“平台人”的转变

在当今信息全透明的数字化时代，员工已经成为“强个体”，经济发展阶段转变的一个体现就是人们从基本的物质文化需要转变为美好生活的需要，“强个体”的需求已经从生理需求、安全需求、社交需求升级到了马斯洛需求原理所提到的“尊重和自我实现”的需求。

世界银行发布的《2019年世界发展报告：工作性质的变革》中提到，技术正在改变人们的工作方式，这促成了零工经济的兴起，在零工经济中，企业机构与个人达成短期性用工合同。技术正在改变人们的工作方式和工作条件。数字技术正在产生更多的短期性工作，而不是“标准化的”长期合同，这通常是通过在线工作平台产生。这类“零工”使人们能够在更加灵活的基础上更加容易地获得某些类型的工作。同时，一些平台通过增加新的、灵活的工作类型来扩大劳动力的供应，这类工作是零工经济中传统就业形式的补充，工作者自行确定他们在大多数平台上的工作时间。

万宝盛华集团在向全球发布的职场白皮书《零工使命：下一代工作模式兴起》中指出：新工作模式正在劳动者和企业中掀起浪潮。调查数据显示，87%的受访者乐于接受灵活用工类新工作模式，这一结果展现出非固定劳动关系的雇佣形式的巨大潜力。万宝盛华通过探寻劳动者想要的工作方式、激励模式和对新工作模式的看法，发现提高银行存款（38%）、发展新技能（33%）和掌控工作时间（32%）是新工作模式兴起的重要原因。

根据国家信息中心分享经济研究中心发布的报告，2019年，我国共享经济的服务提供者约7 800万人。阿里研究院预测，2036年之后，所有人将告别8小时工作制，50%的劳动力会通过自我就业的形式完成就业。在新一轮科技革命和产业变革兴起的背景下，新兴产业、新兴业态吸纳就业能力不断增强，大众创业、万众创新催生更多新的就业增长点。灵活用工的形态不断产生，企业的雇佣模式不断地被刷新。

灵活就业将成新生代工作者更重要的就业方式选择之一，于企业组织而言，多元化的用工模式设计是大势所趋。

Z世代的劳动者对于工作时间、工作地点、工作方式、工作自主性的需求在增加。与工业化时代相比，大数据、移动互联等技术平台的发展带来了更多机会与挑战，市场已经发生了根本性的改变。新生代就业人群大多是拥有相对自主能力的知识工作者，学习能力强，获取信息、资源的成本很低。他们不再为养家糊口而工作，对组织的依赖程度越来越小，更有资本选择工作与生活。

在非金钱福利方面，工作弹性及工作与生活之间的平衡、方便或弹性上班地点、弹性工作时间，对企业在人才吸引方面具有重要作用。劳动者的就业观念在发生变化，灵活就业受到求职者的青睐。

管理哲学之父查尔斯·汉迪，在《非理性时代》[①] 中曾提出三叶草组织形态。他认为未来企业由三部分员工组成：专业核心人员、外包人员、临时及兼职人员。30%的员工是核心员工，会跟随公司一起往前走，三分之二的员工通过外包、顾问、自由职业者的形式来合作，未来这样的公司才是一个健康的公司。

过去二十年间，中国企业的用工模式，正经历从标准化劳动关

---

① ［英］查尔斯·汉迪著，王凯丽译．非理性时代［M］．北京：华夏出版社，2000.

系到劳务派遣，从劳务派遣到外包，再到平台用工、新业态用工的转型。

在数字化时代背景下，劳动者从“单位人”到“平台人”的转变，是人力资源市场不可扭转的趋势。

马克思曾设想的理想社会，正是“自由人的联合体”。

多元化用工模式设计的四大注意事项

我们在进行多元化用工模式设计时，必须要注意以下四个问题：

1. 选择正确的法律依据

在企业的诸多用工形态中，劳动合同制、非全日、劳务派遣适用的法律依据是《劳动法》《劳动合同法》及劳动保障类法规政策；其他用工形态（模式）应当依据《民法典》及相关法律法规政策。实务中有些用工模式缺少明确的法律依据，有些在法律依据选择上出现错误，没有正确法律依据的雇佣模式将面临诸多的挑战和问题。

2. 订立书面合同

书面合同是确认双方权利和义务关系的重要凭据，虽然按照法律规定，有些时候无需签署书面合同。但是，从风险管控的角度，签署书面合同（包含电子合同）是必要的。具体到实务操作中，有关合同条款的拟定，应当依据相关法律规定，来设置双方的权利和义务关系。

3. 实际履行与合同约定一致

劳动关系具有从属性，即企业和劳动者之间存在管理和被管理的关系。而在其他非劳动关系的用工形态（模式）中是不存在这种从属性关系的。例如，平台模式的用工，其核心在于不具备“从属性”方面的特征，故此，无法构成劳动关系，反之则容易被认定为劳动关系。换言之，认定双方之间法律关系的时候，书面的合同或者协议仅仅是一种证据，更多是从双方实际权利和义务履行的情况来进行审查，即是否具备上述认定劳动关系的条件。故此，在实务操作和风险管控时，除了上述的选择正确的法律依据、签署书面的合同之外，同时也需要严格按照双方之约定实际履行约定。有些企业合同或者协议约定是一回事，实际履行又是一回事，这样的操作无助于风险管控，同时亦会放大风险，最终很难实现最初的目的。

4. 依法、合理构建合作关系

各方之间的合作关系应当符合法律要求，这里的关系包括合同、服务、资金、发票，也即上述的“四流合一”的问题，同时还需要关注税收的成本、对劳动者的激励、业务实际需要等多重因素。从风险管控的角度来看，单一的关系，即常见的企业与劳动者直接形成的关系，相对于通过合理规划之后搭建形成的其他法律关系而言，在风险、成本、激励等层面是无法充分体现优势的，或者说对劳动者是没有足够的吸引力的。当然，法律关系越是复杂，对企业风控的能力要求就越高。

六类用工模式的实践与风控

在组织架构升级的同时，通过用工模式创新来降本增效，也是明智之举。在 COVID-19 疫情肆虐时期涌现的“共享用工”实际上正是危机之下的一场跨行业用工创新互助合作行动。除了“共享用工”外，包括非全日制用工、新业态/众包用工、内包等用工方案，都可以在团队内部讨论并结合团队需求进行试点（见图9-1）。

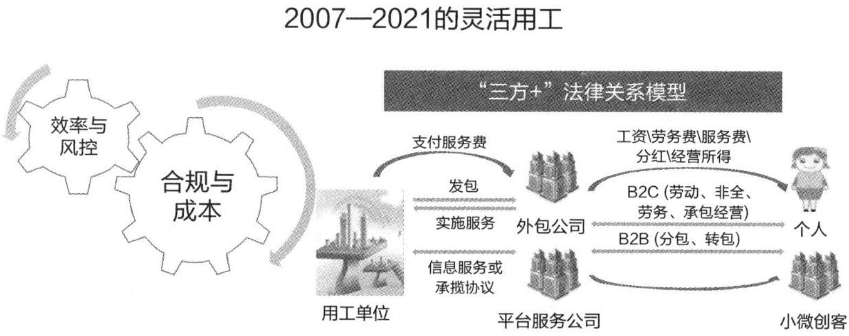

图9-1 多元化用工法律关系模型[①]

本书把标准劳动关系以外的用工模式分为六类：非全日制、劳务用工、劳务派遣、业务外包（内包）、新业态（众包）、共享用工。针对这些具体的模式，我们归纳并提出以下建议。

1. 非全日制用工

非全日制是指以小时计酬为主，劳动者在同一用人单位一般平均每日工作时间不超过四小时，每周工作时间累计不超过二十四小时的用工形式。非全日制用工最大的灵活性在于，任何一方都可以随时通知对方终止用工；终止用工的，用人单位无须向劳动者支付经济补偿。

① 魏浩征．组织重启［M］．北京：机械工业出版社，2020.

非全日制用工的合同形式很灵活，签书面合同或不签订书面合同，法律上均认可。此外，非全日制劳动者可以建立多重劳动关系，即劳动者可以在A企业、B企业甚至C企业同时做几份非全日制工。从事非全日制工作的劳动者原则上参照个体工商户的参保办法，可以个人身份参加基本养老保险和基本医疗保险，并按照待遇水平与缴费水平相挂钩的原则，享受相应的社会保险待遇；用人单位应当按照国家有关规定为建立劳动关系的非全日制劳动者缴纳工伤保险。合规方面，法律要求非全日制用工，平均每日工作时间不超过四小时，每周工作时间累计不超过二十四小时；不得约定试用期；工资结算支付周期最长不得超过十五日，小时计酬标准不得低于最低小时工资标准。

非全日制用工的风控要点主要是，通过书面协议，对员工身份、工作时间、工作地点、工资、保险等进行详细约定。

2. 劳务用工

《劳动合同法》明确用工是劳动关系建立的标志，但并未对劳动关系的构成条件作出具体规定。《劳动和社会保障部关于确立劳动关系有关事项的通知》（劳社部发［2005］12号）第一条规定，用人单位招用劳动者未订立书面劳动合同，但同时具备下列情形的，劳动关系成立。

（1）用人单位和劳动者符合法律、法规规定的主体资格；

（2）用人单位依法制定的各项劳动规章制度适用于劳动者，劳动者受用人单位的劳动管理，从事用人单位安排的有报酬的劳动；

（3）劳动者提供的劳动是用人单位业务的组成部分。

最没有争议的劳务关系与劳动关系的区分主要点在于主体。根据上述规定，劳动关系成立，需有适格的主体。而综合劳动法体系中的相关规定，劳动关系适格主体，需有如下要求：① 用人单位一方需有营业执照或者登记证书；② 劳动者一方需年满 16 周岁，且未满法定退休年龄，且并非全日制在校学生利用业余时间勤工助学，且拥有完全民事行为能力；③ 外籍劳动者需依法办理有工作许可。由此可知，凡是主体不适格且属于合法用工者，均可排除成立劳动关系，而构成劳务关系。

劳务关系不接受劳动法的调整，而主要适用一般的民法规定，遵循意思自治的原则。因此，劳务关系双方的权利义务主要靠协议界定，设计好一份专业、细致的劳务合作协议，明确界定双方权利义务就显得非常有必要。由于劳务关系的人员因工受伤，无工伤保险保障，因此，可以购买合适的商业保险。

3. 劳务派遣

劳务派遣，从用工单位的角度是指，企业要求依法设立的劳务派遣单位根据自身与其签订的劳务派遣协议约定，将符合企业使用需求的员工派往企业工作，并由企业对其进行管理、指挥和监督的一种特殊的有别于传统用工模式的用工方式。根据法律规定，用工单位只能在临时性、辅助性或者替代性的工作岗位上使用被派遣劳动者，且使用的被派遣劳动者数量不得超过其用工总量的 10%。

明确界定招聘主体。派遣协议中，如果需要提及招聘事项，则必须明确是由派遣单位主导整个招聘过程，企业只提供必要的协助；招聘过程中，需和应聘者强调劳动关系建立主体；相关入职文件，应由派遣单位名义出具。

书面约定制度冲突解决办法。若想让本单位的规章制度对被派遣员工有约束力，应当注意两点：第一，在与劳务派遣单位签协议前阅知其规章制度，避免矛盾；第二，在派遣服务协议中明确约定，被派遣员工应同时遵守劳务派遣单位和用工单位的规章制度，当规章制度有冲突时，以用工单位的为准。

规范流程摆脱逆向派遣嫌疑。要避免逆向派遣的用工嫌疑，企业要确保使用派遣的岗位符合“临时性、辅助性或替代性”原则，且在使用劳务派遣前，应先和员工解除正在履行的劳动合同，并依法办理完毕相关离职手续，包括但不限于退工、结清补偿、停保或转移社保关系等。

选择值得信赖的派遣单位。选择劳务派遣单位时，要进行资质审查、资信调查等工作，选择信誉较好、规模较大、抗风险能力较强的派遣单位进行合作；确定劳务派遣协议内容时，应当明确约定好用工单位、劳务派遣单位各自的权利和义务，以及违约的责任。

此外，劳务派遣用工中的“三性”、比例限制、同工同酬等问题的合规风控管理，以及连带责任的风控管理，需要特别注意。

4. 外包 / 内包模式

外包是指企业（发包方）把其某一部分的功能以服务（业务、岗位等）外包的形式与服务提供方（承包方）建立合作关系。承包方自主决定用何种方式完成工作任务，包括人员雇佣、工作分配和考核等工作都由服务承接方负责，而发包方只验收工作成果。因此这种方式从某种程度上把企业从劳动关系上真正解脱了出来，而只关注与自身业务发展相关的职能活动，从而实现企业运营的效率提升。

内包则指将上述业务的承包机会让渡给内部员工，由企业员工离职后成立具备相应经营资质的公司主体来承接企业外包出来的业务。

承包方和劳动者之间为直接用工关系，双方之间可能存在劳动关系或者其他合作关系。发包单位和承包单位之间为合同关系，双方因订立的外包合同而各自承担相应的权利与义务。通常来说，劳务外包模式中，发包人支付报酬，购买的是外包企业的劳务成果。承包单位承担员工管理、劳动过程控制、最终产品服务质量控制等一系列责任。承包方与发包方通过民事法律关系调整合作关系，发包方不再涉及承包单位工作人员的社会保险、福利、加班费等问题，在人力管理成本降低的同时较大程度避免了劳动争议。

发包单位与劳动者之间是一种民事上的使用关系。劳动者交付发包单位要求的劳动成果，发包单位一般无权对劳动者进行管理，除非存在故意或重大过失，发包单位无需对劳动者承担法律责任。

实操中，外包合作最大的风险是被司法或执法部门认定为“假外包真派遣”。常见的情形是，为了减少人员的流动较快且对业绩难以把握的情况，经常会采用第三方外包公司来承接外包任务，同时把人员的管理任务交给第三方实施。在这种情况下，外包公司虽然是人员的名义上的雇主，但是人员的实际工作管理仍由发包公司承担，因此一旦发生工伤或者其他劳动争议，发包公司需要承担事实上的雇主责任。这种裁判口径在过往的很多案件中已经得到反复印证。

由于外包不同于劳务派遣，发包方不与人员签订劳动合同，不存在劳动关系。人员工资福利的支付由承包方负责，实践中，有些承包方用工存在不合规之处，没有按相关的规定与员工签订劳动合同，员工的薪酬、社会保险、福利、安全卫生等得不到相应的保障，最终也会形成员工工作积极性不高、怠慢工作、降低工作效率等情况影响工作成果。因此，在合作合同中明确承包方在员工薪酬、社会保险、福利、安全卫生等方面的义务，防止产生不必要的麻烦。

除了避免被认定为劳务派遣的风控管理外，还需注意避免被认定为违法外包的风控管理，以及增值税、所得税等政策成本合规等问题。注意要点包括对外包业务的合理界定、合作方的选择（经营资质与实力）、外包合作协议的调整、验收标准与周期、服务费用结算、规章制度及用工合同的调整、管理行为行使的调整等。

5. 新业态 / 众包模式

公司采取类似互联网众包的做法，将工作任务发布到互联网平台上，事先在平台上注册的不特定的自由职业者，在平台上接单，并完成工作任务——这种灵活的用工 / 就业模式，正在中国乃至全球迅猛发展。背后的法律关系界定，目前比较复杂：有“民事合作”（非劳动关系）说，有“劳动关系”说，还有“不完全劳动关系”说。而“不完全劳动关系”说正日益成为目前的政策主流。

这种用工模式，既符合了用人单位控制成本、降低风险、实现灵活用工的需要，同时也迎合了不少劳动者对独立、自由工作的向往。但是，我们需要密切关注新业态 / 众包模式用工中的法律关系界定、服务者兜底保障、经营资质、风控管理、合规等问题。涉及费用结算与支付时，是按劳务报酬、工资薪金（尽管劳务与工资合并为综合所得但涉及社保基数、预扣税操作等还有差异），还是按个人经营所得报税，实操中还有很多问题。既涉及税务系统对“劳务费”与“经营所得”的认定口径，同时也涉及服务平台委托代征等资质问题。

6. 共享用工模式

此处的“共享用工”，特指员工在与一家公司签订劳动合同的情况下，经过公司的协调与安排，去到另一家公司工作。两家公司之间，一方员工闲置、人力成本压力巨大，另一方则人手紧缺，双方一拍即合自然没有问题。我们观察到，在目前流行的“共享用工”的操作中，大量使用“临时工、兼职、灵活用工”等概念，而实际上，这些概念统统不是法律意义上的概念。以“兼职”为例，根据实际情况的不同，它有可能是劳动关系，有可能是非全日制关系，也有可能是劳务合作；以“灵活用工”为例，它有可能是业务外包，有可能是新业态用工，甚至也有可能就是劳务派遣。

“共享用工”至少涉及三方：人员共享方、人员使用方以及员工方。“共享用工”操作的风控要点，首先就是要厘清这三方之间的法律关系。三方总体上是一个 B2B2C 的关系，当中涉及两大类：B2B 与 B2C。B2B，指的是人员共享方与人员使用方之间建立什么法律关系；B2C，指的是人员共享方、人员使用方分别与员工建立什么法律关系。法律关系合规建立的前提下，才能正确处理好结算与风控等要塞问题。

共享方与使用方之间，可以建立两类合作方式：人员借用合作关系、业务外包合作关系。业务外包合作涉及共享方的经营范围、业务外包意愿、管理精力等复杂情况，因此，目前的“共享用工”使用前者的居多。

人员借用合作关系中，双方协议的重点涉及薪资社保福利结算、支付方式、用工中产生的类工伤风险分担、税务处理、“共享”结束后的人员退回等。共享方与员工之间，是劳动关系；在员工被“共享”的特殊时期，双方劳动关系中的核心内容，如工作内容、工作地点、薪资福利、工时休息休假、社会保险等，会发生什么样的一些变化，包括双方各自的权利与义务等，需要双方通过补充协议等方式一一明确。

使用方与员工方之间，法律关系可谓错综复杂。视与共享方合作方式的不同以及对员工“使用”方式的不同，可能成立标准化的劳动关系，可能成立劳务关系，可能成立非全日制劳动关系，可能成立个人承包劳务合作关系，也可能成立新业态用工等关系。

B2C 的具体模式方面，示范如下：

模式一：员工共享期间，与共享方的劳动关系中止（非终止），与使用方建立以完成一定工作任务为期限的劳动合同关系；

模式二：参考最高院司法解释四的规定，原劳动关系与新劳动关系共存，通过三方协议以及社保缴纳备案等方式，解决潜在的社保与待遇理赔等问题；

模式三：共享方与员工保留劳动关系，使用方与员工同时建立劳务关系，这种模式需要考虑劳务报酬的个税预扣预缴等问题。

更复杂的情况是，“共享用工”中再导入第三方的劳务派遣、外包等服务，变成了四方甚至五方的合作关系。篇幅所限，此处不作具体分析。

多元化用工模式设计中，合法合规是技术，合情合理是艺术，两手都要抓，两手都要硬。激活个人和组织，实现利他共赢，及时组织重启，方能彻底解决不平衡不充分发展的矛盾。

人力资本优先于财务资本

如果要使团队能如初创企业般敏捷灵活、自我驱动、战斗力爆棚，那么责、权、利必须高度匹配统一，团队成员的回报与公司绩效要清晰而紧密地联系在一起。

薪酬和员工激励，是公司经营的核心问题之一，也是组织变革中最敏感、最难让所有人都达成共识的问题，但我们无法回避，必须要找到一个当下所有方案中的相对最优解。

员工的激励模式有两大核心：一是要解决收入如何分配的问题，二是一定要建立收入分配机制以外的且比物质激励更具持续性、长期性的其他激励手段。

收入分配方案的调整或确定，一般有三种模式。

（1）团队公开讨论。在这个模式中，团队对每个成员的绩效进行公开透明的考核，绩效水平与每个成员的收入挂钩。公开讨论是一个强大的激励因素，能推动团队成员不断提高自己。当团队的努力得到认可时，他们就会受到激励。当工资和奖金不是基于组织等级或个人表现，而是基于同事评价时，往往是最能激励人的。同时，如果团队成员觉得讨论是公平的，他们同样能受到激励。但是，讨论工资和奖金有时极其困难，因为很难做到完全公平分配。

（2）预先设定。如果预先设定了收入分配标准，团队就不必参与艰难的绩效讨论和评估了。他们可以深入研究预先设定的方案中应该包含的标准，并在必要时对其进行调整；他们也可以更多地关注员工的表现和反馈，从而帮助他们个人或团队发展进步。

（3）市场调节。当公司预设了团队收益和团队成员的收益分配机制时，一个内部市场化的收入分配模型就诞生了。如果某一个小团队的成员觉得在这里赚得不够多，就可能离开，加入另一个有更好前景的小团队。这就是团队像市场一样自我调节的模式，好处是公司适应变化的能力会增强。然而，这个模型的挑战在于，大家都将从自身利益出发，而把自身利益放在客户满意度或社会影响力之上。

不论选择上述哪种模式，或者其他的模式，公司都应该表现出对员工努力付出的尊重和赏识。如果团队只就收入分配问题展开讨论，却没有员工绩效表现的反馈和决策系统，员工的积极性和忠诚度将很难得到保证。

因此，在讨论收入分配方案前，需要在收入分配与公司战略之间建立直接联系，并在团队内部建立强有力的绩效反馈机制。

在自驱型组织的治理结构与分配机制中，引入“人力资本”的理念与做法，并且让人力资本优先于财务资本，也许是相对优解。通过“人力资本”模式的导入，形成人力资本与货币资本共治的模式，可以打破传统公司治理结构中“股权至上”所导致的控制权、经营权与分配权不合理的架构，产生新的平衡。人力资本投入给公司带来的价值贡献，所对应的经营权、分配权乃至公司控制权的占比，应当高于货币资本的投入。

我们可以参考国内最会“分钱”的企业之一——华为的薪酬分配思路：在华为总体的利润分配池里，华为的人力资本所得约占75%，货币资本所得只占25%。

华为的薪酬分配制度主要包括四个框架：工资＋奖金＋虚拟股分红＋TUP分配。总体来讲，工资部分可以用16个字来概括：以岗定级、以级定薪、人岗匹配、易岗易薪。奖金部分，所采取的方法叫作“获取分享制”，强调的是“奖金来自为客户创造的价值的项目，各级组织基于项目带来的利益，及在价值创造过程中所作出的直接或间接贡献，从中分享奖金”。

比较复杂的是华为历经十余年发展起来的独有的“全员虚拟饱和受限持股”以及后来逐步推出的“TUP”计划。“全员”，指的是华为的内部全员持股制度。创始人任正非以自然人身份在华为占股1.01%，其余股份全部由华为公司工会代全体员工持有。其中有88.94%为在职持股员工，10.05%为退休及业务重组员工。持股员工涉及员工总数将近10万人，超过华为公司员工总数的一半。“虚拟”，说明是非法律意义上的股票，没有所有权，没有经营的表决权，也没有外部市场价格，只享受相应的利润分红和企业内部认可的增值。“受限”，即不能进入市场流通和自由买卖，辞职时由企业收回，个人带不走。“饱和”，即职级顶格配股，只要职级不升，配满后就不能再配股。比如 14 级顶格数约为 3 万股，15 级为 10 万股。退休允许保留一定数量的股权（保留最近三年职位最高的饱和配股数量，剩下的由公司回购），继续享受每年的分红。退休后不能去其他公司再次就业，如果要再就业或创业，就必须退回股票。

为了解决外籍员工的激励问题，以及消除虚拟受限股的弊端（“坐车人”和“拉车人”收益不平衡），华为后来又引入了国际上操作相对成熟的 TUP 计划，重新回归到“获取分享制”，向全公司推行。TUP（Time-Unit-Plan），直译为“时间单位计划”，可以简单理解为奖励期权计划，属于现金奖励的递延分配，相当于预先授予一个获取收益的权力，但收益需要在未来 N 年中逐步兑现（跟业绩挂钩）。TUP 本质上是一种特殊的奖金，授予时不需要花钱购买，但又跟股权挂钩，可以获取增值性收益。

华为的“全员虚拟饱和受限持股”制度，并非《公司法》意义上的股权，而更像是比特币的发行机制；在公司产权上体现的不是资本主导，而是人力资本的转化及“奋斗者”利益共享。

阿里巴巴上市前设计的合伙人制度、国际及国内律师行的动态计点制等，也是典型的人力资本优先于财务资本的收入分配思路。

类似思路的做法，再举个相对简单的例子。

某集团在全国各地的子公司中均控股 60%（子公司经营团队占股 40%，双方按股权比例完成财务出资），但每年在做净利润分配时，集团只分配 30%，经营团队分配 70%，即基于货币资本的股权是 6∶4，但利润分配向人力资本的投入者——经营团队倾斜，按 3∶7，经营团队占股 40% 但分红 70%，集团将 30% 的利润分配权以经营奖金的方式分配给了人力资本的贡献者。

塞氏企业让员工自定薪酬的做法则更加令人吃惊。里卡多·塞姆勒认为：如果员工在薪资这个他们最为关心的方面感觉不到公平和透明，所谓的民主化管理，充其量仅仅营造了表面的一团和气。因此，倡导放权的塞氏企业身体力行地让员工自己决定自己的工资，但前提是需要遵守以下三大原则：① 薪资水平需与为公司带来的价值基本对等；② 薪资水平需对标市场上同类公司的价值水平；③ 薪资水平需以公司总体能够创造的价值为参考线。这三大原则可以理解为我们在第八章所提出的“边界”的概念。

除了员工自定薪酬外，里卡多还强势推出了“利润共享计划”，公司拿出税前利润的 23% 作为全体员工的红利，并且让他们自己决定如何分配，通过民主选举产生分配委员会，保证这项计划可以被完美落实。里卡多说：“我宁愿和积极的员工一起工作而少赚钱，也不愿意独自享受消极的员工的劳动成果。”①

“人力资本优先于财务资本、建立强有力的绩效反馈机制、让员工参与收入分配方案制订”等思路可以参考，但是具体的收入分配模式，是因公司甚至因团队而异的事情；没有完美的模式，只有

---

① ［巴西］里卡多·塞姆勒著，师冬平、欧阳韬译 . 塞氏企业：设计未来组织新模式［M］. 杭州：浙江人民出版社，2016.

适合的模式。关于常见的劳动报酬与福利激励、股权与期权激励方式，市面上已经有比较详尽的资料，本书不展开具体讨论。

非物质性薪酬：驱动力 3.0

聚人心，汇人气，才能充分发挥组织效能。所有能激励人心的都可以称为“薪酬”，相比于收入分配，非物质性薪酬往往能发挥更加持续性、长期性的激励效果。

曾有一位发展了十多年的私营企业的董事长兼总裁，说想做股权激励，但不知如何入手。这是一家传统行业的公司，之前的股权非常集中，董事长一股独大。公司经营情况不错，上一年度净利润 2 000 多万元。想做股权激励的原因是，老板做得有些累了，想通过激励员工来解放自己；同时，老板也感受到了公司未来发展的危机。

这位老板提出了三个困惑：① 股权给员工多少比较合适？15%？ 30%？ 40%？ 50%？甚至更高？② 全员都给，还是只给一部分人？股权赠送还是卖？如果卖给员工，怎么估值？③ 员工是不是真的看重这个股权？员工获得股权后，是不是真的能被激励到？……

类似的咨询，劳达在最近几年遇到不少。传统的薪酬激励到了瓶颈，转而寻求通过股权来作员工激励，但股权激励是不是真能突破传统薪酬激励的瓶颈，已然成为一个亟待解决的共性问题。

的确，今天这个时代谈的员工激励，已经不再是提拔、加薪、奖金、福利等传统做法。我们发现，这些做法不能从根源上解决问题。但是，传统股权激励包括收入分配的各种做法，能彻底解决问题吗?

激励方法的变革，是组织中推动文化变革最为快捷和最为简便的方式之一。个体的需求，就像市场需求一样，正以越来越快的速度发生着变化。

彼得原理（The Peter Principle）认为："在一个等级制度中，每个职工趋向于上升到他所不能胜任的位置。"收入分配模式很重要，但是仅靠金钱激励，显然还远远不够。物质激励只能带来短期的效果，更糟糕的是，它会让员工失去对这项工作的内在动力，降低员工继续这项工作所需的长期积极性。

丹尼尔·平克在《驱动力》[①]一书中指出人有三种驱动力：第一种是来自基本生存需要的生物性驱动；第二种是来自外在的动力，即奖罚并存的胡萝卜加大棒模式；第三种是来自内在的动力，也就是内心把一种事情做好的欲望。

丹尼尔·平克在书中提出驱动力 3.0 的概念。他指出：旧有的奖励惩罚式的激发方式已经不再有效，我们必须把驱动力系统升级到 3.0 时代，这个新系统的核心不是胡萝卜加大棒，而是自主、专精和目的。

从利益共同体到价值观共同体，自驱型组织所描绘的正是这样一种驱动力 3.0 的场景，比如信息公开透明，工作自主，员工成

① ［美］丹尼尔·平克著，龚怡屏译．驱动力［M］．杭州：浙江人民出版社，2018.

长，帮助员工实现梦想、自由，让世界变得更美好的动力，给员工成就感、满足好奇心……这些非物质薪酬激励给员工带来的驱动，将会是持续性、长期性的。大量研究表明，在领导层促进自主、信任和透明度的公司中，员工的敬业度往往更高。

绝大多数公司只靠金钱激励员工做事，而伟大的公司则由使命驱动。如果组织里每个人都能找到自己的梦想，这个梦想与组织使命的方向一致，大家相互成就、共同追梦，那就是非凡组织。它在组织中生长出自驱力的肥沃土壤，让组织能够自我驱动、自我发展、自我进化。

激励，是将人与人之间、人与物质之间，用更合适的方式连接。最大的激励是内在价值的充分激发共享，从利益共同体到价值观共同体，形成激励的正态循环。

关联阅读：华为任正非“为轮值 CEO 鸣锣开道”

文章出处：2011 年平安夜华为创始人任正非发表于华为内部论坛文章，原文标题为《一江春水向东流：为轮值 CEO 鸣锣开道》。

任正非在这篇文章中，为轮值 CEO 鸣锣开道。他回顾了自己从个人英雄主义到相信团结就是力量的心路历程，回顾了公司的组织机构从无到有到现在实行轮值 CEO 的制度的演变。

千古兴亡多少事，一江春水向东流。

小时候，妈妈给我们讲希腊大力神的故事，我们崇拜得不得了。少年不知事的时期我们又崇拜上李元霸、宇文成都这种盖世英雄，传播着张飞“杀”（争斗）岳飞的荒诞故事。在青春萌动的时期，突然敏感到李清照的千古情人是力拔山兮的项羽。至此“生当作人杰，死亦为鬼雄”又成了我们的人生警句。当然这种个人英雄主义，也不是没有意义，它迫使我们在学习上争斗，成就了较好的成绩。

当我走向社会，多少年后才知道，我碰到头破血流的，就是这种不知事的人生哲学。我大学没入了团，当兵多年没入了党，处处都处在人生逆境，个人很孤立，当我明白“团结就是力量”这句话的政治内涵时，已过了不惑之年。想起蹉跎了的岁月，才觉得，怎么会这么幼稚可笑，一点都不明白开放、妥协、灰度呢？

我是在生活所迫、人生路窄的时候，创立华为的。那时我已领悟到个人才是历史长河中最渺小的这个人生真谛。我看过云南的盘山道，那么艰险，一百多年前是怎么确定路线，怎么修筑的，为筑路人的智慧与辛苦佩服；我看过薄薄的丝绸衣服，以及为上面栩栩如生的花纹是怎么织出来的而折服，织女们怎么这么巧夺天工？

天啊！不仅万里长城、河边的纤夫、奔驰的高铁……我深刻地体会到，组织的力量、众人的力量，才是力大无穷的。人感知自己的渺小，行为才开始伟大。

在创立华为时，我已过了不惑之年。不惑是什么意思，是几千年的封建社会，环境变动缓慢，等待人的心理成熟的一个尺度。而我进入不惑之年时，人类已进入电脑时代，世界开始疯起来了，等不得我的不惑了。

我突然发觉自己本来是优秀的中国青年，所谓的专家，竟然越来越无知。不是不惑，而是要重新起步新的学习，时代已经没时间与机会让我不惑了，前程充满了不确定性。我刚来深圳还准备从事技术工作，或者搞点科研的，如果我选择这条路，早已被时代抛在垃圾堆里了。

我后来明白，一个人不管如何努力，永远也赶不上时代的步伐，更何况知识爆炸的时代。只有组织起数十人、数百人、数千人一同奋斗，你站在这上面，才摸得到时代的脚。

我转而去创建华为时，不再是自己去做专家，而是做组织者。在时代前面，我越来越不懂技术、越来越不懂财务、半懂不懂管理，如果不能民主地善待团体，充分发挥各路英雄的作用，我将一事无成。从事组织建设成了我后来的追求，如何组织起千军万马，这对我来说是天大的难题。

我创建了华为公司，当时在中国叫个体户，这么一个弱小的个体户，想组织起千军万马，是有些狂妄，不合时宜，是有些想吃天鹅肉的梦幻。

我创建公司时设计了员工持股制度，通过利益分享，团结起员工，那时我还不懂期权制度，更不知道西方在这方面很发达，有多种形式的激励机制。仅凭自己过去的人生挫折，感悟到与员工分担责任，分享利益。创立之初我与我父亲相商过这种做法，结果得到他的大力支持，他在卅年代学过经济学。这种无意中插的花，竟然今天开放到如此鲜艳，成就华为的大事业。

在华为成立之初，我是听任各地“游击队长们”自由发挥的。其实，我也领导不了他们。前十年几乎没有开过办公会类似的会议，总是飞到各地去，听取他们的汇报，他们说怎么办就怎么办，理解他们，支持他们；听听研发人员的发散思维，乱成一团的所谓研发，当时简直不可能有清晰的方向，像玻璃窗上的苍蝇，乱碰乱撞，听客户一点点改进的要求，就奋力去找机会……更谈不上如何去管财务的了，我根本就不懂财务，这与我后来没有处理好与财务的关系有关，他们被提拔少，责任在我。

也许是我无能、傻，才如此放权，使各路诸侯的聪明才智大发挥，成就了华为。我那时被称作甩手掌柜，不是我甩手，而是我真不知道如何管。

今天的接班人们，个个都是人中精英，他们还会不会像我那么愚钝，继续放权，发挥全体的积极性，继往开来，承前启后呢？他们担任的事业更大，责任更重，会不会被事务压昏了，没时间听下面唠叨了呢……相信华为的惯性，相信接班人们的智慧。

到 1997 年后，公司内部的思想混乱，主义林立，各路诸侯都显示出他们的实力，公司往何处去，不得要领。我请中国人民大学的教授们，一起讨论一个“基本法”，用于集合一下大家发散的思维，几上几下的讨论，不知不觉中“春秋战国”就无声无息了，人大的教授厉害，怎么就统一了大家的认识了呢？从此，开始形成了所谓的华为企业文化，说这个文化有多好，多厉害，不是我创造的，而是全体员工悟出来的。我那时最多是从一个甩手掌柜，变成了一个文化教员。

业界老说我神秘、伟大，其实我知道自己，名实不符。我不是为了抬高自己，而隐起来，而是因害怕而低调的。真正聪明的是 13 万名员工，以及客户的宽容与牵引，我只不过用利益分享的方式，将他们的才智粘合起来。

公司在意志适当集中以后，就必须产生必要的制度来支撑这个文化，这时，我这个假掌柜就躲不了了，从 20 世纪末，到 21 世纪初，大约在 2003 年前的几年时间，我累坏了，身体就是那时累垮的。身体有多项疾病，动过两次癌症手术，但我乐观……

那时，要出来多少文件才能指导、约束公司的运行，那时公司已有几万员工，而且每天还在不断大量地涌入。你可以想象混乱到什么样子。

我理解了，社会上那些承受不了的高管，为什么选择自杀。问题集中到你这一点，你不拿主意就无法运行，把你聚焦在太阳下烤，你才知道CEO不好当。

每天十多个小时以上的工作时长，仍然是一头雾水，衣服皱巴巴的，内外矛盾交集。我人生中并没有合适的管理经历，从学校，到军队，都没有做过有行政权力的“官”，不可能有产生出有效文件的素质，左了改，右了又改过来，反复烙饼，把多少优秀人才烙糊了，烙跑了……

这段时间的摸着石头过河，险些被水淹死。2002年，公司差点崩溃了。IT泡沫的破灭，公司内外矛盾的交集，我却无能为力控制这个公司，有半年时间都是噩梦，梦醒时常常哭。真的，要不是公司的骨干们，在茫茫黑暗中，点燃自己的心，来照亮前进的路程，现在公司早已没有了。这段时间孙董事长团结员工，增强信心，功不可没。

大约2004年，美国顾问公司帮助我们设计公司组织结构时，认为我们还没有中枢机构，不可思议。而且高层只是空任命，也不运作，提出来要建立EMT（Executive Management Team，执行管理团队），我不愿做EMT的主席，就开始了轮值主席制度，由8位领导轮流执政，每人半年，经过两个循环，演变到今年的轮值CEO制度。也许是这种无意中的轮值制度，平衡了公司各方面的矛盾，使公司得以均衡成长。

轮值的好处是，每个轮值者，在一段时间里，担负了公司COO的职责，不仅要处理日常事务，而且要为高层会议准备起草文件，大大地锻炼了他们。同时，他不得不削小他的屁股，否则就达不到别人对他决议的拥护。这样他就将管辖的部门，带入了全局利益的平衡，公司的山头无意中在这几年削平了。

经历了8年轮值后，在新董事会选举中，他们多数被选上。我们又开始了在董事会领导下的轮值CEO制度，他们在轮值期间是公司最高的行政首长。他们更多的是着眼公司的战略，着眼制度建设。将日常经营决策的权力进一步下放给各BG、区域，以推动扩张的合理进行。这比将公司的成功系于一人，败也是这一人的制度要好。每个轮值CEO在轮值期间奋力地拉车，牵引公司前进。他走偏了，下一轮的轮值CEO会及时去纠正航向，使大船能早一些拨正船头，避免问题累积过重不得解决。

我不知道我们的路能走多好，这需要全体员工的拥护，以及客户和合作伙伴的理解与支持。我相信由于我的不聪明，引出来的集体奋斗与集体智慧，若能为公司的强大，为祖国、为世界作出一点贡献，二十多年的辛苦就值得了。

我知识的底蕴不够，也并不够聪明，但我容得了优秀的员工与我一起工作，与他们在一起，我也被熏陶得优秀了。他们出类拔萃，夹着我前进，我又没有什么退路，不得不被“绑”着、“架”着往前走，不小心就让他们抬到了峨眉山顶。

我也体会到团结合作的力量。这些年来进步最大的是我，从一个“土民”，被精英们抬成了一个体面的小老头。因为我的性格像海绵一样，善于吸取他们的营养，总结他们的精华，而且大胆地开放输出。

那些人中精英，在时代的大潮中，更会被众人团结合作抬到喜马拉雅山顶。希腊大力神的母亲是大地，他只要一靠在大地上就力大无穷。我们的大地就是众人和制度，相信制度的力量，会使他们团结合作把公司抬到金顶的。

作为轮值CEO，他们不再是只关注内部的建设与运作，同时，也要放眼外部，放眼世界，要自己适应外部环境的运作，趋利避害。

我们伸出头去，看见我们现在是处在一个多变的世界，风暴与骄阳，和煦的春光与万丈深渊，……并存着。我们无法准确预测未来，仍要大胆拥抱未来。

面对潮起潮落，即使公司大幅度萎缩，我们不仅要淡定，也要矢志不移地继续推动组织朝向长期价值贡献的方向去改革。

要改革，更要开放。

要去除成功的惰性与思维的惯性对队伍的影响，也不能躺在过去荣耀的延长线上，只要我们能不断地激活队伍，我们就有希望。

历史的灾难经常是周而复始的，人们的贪婪，从未因灾难改进过，过高的杠杆比，推动经济的泡沫化，总会破灭。我们唯有把握更清晰的方向，更努力地工作，任何投机总会要还账的。

经济越来越不可控，如果金融危机的进一步延伸爆炸，货币急剧贬值，外部社会动荡，我们会独善其身吗？我们有能力挽救自己吗？我们行驶的航船，员工会像韩国人卖掉金首饰救国家一样，给我们集资买油吗？历史没有终结，繁荣会永恒吗？

我们既要有信心，也不要盲目相信未来，历史的灾难，都是我们的前车之鉴。我们对未来的无知是无法解决的问题，但我们可以通过归纳找到方向，并使自己处在合理组织结构及优良的进取状态，以此来预防未来。

死亡是会到来的，这是历史规律，我们的责任是应不断延长我们的生命。

千古兴亡多少事，一江春水向东流，流过太平洋，流过印度洋，……不回头。

【作者按】

2019年10月，任正非在接受北欧媒体群访时，旗帜鲜明地提出："我们是员工集资，是一种新模式，也可能未来大多数企业会使用这种模式。……每位员工都有一点股，相当于退休保障金，让他在退休以后维持一定的生活条件，他在生病时有一些补充的医疗费用。"①

华为的模式，正如华为的核心价值观，"以客户为中心，以奋斗者为本"。面向崭新的时代，我们需要升级使命，只有先"利他"，最终才能"利己"；只有追求"共同富裕"，最终才能完成组织进化，获得可持续发展。

自驱型组织的力量来源，正是组织里的每一个人！

① 摘自：《任正非接受北欧媒体采访纪要》，原载于华为心声社区。

后 记

在繁忙的工作间隙，利用各种片段化的时间，花了半年多时间才写完这本书，这个过程不容易。复盘书稿，既有些小小的成就感（总算又完成一件事），又有很多遗憾，对于内容框架、行文等，仍有一些不满意的地方。此外，有很多我们正在陪伴、进行中的第一手的自驱型组织改革案例，由于时间及脱密关系，未来得及整理、补充进书稿。期待未来有机会再写一本《自驱型组织案例报告》。

本书的写作暂告一段落，但劳达 laboroot 自组织的故事在继续，塞氏中国研究院陪伴众多创始人组织进化的故事也在继续。和所有作者一样，我希望你在阅读中全心投入且兴致盎然。不过如果止步于此，那么这仍然只是一个阅读。你可能会因某些理念而受到启发，你可能学习到一些知识，你兴许可能得到一些领悟，或者为一些观点所震撼，抑或仍然对自驱型组织抱有很多疑问……对错无关紧要——每个人的想法都有其价值，但是你需要把它们记录下来，看看哪些值得付诸行动。

认真思考、回顾一下是什么让你拿起了这本书，你在之前工作中遇到的挑战和目标都有哪些，仔细想想你从本书的阅读中得到的重要启发，然后回答下面这些问题：

- 你在阅读本书中最大的收获是什么?

- 现有的企业 / 组织中有哪些挑战，你觉得是可以尝试运用自驱型组织的？

——自驱型组织的基本认知和关键实践，哪些是你似曾相识、已经做得很好并应继续保持的?

——哪些是你可以做好但还做得不够，因此需要强化的?

——哪些是你应该做却还没有做，因此需要开始去做的?

——哪些是你正在做，但实际上毫无必要或者陷入“内卷”，因此你应该停止的?

- 阅读本书结束后你将采取的 1～2 项行动是什么?

对上述问题的思考，将会是你从本书中得到的最重要的收获。

你的认知已经被激发，有了激动人心的想法，下一步必须是勇敢地走向行动，并且持之以恒。自驱型组织之旅，一定会让你的工作和生活变得更加有价值！在此祝你好运！

读者们可以通过微信视频号：魏浩征聊自组织，或微信号：xb17301822572 与我联系，共享本书的实践经验和体会。如果能帮助到你，是我的荣幸。

期待我们相互成就！